弗布克人力资源管理从入门到精通实战指南系列

员工离退管理实训实战实务

王凤红　刘　阳　编著

人民邮电出版社

北　京

图书在版编目（CIP）数据

员工离退管理实训实战实务 / 王凤红，刘阳编著
. —北京：人民邮电出版社，2015.10
（弗布克人力资源管理从入门到精通实战指南系列）
ISBN 978-7-115-40533-3

Ⅰ. ①员… Ⅱ. ①王… ②刘… Ⅲ. ①企业管理—人
事管理 Ⅳ. ①F272.92

中国版本图书馆 CIP 数据核字（2015）第 225065 号

内 容 提 要

如何才能明确企业员工离退管理主体的权责范围，加强企业员工离退规范化与标准化管理，减少企业因员工离退而引发的法律纠纷呢？很多成功企业的经验告诉我们，只有通过对人力资源管理工作者进行专门的实训、实战和实务操作演练，才能真正提高员工离退管理工作的效率，使企业更加具有竞争力。

本书是一本关于企业员工离退管理制度设计与执行的实务工具书。全书围绕"实训＋实战＋实务"三大维度，在对员工离退管理法律法规、离退管理制度、离退管理流程等综合机制进行设计的基础上，详细介绍了员工离退预案设计、离退审计管理、离职原因分析、离退面谈管理、离职挽留管理、离退交接管理、离职风险管理等10大关键事项，并且给出了多个岗位离退管理制度设计示范与大量可以"拿来即用"的模板。

本书能够为企业管理人员、企业离退执行人员以及相关岗位工作人员提供详细、完善的解决方案，适合企业管理者、人力资源管理岗位人员以及各大院校相关专业师生阅读参考。

◆ 编　著　王凤红　刘　阳
　　责任编辑　包华楠
　　执行编辑　付微微
　　责任印制　焦志炜
◆ 人民邮电出版社出版发行　　北京市丰台区成寿寺路 11 号
　　邮编 100164　电子邮件 315@ptpress.com.cn
　　网址 http://www.ptpress.com.cn
　　北京隆昌伟业印刷有限公司印刷
◆ 开本：787×1092　1/16
　　印张：12　　　　　　　　　　2015 年 10 月第 1 版
　　字数：220 千字　　　　　　　2015 年 10 月北京第 1 次印刷

定　价：39.00 元
读者服务热线：（010）81055656　印装质量热线：（010）81055316
反盗版热线：（010）81055315
广告经营许可证：京崇工商广字第 0021 号

前　言

为帮助企业提高人力资源管理效率，使企业的人力资源管理工作达到专业化与高效化，"弗布克人力资源管理从入门到精通实战指南系列"图书针对具体的管理业务模块，从多个视角为人力资源管理人员提供了**分层化、精细化、实务化**的解决方案。

本系列图书涵盖了企业**管理制度设计、内部竞聘管理、管理与工作流程设计、岗位说明设计、绩效考核管理、人力资源计划制订、员工培训管理、员工关系管理、员工离退管理**等规范化管理内容，在为读者提供人力资源各业务模块操作演练的同时，还提供了各种可以借鉴的模板、示范等，使企业人力资源管理工作不再浮于表面、流于形式。

《员工离退管理实训实战实务》是本系列图书中的一本，全书围绕流程化、标准化、规范化、实务化"四化合一"的主旨，对企业员工离退管理过程中所能用到的管理制度与操作规范加以设计示范，明确了各离退管理主体的权责范围，有利于企业推进员工离退规范化与标准化管理，大力提升企业的员工离退执行能力。同时，本书为企业员工离退管理提供了相应的操作示范，有针对性地为人力资源管理人员提供了员工离退管理具体事项、具体问题的解决方案。

本书的特点主要体现在以下四个方面。

一、系统介绍了 10 大离退管理工作关键事项

本着系统、实用的原则，本书在对员工离退管理法律法规、离退管理制度、离退管理流程等综合机制进行设计的基础上，详细阐述了员工离退预案设计、离退审计管理、离职原因分析、离退面谈管理、离职挽留管理、离退交接管理、离职风险管理、离退欢送管理、已离职员工延续管理、年度离职分析与报告共 10 大关键事项，针对每一事项予以内容知识方面的**实训说明**与操作经验方面的**实战示范**，兼具理论性与实操性，便于读者提升岗位技能。

二、重点解析 10 大离退管理事项的法律法规

本书针对"劳动合同中止""劳动合同变更""劳动合同终止""员工单方解除劳动合同""双方协商解除劳动合同""企业单方解除劳动合同""员工退休与退休返聘""用人

单位承担赔偿责任""用人单位支付经济补偿金""员工违法或违约离职赔偿责任"这 10 个方面,梳理了相应的法律法规,并对法规条款的应用予以实训说明,方便人力资源管理工作人员根据自身工作需要"拿来即用"。

三、配套提供 27 份员工离退管理实战工具

本书在详细说明每一项员工离退管理工作事项的基础上,从方便工作实际需要的角度出发,配套提供了包括流程、制度、工作方案、计划书、报告书在内的 27 份实战工具,不仅有利于员工离退管理工作人员掌握每一个工作事项的操作要点,还有利于在实际的离退管理工作中"稍改即用"。

四、文图结合,增强内容的可读性和实用性

本书内容穿插使用活泼的**曲线图形**、严谨的**实务模板**,既提炼出每个离退管理事项的核心工作,也提供了离退管理工作开展所需要的标准化的实务范例,既不减少每一步工作事项的**实务性**和**实用性**,又增强了图书内容的趣味性和可读性。

综上所述,本书主要体现了"**以员工离退管理为导向,以劳动法律法规为基石**"的设计理念,全面地阐述了员工离退管理工作所需的**实用知识**和**操作技能**,并配套提供实用的**实战工具**,力求为企业员工关系管理工作人员解决工作上的困扰,帮助企业打造高水平、高技能、高效率的人力资源工作团队。

在本书编写的过程中,王淑燕、薛显东、孙宗坤、程富建、刘井学负责资料的收集与整理工作,任玉珍、罗章秀、贾月负责图表的编排工作,张洁浩、陈里参与编写了本书的第 1~2 章,屈玉侠、毕汪峰参与编写了本书的第 3~4 章,付浩然、韩建国参与编写了本书的第 5~6 章,滕金伟、姚小凤参与编写了本书的第 7~8 章,张安琪、严刘建参与编写了本书的第 9~10 章,杨冠宇、高玉卓参与编写了本书的第 11~12 章,张艳锋、金成哲参与编写了本书的第 13~14 章,全书由王凤红、刘阳统撰定稿。

目　录

第1章 员工离退管理工作要点

1.1 员工离职管理工作要点

1.1.1 员工离职管理工作内容

员工离职是员工和企业之间结束雇用关系，员工离开原单位的行为。员工离职是员工流动的一种重要方式，员工流动对企业人力资源的合理配置具有重要作用，但过高的员工离职率会影响企业的持续发展。

1. 分析员工离职的原因

员工离职在性质上可以分为雇员自愿离职和非自愿离职两种。自愿离职包括员工辞职和退休，非自愿离职包括辞退员工和集体性裁员。一般来说，员工离职的主要原因有三个，具体如图1-1所示。

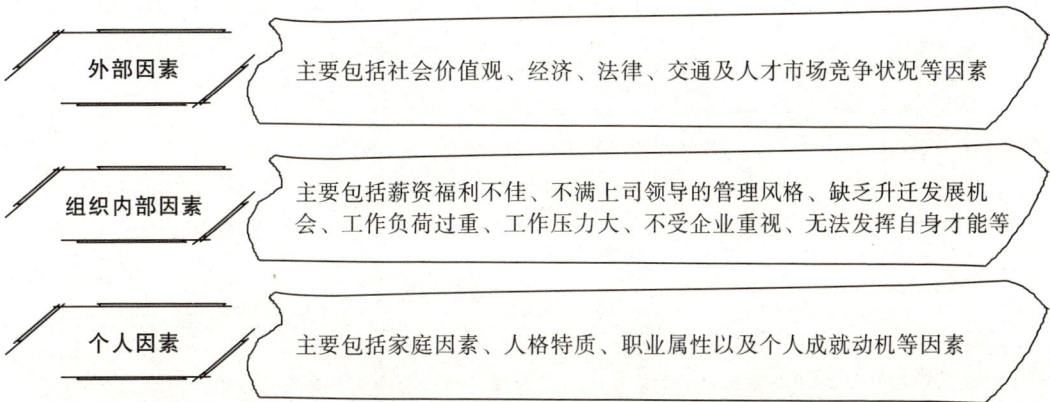

外部因素	主要包括社会价值观、经济、法律、交通及人才市场竞争状况等因素
组织内部因素	主要包括薪资福利不佳、不满上司领导的管理风格、缺乏升迁发展机会、工作负荷过重、工作压力大、不受企业重视、无法发挥自身才能等
个人因素	主要包括家庭因素、人格特质、职业属性以及个人成就动机等因素

图1-1 员工离职的主要原因

2. 办理员工离职应遵循的程序

人力资源部办理员工离职时，应遵循的程序如图1-2所示。

1	员工应于离职前至少30天向其直接主管、人力资源部提出书面的离职申请
2	员工主管与离职员工积极沟通，对绩效良好的员工应努力挽留，探讨改善其工作环境、条件和待遇的可能性
3	离职员工填写离职申请表，经人力资源部签署意见后审批
4	员工离职申请获准，在约定的离职时间办理离职移交手续人力资源部和所在部门应安排人员与离职员工做好交接工作
5	在所有离职手续办妥后，财务部在次月工资发放日发放其工资

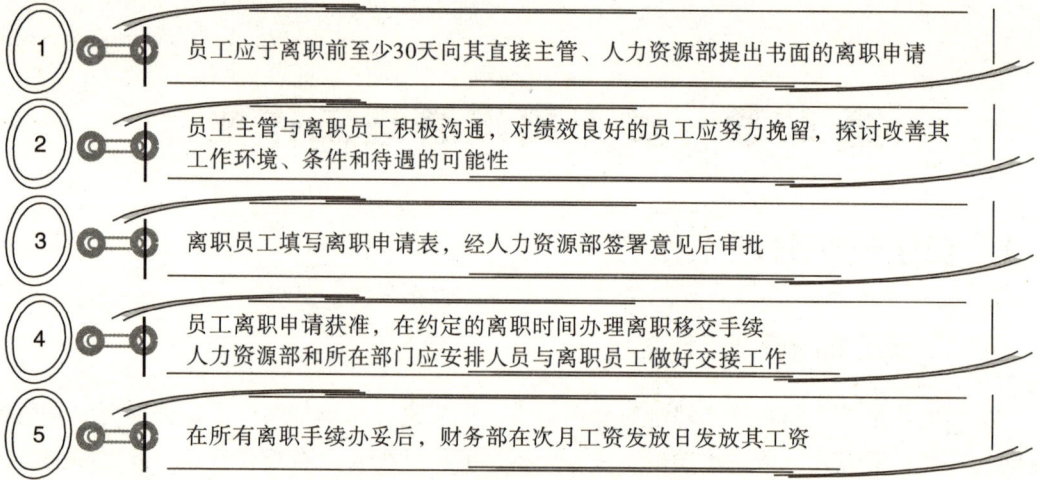

图 1-2　办理员工离职应遵循的程序

3. 办理员工离职的注意事项

为规范员工的离职行为，加强对员工离职行为的约束与管理，保障企业与员工的利益，员工在办理离职手续时，应注意以下事项，如图 1-3 所示。

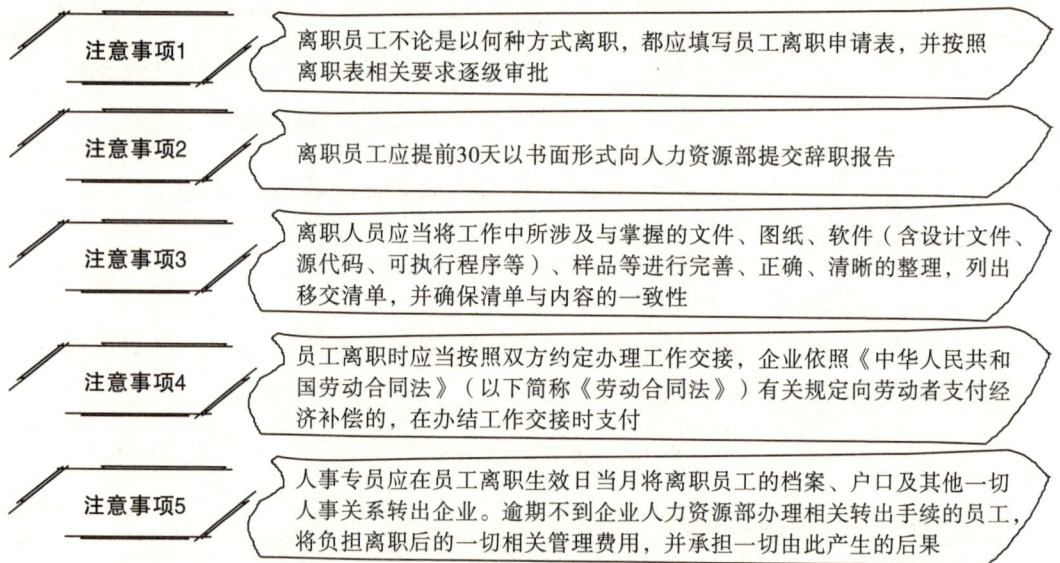

注意事项1	离职员工不论是以何种方式离职，都应填写员工离职申请表，并按照离职表相关要求逐级审批
注意事项2	离职员工应提前30天以书面形式向人力资源部提交辞职报告
注意事项3	离职人员应当将工作中所涉及与掌握的文件、图纸、软件（含设计文件、源代码、可执行程序等）、样品等进行完善、正确、清晰的整理，列出移交清单，并确保清单与内容的一致性
注意事项4	员工离职时应当按照双方约定办理工作交接，企业依照《中华人民共和国劳动合同法》（以下简称《劳动合同法》）有关规定向劳动者支付经济补偿的，在办结工作交接时支付
注意事项5	人事专员应在员工离职生效日当月将离职员工的档案、户口及其他一切人事关系转出企业。逾期不到企业人力资源部办理相关转出手续的员工，将负担离职后的一切相关管理费用，并承担一切由此产生的后果

图 1-3　员工离职应注意的事项

1.1.2　员工离职管理重点工作

人事专员在了解员工离职的原因、程序和注意事项后，应明确员工离职工作的重点内容，做好从离职申请、审批到离职交接、薪资结算再到社保与档案关系管理等一系列工作。

1. 离职申请

员工离职时，不论是何种方式都应提交离职申请。离职申请提出人分别为：员工（个人辞职）、员工直接上级主管（企业辞退）。

（1）员工提出离职的，试用期员工需在离职前三天填写"员工离职申请表"，向其直接上级主管提出离职申请；正式员工需在离职前30天填写"员工离职申请表"，向其直接上级主管提出离职申请。

（2）未提前30天通知人力资源部办理离职，擅自脱岗的员工，对企业造成经济损失的，企业应根据《中华人民共和国劳动法》（以下简称《劳动法》）的规定，由离职员工承担违约责任。

2. 离职申请审批

员工离职申请提出后，企业应按流程办理离职审批，具体流程如图1-4所示。

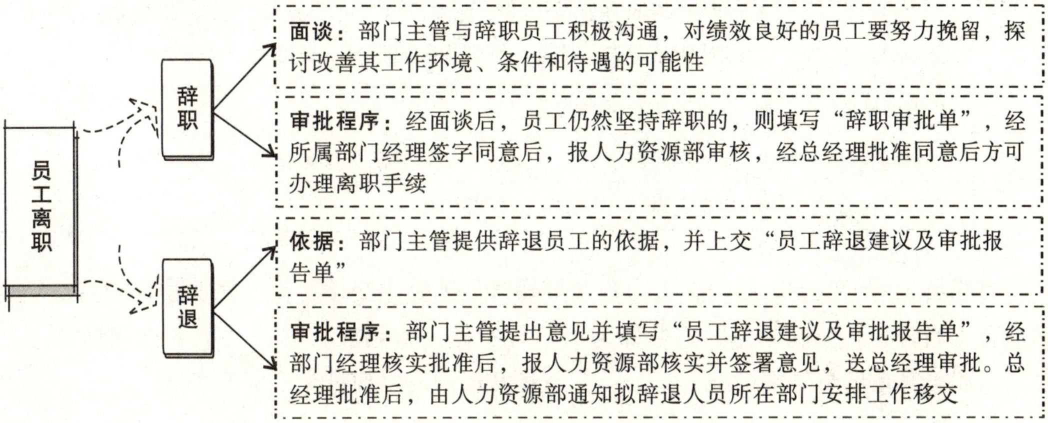

图1-4　员工离职申请审批的流程

3. 离职交接

员工离职被批准后，部门负责人与员工须确定工作交接期限，做好离职交接工作。

（1）物资交接

离职物资交接要求如图1-5所示。

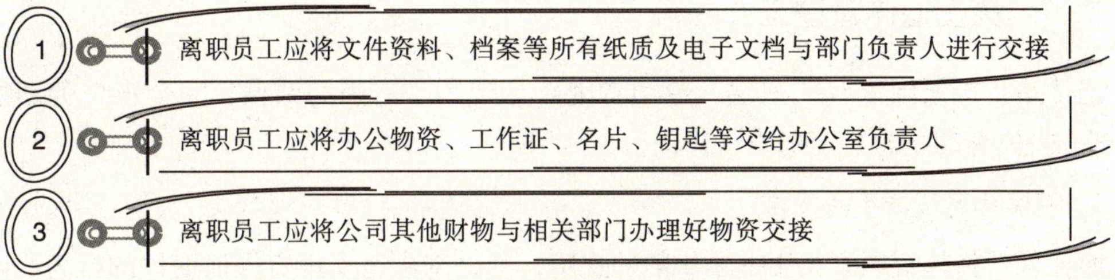

图1-5　离职物资交接要求

（2）工作移交

部门主管在确定员工准备离职后，应尽快安排离职员工进行工作交接，并填写"离职手续移交表"，所有移交工作须有详细的书面记录，电子文档应该有详细的归类，保障移交后的工作能够顺利进行。

4. 薪资结算

当交接事项全部完成后，人事专员方可与离职员工办理相关结算手续。离职员工的工资、违约金等款项的结算由财务部、人力资源部共同办理，具体内容如表1-1所示。

表1-1　离职员工薪资结算说明

离职类型		薪资结算说明
主动辞职	员工存在违约行为	◆ 由人力资源部按照合同违约条款进行核算，包括劳动合同期未满违约金和保密、竞业协议违约金 ◆ 违约性离职对公司造成的损失，由人力资源部、财务部共同进行核算，包括物品损失赔偿金、培训损失赔偿金、项目损失补偿金
	无因解除	◆ 企业无须给付经济补偿金
辞退	不合法辞退	◆ 企业须向被辞退员工支付一个月的工资作为补偿
	辞退行为合法	◆ 企业无须向被辞员工支付补偿款

离职员工的工资领取应当在人力资源部确认员工完成交接工作及账、物移交后，结合离职员工当月考勤情况，会同财务部为离职员工做工资结算，填写"员工离职结算单"；员工离职结算单经总经理批准后，工资在当月发薪日发放到员工工资卡中。

5. 社保与档案关系管理

每月15日（含15日）之前离职的员工，人力资源部将在当月终止其人事档案和社保关系；每月15日之后离职的员工，人力资源部将从离职工资中扣除该月的社保费，并在员工离职的次月冻结其人事档案关系，并转为个人存档。

1.2　员工退休管理工作要点

1.2.1　员工退休管理工作内容

退休是指根据国家有关规定，劳动者因年老或因工、因病致残，完全丧失劳动能力（或部分丧失劳动能力）而退出工作岗位。

1. 掌握员工退休年龄要求

企业须严格执行国家关于退休年龄的规定，坚决制止违反规定提前退休的行为。国家法定的企业员工退休年龄是：男性年满60周岁，女性年满55周岁，连续工龄或工作年限満 10 年。

（1）从事井下、高空、高温、特别繁重体力劳动或其他有害身体健康工作（以下称特殊工种）的，退休年龄为男性年满 55 周岁、女性年满 45 周岁。

（2）因病或非因工致残，由医院证明并经劳动鉴定委员会确认完全丧失劳动能力的，退休年龄为男性年满 50 周岁、女性年满 45 周岁。

2. 明确办理退休的程序

员工退休主要包括正常退休和病退（含退职）、伤退等形式，企业在为员工办理退休手续时应遵循以下程序。

（1）办理正常退休的程序

企业在办理员工正常退休手续时，应遵循的程序如图 1-6 所示。

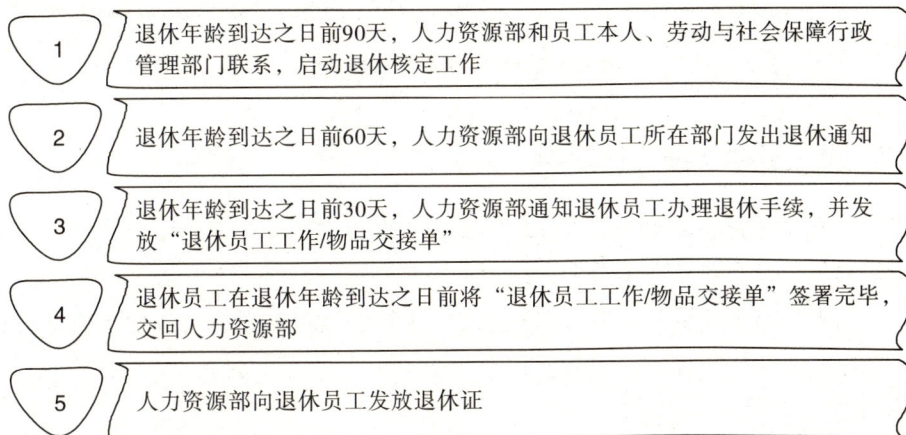

1. 退休年龄到达之日前90天，人力资源部和员工本人、劳动与社会保障行政管理部门联系，启动退休核定工作

2. 退休年龄到达之日前60天，人力资源部向退休员工所在部门发出退休通知

3. 退休年龄到达之日前30天，人力资源部通知退休员工办理退休手续，并发放"退休员工工作/物品交接单"

4. 退休员工在退休年龄到达之日前将"退休员工工作/物品交接单"签署完毕，交回人力资源部

5. 人力资源部向退休员工发放退休证

图 1-6　员工正常退休手续办理程序

（2）办理病退（含退职）、伤退的程序

企业办理员工病退（含退职）、伤退时，应遵循的程序如图 1-7 所示。

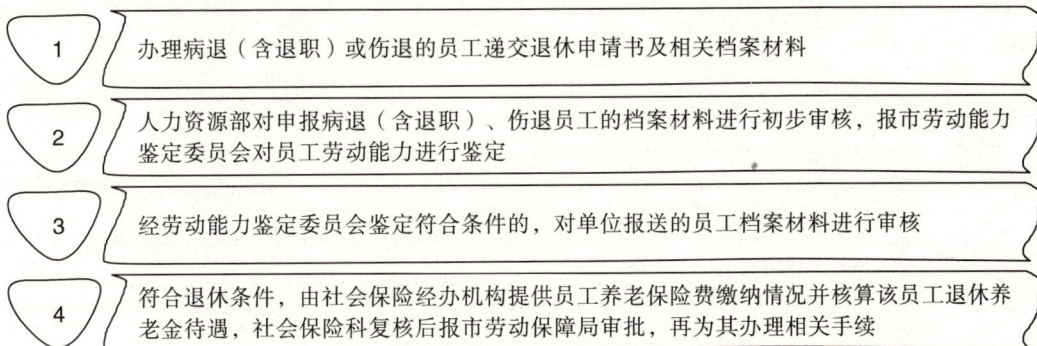

1. 办理病退（含退职）或伤退的员工递交退休申请书及相关档案材料

2. 人力资源部对申报病退（含退职）、伤退员工的档案材料进行初步审核，报市劳动能力鉴定委员会对员工劳动能力进行鉴定

3. 经劳动能力鉴定委员会鉴定符合条件的，对单位报送的员工档案材料进行审核

4. 符合退休条件，由社会保险经办机构提供员工养老保险费缴纳情况并核算该员工退休养老金待遇，社会保险科复核后报市劳动保障局审批，再为其办理相关手续

图 1-7　员工病退（含退职）、伤退办理程序

5

3. 做好退休人员档案管理工作

企业应做好退休人员档案管理工作，具体要求如图1-8所示。

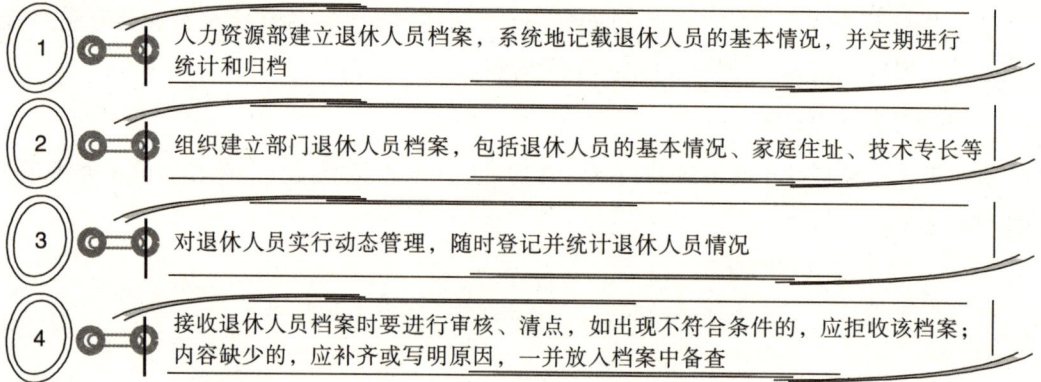

1　人力资源部建立退休人员档案，系统地记载退休人员的基本情况，并定期进行统计和归档

2　组织建立部门退休人员档案，包括退休人员的基本情况、家庭住址、技术专长等

3　对退休人员实行动态管理，随时登记并统计退休人员情况

4　接收退休人员档案时要进行审核、清点，如出现不符合条件的，应拒收该档案；内容缺少的，应补齐或写明原因，一并放入档案中备查

图1-8　退休人员档案管理要求

1.2.2　员工退休管理工作要点

员工退休管理是企业员工离退管理工作的一项重要内容，体现企业对员工的尊重和关爱。对于退休员工，企业要在生活上和精神上多照顾他们，使之老有所养，安度晚年。

员工提前退休是企业员工退休管理的重点，下面将对提前退休的管理工作进行详细的说明。

1. 特殊工种员工退休管理

根据国家相关法律法规，从事特殊工种的员工可以申请提前退休，企业为特殊工种员工办理离职手续前，应检查其是否满足提前退休的条件及申报提前退休的材料是否齐全。

（1）特殊工种提前退休的条件

提前退休的特殊工种必须按国家原劳动部和有关中央行业主管部门批准的特殊工种目录执行，不同行业之间的特殊工种不能互相比照。特殊工种提前退休的条件如图1-9所示。

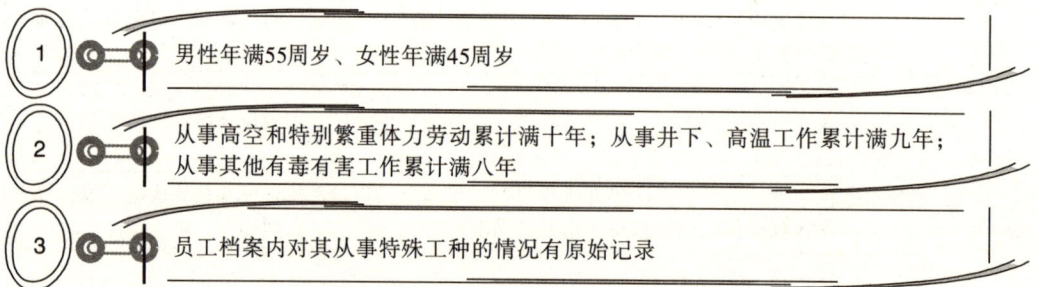

1　男性年满55周岁、女性年满45周岁

2　从事高空和特别繁重体力劳动累计满十年；从事井下、高温工作累计满九年；从事其他有毒有害工作累计满八年

3　员工档案内对其从事特殊工种的情况有原始记录

图1-9　特殊工种提前退休的条件

（2）申报特殊工种提前退休所需的材料

从事特殊工种的人员在办理提前退休时，须填写"退休人员审批表"并提供下列材料：

① 职工档案（能全面反映职工工作简历的材料）；

② 企事业单位特殊工种（岗位）职工登记表；

③ 职工本人身份证复印件；

④ 本人免冠近照半寸相片两张；

⑤ 企业职工退休（退职）申报审批表；

⑥ 社会保险经办机构计算机中心审定的缴费情况证明。

2. 提前退休人员福利管理

企业应按规定做好提前退休人员福利的发放工作，具体内容如图 1-10 所示。

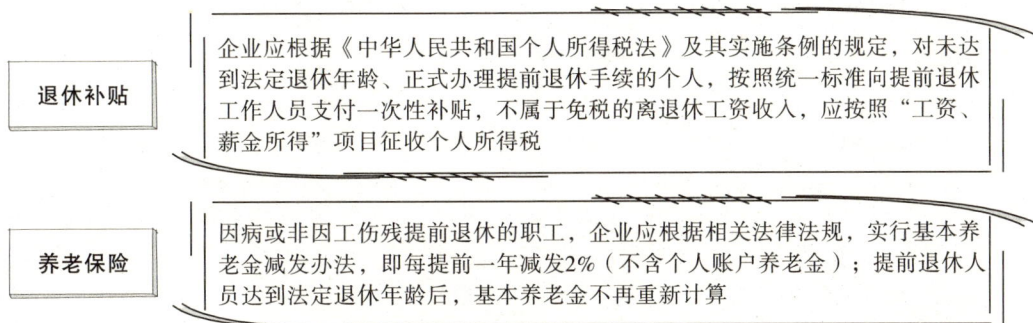

退休补贴	企业应根据《中华人民共和国个人所得税法》及其实施条例的规定，对未达到法定退休年龄、正式办理提前退休手续的个人，按照统一标准向提前工作人员支付一次性补贴，不属于免税的离退休工资收入，应按照"工资、薪金所得"项目征收个人所得税
养老保险	因病或非因工伤残提前退休的职工，企业应根据相关法律法规，实行基本养老金减发办法，即每提前一年减发2%（不含个人账户养老金）；提前退休人员达到法定退休年龄后，基本养老金不再重新计算

图 1-10　提前退休人员应享有的福利

1.3　退休返聘管理工作要点

1.3.1　员工退休返聘管理工作内容

退休返聘是指企业根据自身业务发展的需要，与已办理退休手续或年龄已达法定退休年龄且与其他企业无劳动关系的人员签订返聘协议，明确权利义务关系，使其成为企业提供劳动服务的一种用工关系。

1. 运用合适的员工返聘形式

常见的员工返聘形式主要包括以下三种，具体如图 1-11 所示。

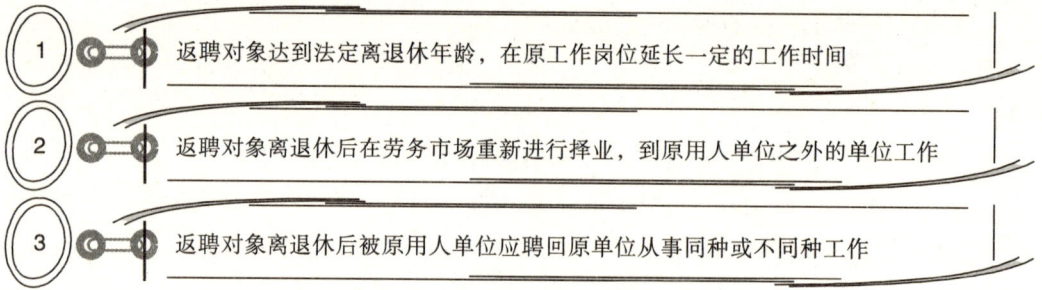

1	返聘对象达到法定离退休年龄,在原工作岗位延长一定的工作时间
2	返聘对象离退休后在劳务市场重新进行择业,到原用人单位之外的单位工作
3	返聘对象离退休后被原用人单位应聘回原单位从事同种或不同种工作

图1-11　常见的员工返聘形式

2. 确定返聘的范围与对象

退休返聘适用于企业战略发展所需特殊人才,包括财务类、技术类等岗位专业技术人才或管理人才。企业返聘对象主要为图1-12所示的三类人员。

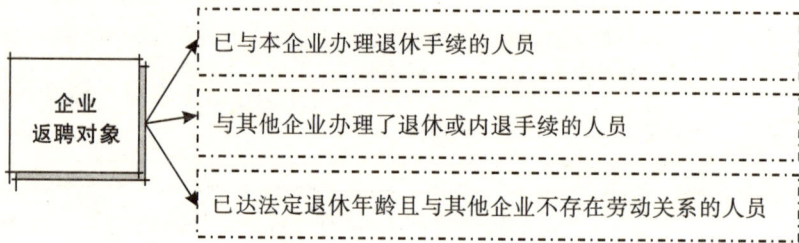

企业返聘对象
- 已与本企业办理退休手续的人员
- 与其他企业办理了退休或内退手续的人员
- 已达法定退休年龄且与其他企业不存在劳动关系的人员

图1-12　企业返聘对象

3. 制定员工返聘的条件

符合图1-13所示条件之一的,企业可以考虑返聘。

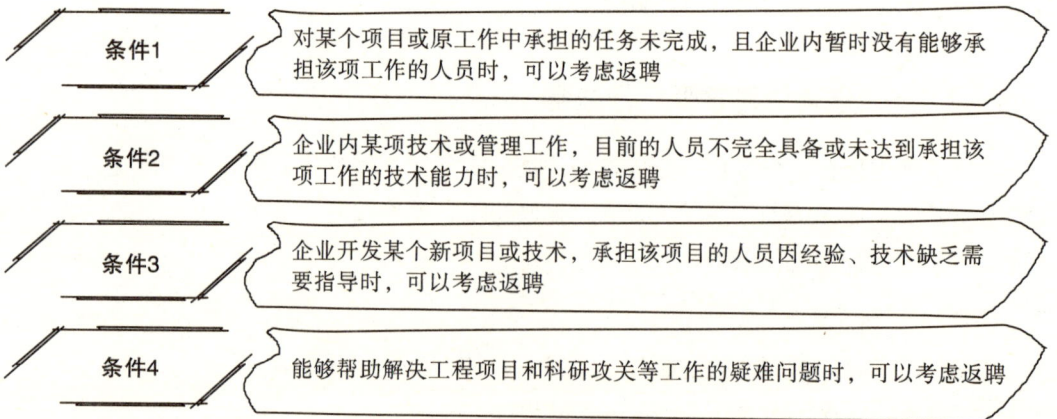

条件1	对某个项目或原工作中承担的任务未完成,且企业内暂时没有能够承担该项工作的人员时,可以考虑返聘
条件2	企业内某项技术或管理工作,目前的人员不完全具备或未达到承担该项工作的技术能力时,可以考虑返聘
条件3	企业开发某个新项目或技术,承担该项目的人员因经验、技术缺乏需要指导时,可以考虑返聘
条件4	能够帮助解决工程项目和科研攻关等工作的疑难问题时,可以考虑返聘

图1-13　员工返聘的条件

4. 规范员工返聘的程序

员工返聘主要包括企业内部退休人员的返聘和外部企业退休人员的返聘，这两类人员返聘的程序不同，具体如下所示。

（1）企业进行内部退休人员的返聘时，应遵循的程序如图1-14所示。

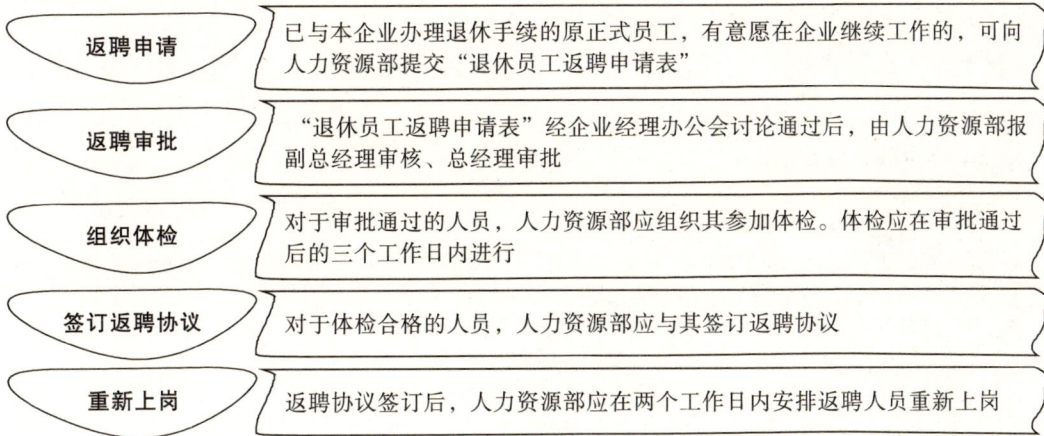

返聘申请	已与本企业办理退休手续的原正式员工，有意愿在企业继续工作的，可向人力资源部提交"退休员工返聘申请表"
返聘审批	"退休员工返聘申请表"经企业经理办公会讨论通过后，由人力资源部报副总经理审核、总经理审批
组织体检	对于审批通过的人员，人力资源部应组织其参加体检。体检应在审批通过后的三个工作日内进行
签订返聘协议	对于体检合格的人员，人力资源部应与其签订返聘协议
重新上岗	返聘协议签订后，人力资源部应在两个工作日内安排返聘人员重新上岗

图1-14　企业内部退休人员返聘程序

（2）外部企业退休人员的返聘程序如图1-15所示。

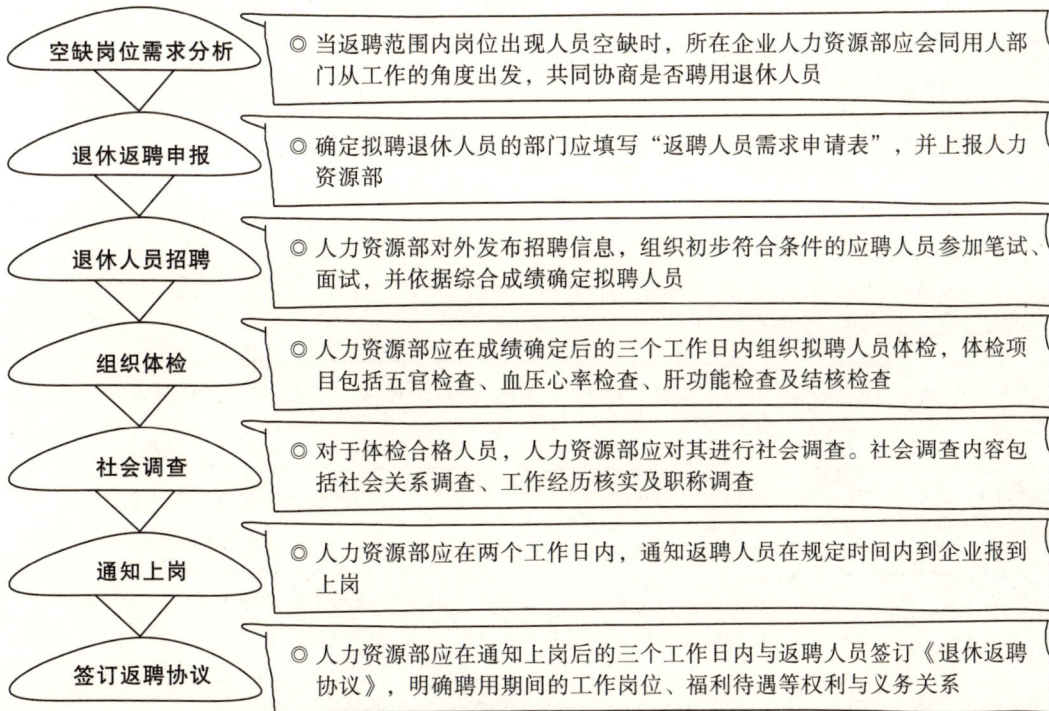

空缺岗位需求分析	◎ 当返聘范围内岗位出现人员空缺时，所在企业人力资源部应会同用人部门从工作的角度出发，共同协商是否聘用退休人员
退休返聘申报	◎ 确定拟聘退休人员的部门应填写"返聘人员需求申请表"，并上报人力资源部
退休人员招聘	◎ 人力资源部对外发布招聘信息，组织初步符合条件的应聘人员参加笔试、面试，并依据综合成绩确定拟聘人员
组织体检	◎ 人力资源部应在成绩确定后的三个工作日内组织拟聘人员体检，体检项目包括五官检查、血压心率检查、肝功能检查及结核检查
社会调查	◎ 对于体检合格人员，人力资源部应对其进行社会调查。社会调查内容包括社会关系调查、工作经历核实及职称调查
通知上岗	◎ 人力资源部应在两个工作日内，通知返聘人员在规定时间内到企业报到上岗
签订返聘协议	◎ 人力资源部应在通知上岗后的三个工作日内与返聘人员签订《退休返聘协议》，明确聘用期间的工作岗位、福利待遇等权利与义务关系

图1-15　外部企业退休人员返聘程序

1.3.2 员工退休返聘管理工作要点

企业在进行员工返聘时应严格遵循返聘原则，调查返聘员工是否符合企业相应的要求及条件，做好返聘员工的管理与解聘管理工作。

1. 确定员工返聘的原则

对于员工返聘即退休人员的再次聘用，企业须遵循的原则如图 1-16 所示。

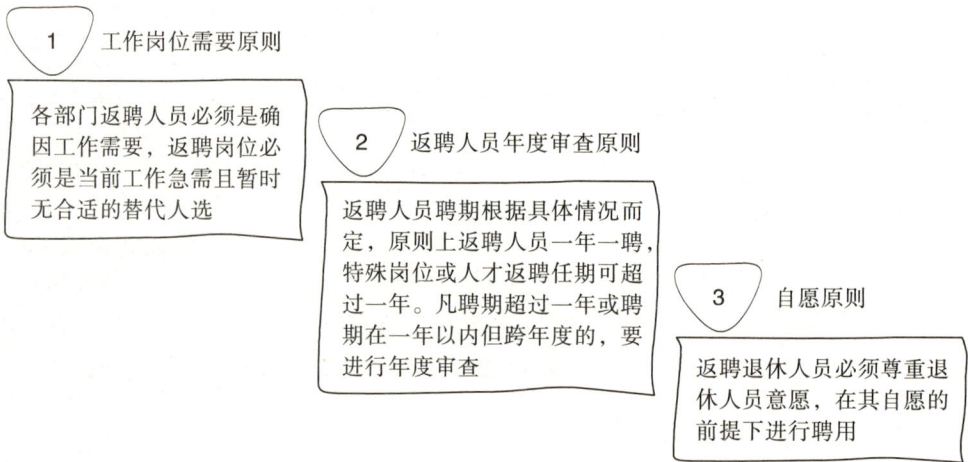

1 工作岗位需要原则

各部门返聘人员必须是确因工作需要，返聘岗位必须是当前工作急需且暂时无合适的替代人选

2 返聘人员年度审查原则

返聘人员聘期根据具体情况而定，原则上返聘人员一年一聘，特殊岗位或人才返聘任期可超过一年。凡聘期超过一年或聘期在一年以内但跨年度的，要进行年度审查

3 自愿原则

返聘退休人员必须尊重退休人员意愿，在其自愿的前提下进行聘用

图 1-16　员工返聘的原则

2. 制定返聘人员应达到的要求

企业对退休人员进行返聘时，须明确返聘人员应满足的条件，具体条件如图 1-17 所示。

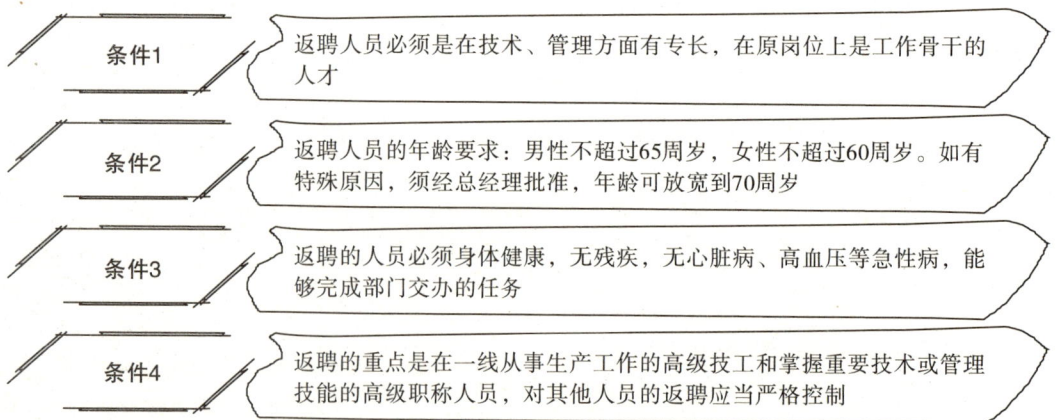

条件1　返聘人员必须是在技术、管理方面有专长，在原岗位上是工作骨干的人才

条件2　返聘人员的年龄要求：男性不超过65周岁，女性不超过60周岁。如有特殊原因，须经总经理批准，年龄可放宽到70周岁

条件3　返聘的人员必须身体健康，无残疾，无心脏病、高血压等急性病，能够完成部门交办的任务

条件4　返聘的重点是在一线从事生产工作的高级技工和掌握重要技术或管理技能的高级职称人员，对其他人员的返聘应当严格控制

图 1-17　返聘人员应满足的条件

3. 返聘人员日常管理的内容

企业各部门应按图1-18所示的要求对返聘人员进行管理，继续发挥已达退休年龄人员的专长与经验，为企业创造更大效益。

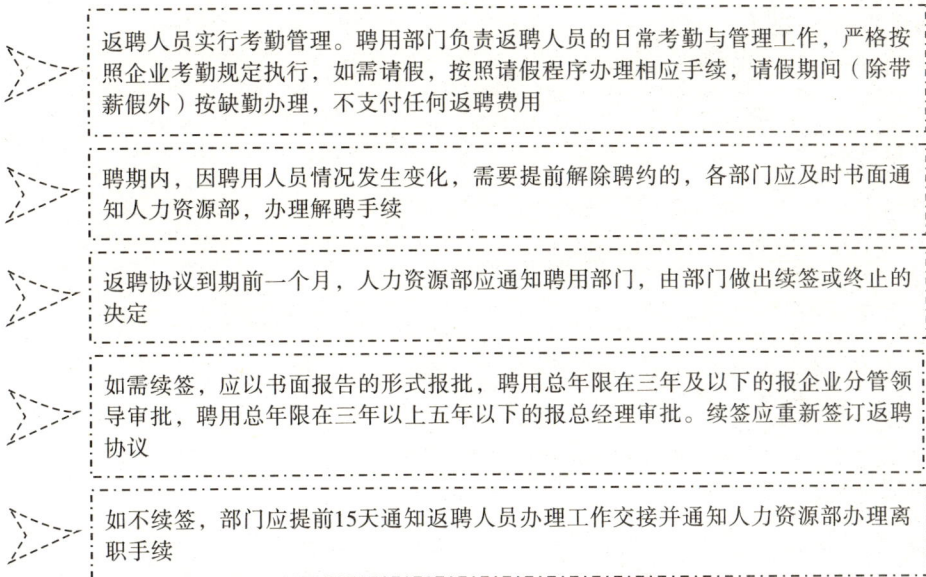

返聘人员实行考勤管理。聘用部门负责返聘人员的日常考勤与管理工作，严格按照企业考勤规定执行，如需请假，按照请假程序办理相应手续，请假期间（除带薪假外）按缺勤办理，不支付任何返聘费用

聘期内，因聘用人员情况发生变化，需要提前解除聘约的，各部门应及时书面通知人力资源部，办理解聘手续

返聘协议到期前一个月，人力资源部应通知聘用部门，由部门做出续签或终止的决定

如需续签，应以书面报告的形式报批，聘用总年限在三年及以下的报企业分管领导审批，聘用总年限在三年以上五年以下的报总经理审批。续签应重新签订返聘协议

如不续签，部门应提前15天通知返聘人员办理工作交接并通知人力资源部办理离职手续

图1-18　返聘人员日常管理的内容

4. 返聘员工的解聘管理

出现图1-19所示情形之一的，聘用部门可予以解聘。

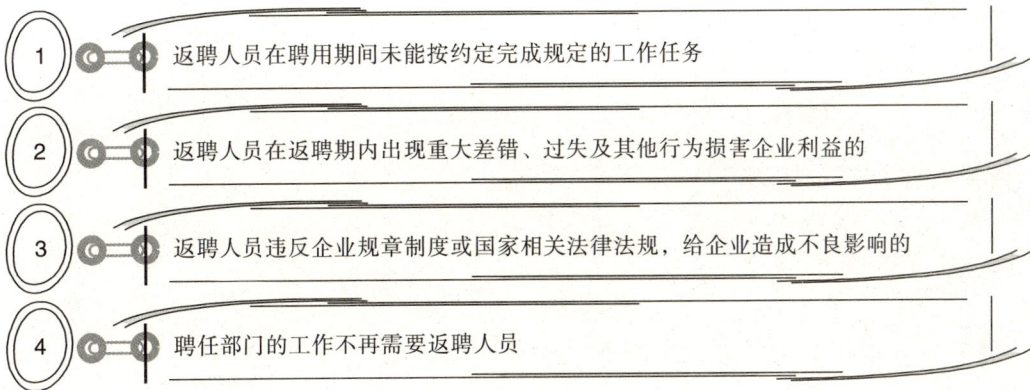

1　返聘人员在聘用期间未能按约定完成规定的工作任务

2　返聘人员在返聘期内出现重大差错、过失及其他行为损害企业利益的

3　返聘人员违反企业规章制度或国家相关法律法规，给企业造成不良影响的

4　聘任部门的工作不再需要返聘人员

图1-19　解除返聘的情形

第2章 员工离退管理法律法规速查应用

2.1 劳动关系解除相关法律法规速查

2.1.1 "劳动合同中止"法律法规

1. 关于劳动合同中止的法律条款

劳动合同中止是指在劳动合同的有效期内，因出现法定或者约定的事由使劳动合同暂时无法履行而停止，但仍有继续履行的条件和可能。劳动合同中止期间，劳动关系保留。

劳动合同中止的相关法律条款如下所述。

劳动合同中止的相关法律条款

1995 年 8 月 4 日发布的，原劳动部发〔1995〕309 号《关于贯彻执行〈中华人民共和国劳动法〉若干问题的意见》第二十八条规定：

"劳动者涉嫌违法犯罪被公安机关收容审查、拘留或逮捕的，用人单位在劳动者被限制人身自由期间，可与其暂时停止劳动合同的履行。暂时停止履行劳动合同期间，用人单位不承担劳动合同规定的相应义务。劳动者经证明被错误限制人身自由的，暂时停止履行劳动合同期间劳动者的损失，可由其依据《中华人民共和国国家赔偿法》要求有关部门赔偿。"

关于劳动合同中止的相关法律法规，除了以上条款外，各地区还建立了本地区适用的相关法律规定，企业人力资源管理人员应参照地方相关规定具体执行。

2. 关于劳动合同中止的条件

由以上条款可知，劳动合同中止的条件是当事人发生法定或约定事由使劳动合同暂时无法履行，但当事人仍有继续履行的条件和可能。

3. 劳动合同中止可能出现的结果

劳动合同中止可能出现以下两种结果：

（1）特殊情况消失，继续履行劳动合同；

（2）特殊情况没有消失，劳动合同中止变成终止。

当事人继续履行劳动合同的，劳动合同中止期间不计入劳动合同期限。

4. 劳动合同中止期间企业的权利

在劳动合同中止期间，企业可以不履行合同规定的相关权利和义务，并有权办理以下业务，如图2-1所示。

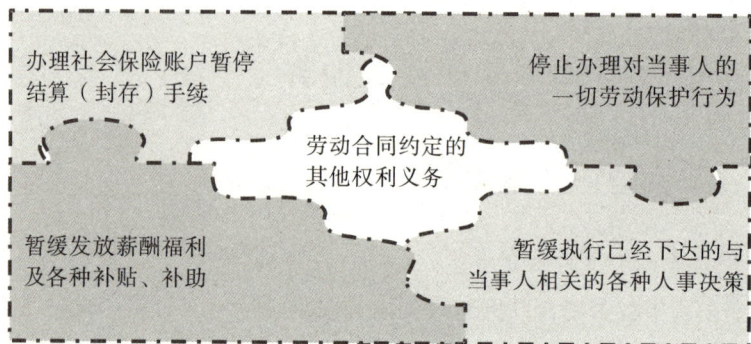

图2-1　劳动合同中止期间企业的权利和义务

2.1.2　"劳动合同变更"法律法规

劳动合同变更是指劳动合同依法订立后，在合同尚未履行或者尚未履行完毕之前，经企业和员工双方当事人协商同意，对劳动合同内容作部分修改、补充或者删减的法律行为。劳动合同的变更是原劳动合同的派生，是双方已存在的劳动权利义务关系的发展。

1. 相关法律法规

目前，我国关于劳动合同变更的相关法律法规包括但不限于如下几条，如表2-1所示。

表2-1　我国关于劳动合同变更的相关法律法规

相关文件	条款	具体内容
《劳动合同法》	第三十五条	用人单位与劳动者协商一致，可以变更劳动合同约定的内容。变更劳动合同，应当采用书面形式。变更后的劳动合同文本由用人单位和劳动者各执一份
2004年5月1日起实施的《集体合同规定》	第三十九条	双方代表协商一致，可以变更或解除集体合同或专项集体合同
	第四十条	有下列情形之一的，可以变更或解除集体合同或专项集体合同 ◆ 用人单位因被兼并、解散、破产等原因，致使集体合同或专项集体合同无法履行的 ◆ 因不可抗力等原因致使集体合同或专项集体合同无法履行或部分无法履行的 ◆ 集体合同或专项集体合同约定的变更或解除条件出现的 ◆ 法律法规、规章规定的其他情形

（续表）

相关文件	条款	具体内容
《劳动法》在贯彻执行中遇到的若干问题	第十三条	用人单位发生分立或合并后，分立或合并后的用人单位可依据其实际情况与原用人单位的劳动者遵循平等自愿、协商一致的原则变更原劳动合同
	第三十七条	◆ 根据《民法通则》第四十四条第二款"企业法人分立、合并，权利和义务由变更后的法人享有和承担"的规定，用人单位发生分立或合并后，分立或合并后的用人单位可依据其实际情况与原用人单位的劳动者遵循平等自愿、协商一致的原则变更，解除或重新签订劳动合同 ◆ 在此种情况下的重新签订劳动合同视为原劳动合同的变更，用人单位变更劳动合同，劳动者不能依据《劳动法》第二十八条要求经济补偿
	第四十六条	◆ 关于在企业内录干、聘干问题，《劳动法》规定用人单位内的全体职工统称为劳动者，在同一用人单位内，各种不同的身份界限随之打破。用人单位应该按照《劳动法》的规定，通过签订劳动合同来明确劳动者的工作内容及岗位等 ◆ 用人单位根据工作需要，调整劳动者的工作岗位时，可以与劳动者协商一致，变更劳动合同的相关内容
《劳动法》	第十七条	订立和变更劳动合同，应当遵循平等自愿、协商一致的原则，不得违反法律、行政法规的规定

2. 劳动合同变更的前提条件

由以上条款我们可以看出，劳动合同发生变更的前提条件主要涉及以下三种：

（1）用人单位与劳动合同当事人双方自愿平等，协商一致；

（2）劳动合同订立时所依据的客观情况发生重大变化，致使原劳动合同无法继续履行；

（3）协商变更的内容及程序合法合规。

3. 劳动合同变更的操作流程

企业在变更劳动合同时，应遵循以下操作流程，如图2-2所示。

提出变更请求	1	◎ 企业或者员工以书面或者口头的形式提出变更要求，说明变更合同的理由、变更的内容以及变更的条件，请求对方在一定期限内给予答复
给予变更答复	2	◎ 收到劳动合同变更要求的一方及时给予明确答复，明确是否同意变更，变更时间及变更内容
订立书面变更协议	3	◎ 劳动合同当事人双方经过平等协商，取得一致意见后签订书面变更协议，协议载明变更的具体内容，经双方签字盖章后生效，变更后的劳动合同双方各执一份
意外处理	4	◎ 根据《劳动法》第二十六条和《劳动合同法》第四十条的规定，劳动合同订立时所依据的客观环境发生重大变化，致使劳动合同无法履行的，如果用人单位经与劳动者协商，未能就变更内容达成统一的，用人单位可以单方解除劳动合同

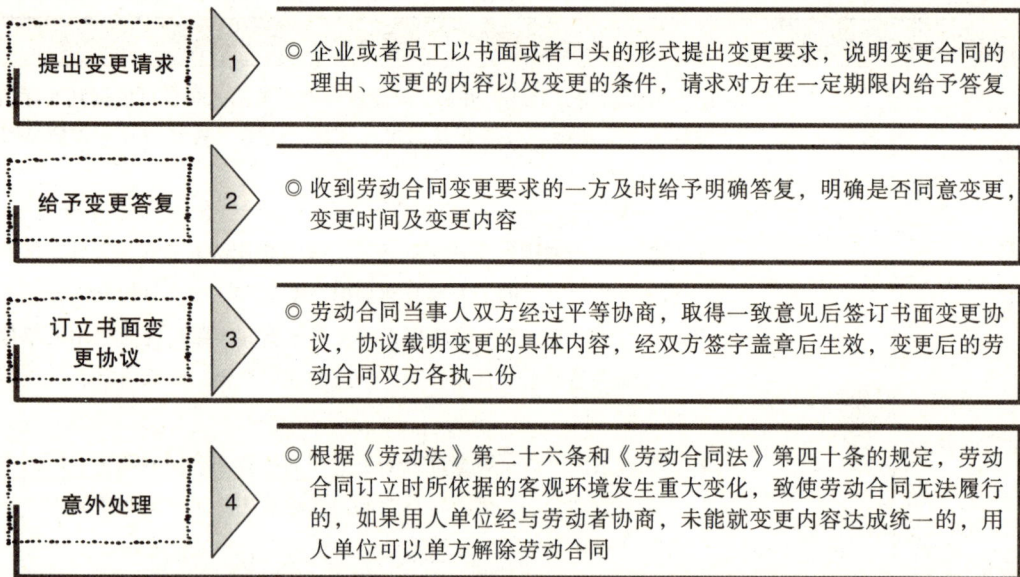

图2-2 劳动合同变更的操作流程

4. 劳动合同变更的注意事项

企业在变更劳动合同时，应注意以下事项。

（1）必须在劳动合同依法订立之后，在合同没有履行或者尚未履行完毕之前的有效时间内进行。

（2）必须坚持平等自愿、协商一致的原则，即劳动合同的变更必须经企业和员工双方当事人的同意。

（3）必须合法，不得违反法律法规的强制性规定。

（4）以任何口头形式达成的变更协议都是无效的，劳动合同变更内容应以书面的形式订立。变更协议应当书面指明对劳动合同的哪些条款作出变更，并应注明劳动合同变更协议的生效日期，书面协议经企业和员工双方当事人签字盖章后生效。

（5）劳动合同的变更要及时进行。如果应该变更的劳动合同内容没有及时变更，由于原订条款继续有效，往往使劳动合同不适应已经变化了的新情况，从而引起不必要的争议。

（6）存在以下情况时，企业可以单方变更劳动合同：员工患病或者非因工负伤，在医疗期满后不能从事原工作的，以及员工被证明不能胜任工作的。

5. 《劳动合同变更协议书》范例

劳动合同变更通常以书面的形式展现，以下给出某企业《劳动合同变更协议书》范例，供读者参考。

劳动合同变更协议书

编号：

甲　　方：_____（公司）

法定代表人：_____

委托代理人：_____

乙　　方：_____

员工工号：_____

身份证号：_____

经甲、乙双方协商一致，对双方在____年__月__日签订/续签的劳动合同（合同编号：_____）做出如下变更。

一、变更内容：_____

_____

二、本协议书经甲乙双方签字盖章后生效。

三、本协议书生效后，原劳动合同仍继续履行，但变更条款按本协议履行。

四、本协议书一式两份，甲乙双方各执一份，具有同等法律效力。

甲方：　　　　　　　　　　　　　　　　　　乙方：

法定代表人：

___年__月__日　　　　　　　　　　　　　　___年__月__日

劳动合同变更签收单

编号：

本人于___年__月__日收到_____公司人力资源部交付的编号为：_____的《劳动合同变更协议书》，协议书的基本内容如下。

将《劳动合同》第____条_____

变更为：_____

员工签名：

___年__月__日

2.1.3 "劳动合同终止"法律法规

劳动合同期满或者劳动合同当事人双方约定的劳动合同终止的条件出现时，劳动合同即终止。劳动合同终止意味着劳动合同当事人双方协商确定的劳动权利和义务关系已经结束，此时，企业应当依法办理终止劳动合同的有关手续。

1. 相关法律条款

目前，我国与劳动合同终止相关的法律条款包括但不限于以下几条，如表2-2所示。

表2-2　与劳动合同终止相关的法律条款

相关文件	条款	具体内容
《劳动合同法》	第四十四条	有下列情形之一的，劳动合同终止 ◆ 劳动合同期满的 ◆ 劳动者开始依法享受基本养老保险待遇的 ◆ 劳动者死亡，或者被人民法院宣告死亡或者宣告失踪的 ◆ 用人单位被依法宣告破产的 ◆ 用人单位被吊销营业执照、责令关闭、撤销，或者用人单位决定提前解散的 ◆ 法律、行政法规规定的其他情形
	第四十五条	◆ 劳动合同期满，有本法第四十二条规定情形之一的，劳动合同应当续延至相应的情形消失时终止 ◆ 但是，本法第四十二条第二项规定丧失或者部分丧失劳动能力劳动者的劳动合同的终止，按照国家有关工伤保险的规定执行
	第四十八条	◆ 用人单位违反本法规定解除或者终止劳动合同，劳动者要求继续履行劳动合同的，用人单位应当继续履行 ◆ 劳动者不要求继续履行劳动合同或者劳动合同已经不能继续履行的，用人单位应当依照本法第八十七条规定支付赔偿金
《劳动法》	第二十三条	劳动合同期满或者当事人约定的劳动合同终止条件出现，劳动合同即行终止
《劳动和社会保障部关于非全日制用工若干问题的意见》	4	非全日制劳动合同的终止条件，按照双方的约定办理。劳动合同中，当事人未约定终止劳动合同提前通知期的，任何一方可以随时通知对方终止劳动合同；双方约定了违约责任的，按照约定承担赔偿责任

（续表）

相关文件	条款	具体内容
《集体合同规定》	第三十八条	◆ 集体合同或专项集体合同期限一般为 1 至 3 年，期满或双方约定的终止条件出现，即行终止 ◆ 集体合同或专项集体合同期满前三个月，任何一方均可向对方提出重新签订或续订的要求
劳动和社会保障部《关于贯彻执行〈中华人民共和国劳动法〉若干问题的意见》	20	◆ 无固定期限的劳动合同是指不约定终止日期的劳动合同。按照平等自愿、协商一致的原则，用人单位和劳动者只要达到一致，无论是初次就业还是由固定工转制的，都可以签订无固定期限工劳动合同 ◆ 无固定期限劳动合同不得将法定解除条件约定为终止条件，以规避解除劳动合同时用人单位应承担支付给劳动者经济补偿的义务
	34	除《劳动法》第二十五条规定的情形外，劳动者在医疗期、孕期、产期和哺乳期内，劳动合同期限届满时，用人单位不得终止劳动合同。劳动合同的期限应自动延续至医疗期、孕期、产期和哺乳期期满为止
	38	劳动合同期满或者当事人约定的劳动合同终止条件出现，劳动合同即行终止，用人单位可以不支付劳动者经济补偿金。国家另有规定的，可以从其规定
	50	在目前工伤保险和残疾人康复就业制度尚未建立和完善的情况下，对因工部分丧失劳动能力的职工，劳动合同期满也不能终止劳动合同，仍由原单位按照国家有关规定提供医疗等待遇

2. 劳动合同终止的类型

《劳动法》规定的劳动合同终止主要包括两种类型：法定终止和约定终止。法定终止是指劳动合同期满而终止。约定终止是指劳动合同当事人约定的终止条件出现而终止。

但是，为了避免企业随意与员工约定劳动合同终止的条件，并据此终止劳动合同，使无固定期限劳动合同提前终止，不能起到维护员工权益的作用，《劳动合同法》取消了劳动合同约定终止的情形，因此，即使企业在劳动合同中约定了劳动合同终止的条件也是无效的。

3. 引发劳动合同终止的因素

引发劳动合同终止的因素有以下六种，如图 2-3 所示。

1	当事人双方全面履行而终止	法院判决或仲裁裁决而终止	2
3	当事人一方或双方死亡而终止	因提存、混同或抵消而终止	4
5	情势发生变化，双方在不损害国家利益或社会公共利益的条件下达成协议，终止合同	当事人一方或双方提出合同解除	6

图2-3　引发劳动合同终止的因素

4. 劳动合同终止的操作流程

企业与员工终止劳动合同可采取以下操作流程，如图2-4所示。

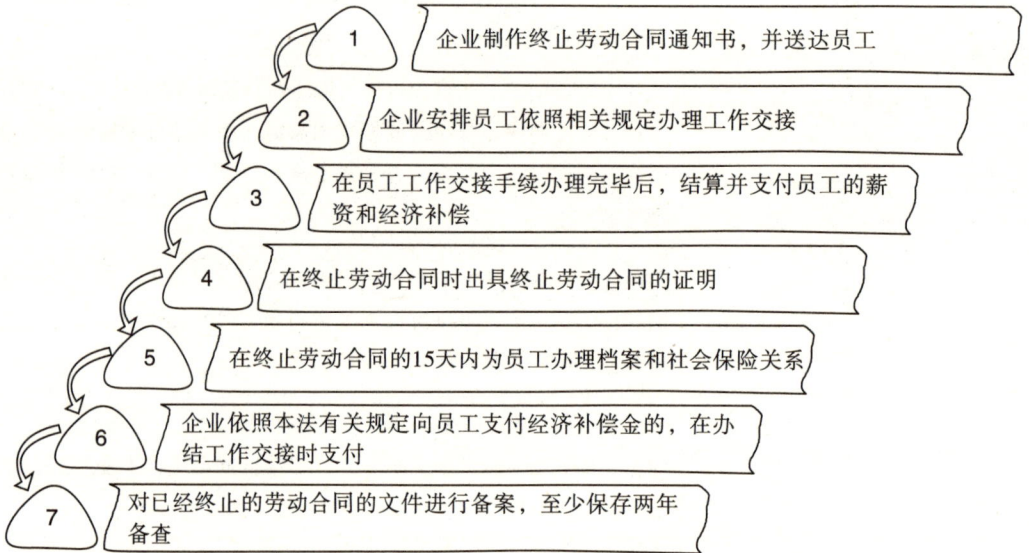

1　企业制作终止劳动合同通知书，并送达员工

2　企业安排员工依照相关规定办理工作交接

3　在员工工作交接手续办理完毕后，结算并支付员工的薪资和经济补偿

4　在终止劳动合同时出具终止劳动合同的证明

5　在终止劳动合同的15天内为员工办理档案和社会保险关系

6　企业依照本法有关规定向员工支付经济补偿金的，在办结工作交接时支付

7　对已经终止的劳动合同的文件进行备案，至少保存两年备查

图2-4　劳动合同终止的操作流程

5. 劳动合同终止的注意事项

（1）劳动合同终止是指劳动合同约定的法定效力依法被消灭，也就是说劳动关系因为一定的法律事实的出现而终结，员工与企业之间的原有权利与义务不再存在。

（2）员工与企业之前存在的权利和义务并非与此同时消失，如原单位拖欠的工资，少缴或未缴的社会保险等。

（3）企业劳动合同期满即行终止，不存在任何附带条件。确因生产或工作的需要，可以续订合同的，必须征得双方当事人的同意，任何一方无权强迫另一方续订合同。

（4）劳动合同需要续订的，应在劳动合同终止前一个月内办理续订手续。

（5）劳动合同终止应当以书面的形式履行，下列为《劳动合同终止通知书》的范本，供读者参考。

劳动合同终止通知书

_____：

　　因您有以下第____项情形，本公司决定与您终止劳动合同，终止劳动合同日期为____年__月__日。

1. 劳动合同期满。
2. 您已经开始依法享受基本养老保险待遇。
3. 本公司被依法吊销营业执照、责令关闭、撤销。
4. 本公司决定提前解散。
5. 本公司被依法宣告破产。
6. 法律、行政法规规定的其他情形：_____。

请您于____年__月__日到公司人力资源部办理离职手续。
特此通知！

公司盖章
____年__月__日

6. 签订"劳动合同终止证明"

　　劳动合同终止后，企业应及时与员工签订"劳动合同终止证明"，在"劳动合同终止证明"中载明终止原因、终止日期等信息，并加盖企业公章。表2-3为"劳动合同终止证明"的一种形式，供读者参考。

表2-3　劳动合同终止证明

姓名	性别	年龄	身份证号
户籍所在地			
入职日期	____年__月__日	部门	职务
劳动合同终止原因			
劳动合同终止时间	我公司于____年__月__日与____同志终止劳动合同		

（续表）

备注			
企业盖章	经办人签字：		办理日期：

2.1.4 "员工单方解除劳动合同"法律法规

员工单方解除劳动合同是指劳动合同履行后，劳动合同期满前员工因个人原因或企业原因单方提出终止劳动关系的行为。

1. 相关法律规定

目前，我国涉及员工单方解除劳动合同的相关法律法规有以下几条，如表2-4所示。

表2-4　员工单方解除劳动合同的相关法律法规

相关法律文件	条款	具体内容
《劳动法》	第三十一条	劳动者解除劳动合同，应当提前30日以书面形式通知用人单位
	第三十二条	有下列情形之一的，劳动者可以随时通知用人单位解除劳动合同 ◆ 在试用期内的 ◆ 用人单位以暴力、威胁或者非法限制人身自由的手段强迫劳动的 ◆ 用人单位未按照劳动合同约定支付劳动报酬或者提供劳动条件的
《劳动合同法》	第三十七条	劳动者提前30日以书面形式通知用人单位，可以解除劳动合同。劳动者在试用期内提前三日通知用人单位，可以解除劳动合同
	第三十八条	用人单位有下列情形之一的，劳动者可以解除劳动合同 ◆ 未按照劳动合同约定提供劳动保护或者劳动条件的 ◆ 未及时足额支付劳动报酬的 ◆ 未依法为劳动者缴纳社会保险费的 ◆ 用人单位的规章制度违反法律法规的规定，损害劳动者权益的 ◆ 因本法第二十六条第一款规定的情形致使劳动合同无效的 ◆ 法律、行政法规规定劳动者可以解除劳动合同的其他情形，如用人单位以暴力、威胁或者非法限制人身自由的手段强迫劳动者劳动的；用人单位违章指挥、强令冒险作业危及劳动者人身安全的

2. 员工单方解除劳动合同的情形

根据我国《劳动法》的规定，员工行使特别解除权无条件单方解除劳动合同的许可性条件，仅限于以下情形之一。

（1）在试用期内，员工与企业的劳动关系处于非正式状态。员工对是否与企业建立正式的劳动关系仍有选择的权利。

（2）企业以暴力、威胁或非法限制人身自由的手段强迫劳动。

（3）在员工已履行劳动义务的情况下，企业未按劳动合同的约定支付劳动报酬或提供劳动条件，都是违法、违约行为。

3. 员工单方解除劳动合同的形式

根据《劳动合同法》的相关规定，员工单方解除劳动合同分为四种形式：立即解除、随时解除、提前三日预告通知解除、提前 30 日通知解除。具体说明如表 2-5 所示。

表2-5　员工单方解除劳动合同的形式

序号	解除形式	解除条件
1	立即解除	用人单位存在《劳动合同法》第三十八条中的情况 ◆ 用人单位以暴力、威胁或者非法限制人身自由的手段强迫劳动者劳动的 ◆ 用人单位违章指挥、强令冒险作业危及劳动者人身安全时，劳动者可以立即解除劳动合同
2	随时解除	◆ 用人单位以暴力、威胁或者非法限制人身自由的手段强迫劳动的 ◆ 用人单位未按照劳动合同约定支付劳动报酬或者提供劳动条件的 ◆ 用人单位或者劳动者运用欺骗、胁迫等不合法的手段签订无效劳动合同的
3	提前三日预告通知解除	《劳动法》第三十二条规定：员工在试用期可以随时通知用人单位解除劳动合同。但在实际执行中，用人单位无过错的前提下，由于员工在试用期的立即离职，可能会给用人单位带来一定的损失，因此《劳动合同法》对此做了进一步规范，明确试用期员工应提前三日通知用人单位解除劳动合同
4	提前 30 日通知解除	根据《劳动合同法》第三十七条规定：员工只要在正式用工期内，即可提前 30 日提出劳动合同解除

4. 员工单方解除劳动合同的操作流程

在员工单方提出解除劳动合同时，企业应及时采取正确的应对措施，以确保妥善处理员工劳动合同解除，避免不必要的劳动纠纷或经济损失。

员工单方提出解除劳动合同时，采取的方式不同，企业的应对处理流程也不同。下面以常见的两种员工解除方式处理流程为例进行说明。

（1）员工随时解除劳动合同时，企业应遵循以下操作流程，如图 2-5 所示。

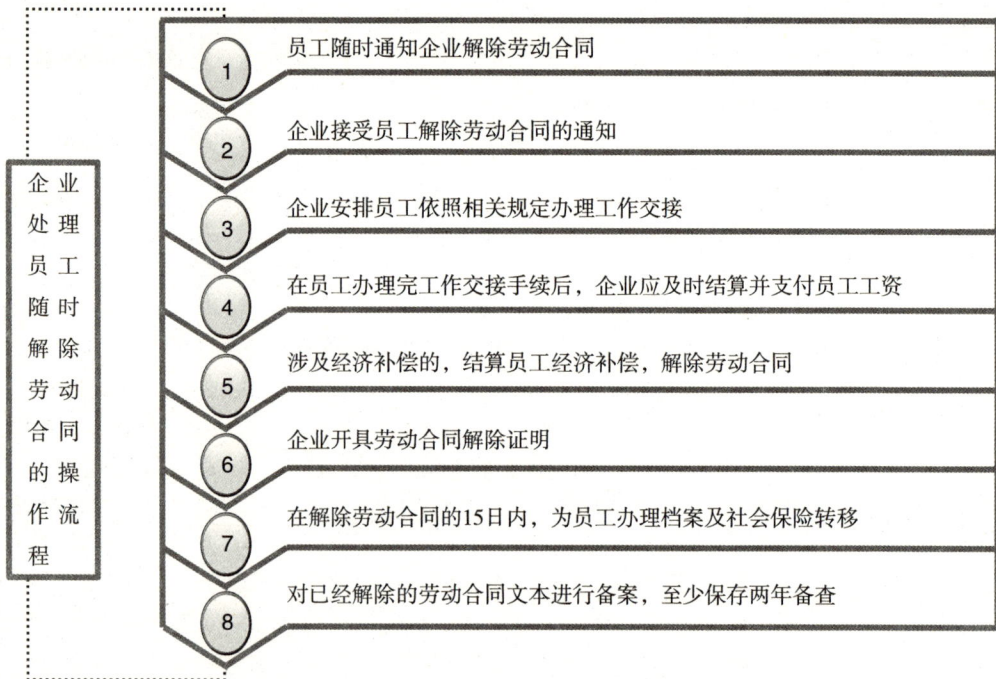

图2-5　企业处理员工随时解除劳动合同的操作流程

针对以上操作流程，如果员工不需要事先告知企业，企业只需省略步骤 1 和步骤 2 即可。

（2）员工提前三日或 30 日通知解除劳动合同时，企业应采取以下操作流程，如图2-6所示。

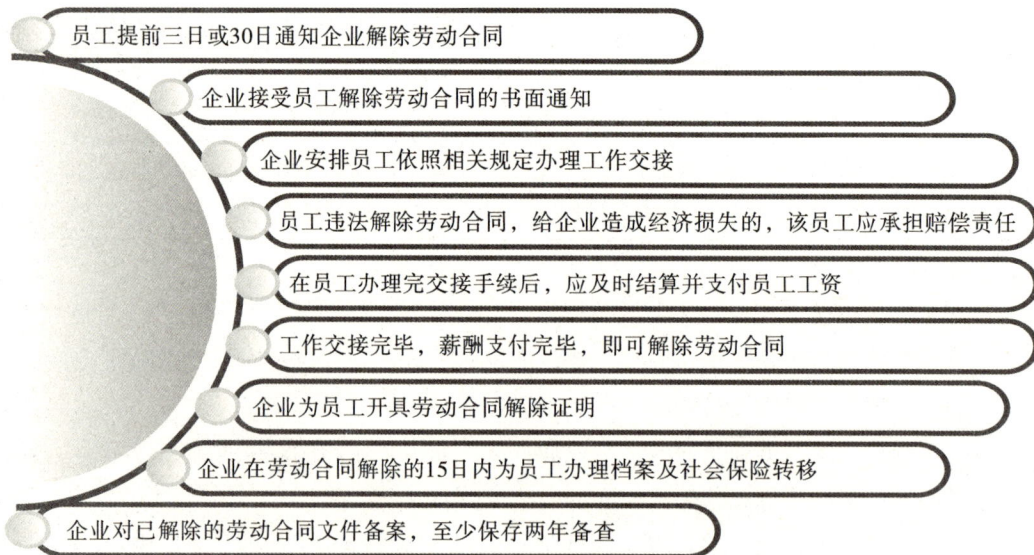

图2-6　企业处理员工提前三日或 30 日通知解除劳动合同的操作流程

2.1.5 "双方协商解除劳动合同"法律法规

员工与企业双方协商解除劳动合同是指劳动合同签订以后，在尚未履行或者尚未履行完毕之前，由于合同双方或者单方的法律行为导致双方当事人提前消灭劳动关系的法律行为。这种行为是企业与员工在完全自愿的情况下，互相协商，彼此达成一致意见的基础上提前终止的。

1. 相关法律条款

目前，我国关于双方协商解除劳动合同的法律条款如图2-7所示。

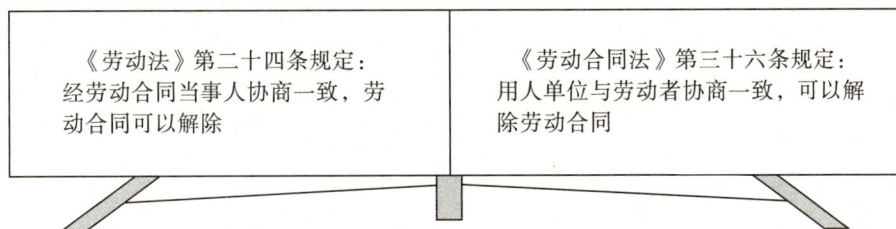

《劳动法》第二十四条规定：经劳动合同当事人协商一致，劳动合同可以解除	《劳动合同法》第三十六条规定：用人单位与劳动者协商一致，可以解除劳动合同

图2-7　我国关于双方协商解除劳动合同的法律条款

2. 合法协商解除劳动合同的前提条件

企业在处理双方协商解除劳动合同时，应注意该行为的执行必须满足以下条件：

（1）被解除的劳动合同是依法成立的有效劳动合同；

（2）解除劳动合同的行为必须是在被解除的劳动合同依法订立生效之后，尚未全部履行之前进行；

（3）企业与员工均有权提出协商解除劳动合同的请求；

（4）解除劳动合同属于双方自愿、平等协商，同时，双方当事人达成的解除劳动合同的协议，不得损害对方的利益。

3. 双方协商解除劳动合同的操作步骤

企业与员工双方协商解除劳动合同的操作步骤如表2-6所示。

表2-6　企业与员工双方协商解除劳动合同的操作步骤

步骤	执行内容	具体说明
第1步	提出解除建议	企业或员工一方提出劳动合同解除的建议
第2步	收到建议并回复	对方收到建议并及时作出回复，提出自己对于解除劳动合同的意见
第3步	达成一致意见	双方在自愿平等协商的基础上达成一致意见，同意解除劳动合同
第4步	工作交接	企业安排员工依照相关规定办理工作交接手续

（续表）

步骤	执行内容	具体说明
第5步	薪资结算及支付	在员工办理完工作交接手续后，企业应为员工及时结算并支付薪资
第6步	支付经济补偿	如果是企业提出的解除劳动合同，那么应该支付员工相应标准的经济补偿
第7步	出具合同解除证明	劳动合同按双方约定解除，企业同时出具劳动合同解除证明
第8步	办理保险档案转移	在劳动合同解除的15日内，企业为员工办理档案及社会保险转移手续
第9步	合同文本存档	对已解除的劳动合同文本进行备案，至少保存两年

4. 企业处理双方协商解除劳动合同的注意事项

企业在处理双方协商解除劳动合同时，应注意以下事项。

（1）签订协商解除协议

协商解除劳动合同是需要双方协商同意的，应及时签订协商解除书面协议，否则可能会给企业留下很大的隐患，比如承担经济补偿责任等。

（2）协议中应注明合同解除的类型

合同解除协议中应注明：本次合同解除是经员工与企业在平等自愿、协商一致的基础上解除的，以避免员工把协商解除说成企业单方解除。

（3）协议中应注明合同解除提出方

协商解除劳动合同虽然是平等自愿的，但在法律上不同的提出方，处理的结果是不同的：员工首先提出解除请求的，企业可以不支付经济补偿金；企业首先提出解除劳动合同的，要向员工支付经济补偿金。因此，协议中应注明合同解除提出方。涉及支付经济补偿金的，应该在解除劳动合同协议中明确支付金额和支付办法，以及是否应扣除所得税。

（4）协议中应注明合同解除后员工的义务

为了促进员工离职后的工作开展，便于企业掌握员工行为，企业与员工应在合同解除协议中注明以下员工义务，如表2-7所示。

表2-7　合同解除协议中应注明的员工义务

序号	员工义务	具体说明
1	工作交接	注明员工离职前及离职后的工作交接问题，避免员工离职后工作接替不上，防止员工玩忽职守，给企业造成损失。工作交接的约定主要包括交接的内容、交接方式以及交接完成的时间等
2	财物返还	协议中应注明自协议签署之后，除工作交接外，员工还应该将属于企业的所有财物及时交还企业

序号	员工义务	具体说明
3	工作终止	协议中应注明自协议签署之日起，员工除工作交接外，须立即停止一切以企业的名义从事的各种活动
4	债务清偿	员工在职期间，若欠付企业债款，如借款、罚款、赔偿金等，在解除劳动合同协议中应明确清偿日期及办法
5	约定商业秘密、知识产权、竞业限制	协议中还须注明员工离职后应遵守的约定，包括商业秘密、知识产权、竞业限制等

2.1.6 "企业单方解除劳动合同"法律法规

企业单方解除劳动合同的现象在现实企业管理中较为普遍。企业单方解除劳动合同也应该建立在国家法律规定的基础上。

1. 相关法律规定

《劳动法》和《劳动合同法》分别对企业单方解除劳动合同的情形做出了具体规定。

（1）《劳动法》中的相关条款

《劳动法》中涉及的相关规定包括但不限于以下条款，如表2-8所示。

表2-8 《劳动法》关于企业单方解除劳动合同的相关规定

条款	具体内容
第二十五条	劳动者有下列情形之一的，用人单位可以解除劳动合同 ◆ 在试用期间被证明不符合录用条件的 ◆ 严重违反劳动纪律或者用人单位规章制度的 ◆ 严重失职、营私舞弊，对用人单位利益造成重大损害的 ◆ 被依法追究刑事责任的
第二十六条	有下列情形之一的，用人单位可以解除劳动合同，但是应当提前30日以书面形式通知劳动者本人 ◆ 劳动者患病或者非因工负伤，医疗期满后，不能从事原工作也不能从事由用人单位另行安排的工作的 ◆ 劳动者不能胜任工作，经过培训或者调整工作岗位，仍不能胜任工作的 ◆ 劳动合同订立时所依据的客观情况发生重大变化，致使原劳动合同无法履行，经当事人协商不能就变更劳动合同达成一致的

（续表）

条款	具体内容
第二十七条	◆ 用人单位濒临破产，处于法定整顿期间或者生产经营状况发生严重困难，确须裁减人员的，应当提前 30 日向工会或者全体员工说明情况，听取工会或者职工的意见，经向劳动行政部门报告后，可以裁减人员 ◆ 用人单位依据本条规定裁减人员，在六个月内录用人员的，应当优先录用被裁减人员
第二十八条	用人单位依据本法第二十四条、第二十六条、第二十七条的规定解除劳动合同的，应当依照国家有关规定给予当事人经济补偿
第二十九条	劳动者有下列情形之一的，用人单位不得依据本法第二十六条、第二十七条的规定解除劳动合同 ◆ 患职业病或者因工负伤并被确认丧失或者部分丧失劳动能力的 ◆ 患病或者负伤，在规定的医疗期内的 ◆ 女职工在孕期、产期、哺乳期的 ◆ 法律、行政法规规定的其他情形
第三十条	用人单位解除劳动合同，工会认为不适当的，有权提出意见。如果用人单位违反法律法规或者劳动合同，工会有权要求重新处理；劳动者申请仲裁或者提起诉讼的，工会应当依法给予支持和帮助

（2）《劳动合同法》中的相关规定

《劳动合同法》规定的企业单方解除劳动合同的法律条款如表 2-9 所示。

表 2-9　《劳动合同法》中关于企业单方解除劳动合同的规定

条款	具体内容
第三十九条	劳动者有下列情形之一的，用人单位可以解除劳动合同 ◆ 在试用期间被证明不符合录用条件的 ◆ 严重违反用人单位规章制度的 ◆ 严重失职，营私舞弊，给用人单位造成重大损害的 ◆ 劳动者同时与其他用人单位建立劳动关系，对完成本单位的工作任务造成严重影响，或者经用人单位提出，拒不改正的 ◆ 因本法第二十六条第一款第一项规定的情形致使劳动合同无效的 ◆ 被依法追究刑事责任的

（续表）

条款	具体内容
第四十条	有下列情形之一的，用人单位提前30日以书面形式通知劳动者本人或者额外支付劳动者一个月工资后，可以解除劳动合同 ◆ 劳动者患病或者非因工负伤，在规定的医疗期满后不能从事原工作，也不能从事由用人单位另行安排的工作的 ◆ 劳动者不能胜任工作，经过培训或者调整工作岗位，仍不能胜任工作的 ◆ 劳动合同订立时所依据的客观情况发生重大变化，致使劳动合同无法履行，经用人单位与劳动者协商，未能就变更劳动合同内容达成协议的
第四十一条	有下列情形之一，需要裁减人员20人以上或者裁减不足20人但占企业职工总数10%以上的，用人单位提前30日向工会或者全体职工说明情况，听取工会或者职工的意见，且裁减人员方案经向劳动行政部门报告通过后，可以裁减人员 ◆ 依照《中华人民共和国企业破产法》（以下简称《企业破产法》）的规定进行重整的 ◆ 生产经营发生严重困难的 ◆ 企业转产、重大技术革新或者经营方式调整，经变更劳动合同后，仍须裁减人员的 ◆ 其他因劳动合同订立时，所依据的客观经济情况发生重大变化，致使劳动合同无法履行的
第四十二条	劳动者有下列情形之一的，用人单位不得依照本法第四十条、第四十一条的规定解除劳动合同 ◆ 从事接触职业病危害作业的劳动者未进行离岗前职业健康检查，或者疑似职业病病人在诊断或者医学观察期间的 ◆ 在本单位患职业病或者因工负伤并被确认丧失或者部分丧失劳动能力的 ◆ 患病或者非因工负伤，在规定的医疗期内的 ◆ 女职工在孕期、产期、哺乳期的 ◆ 在本单位连续工作满15年，且距法定退休年龄不足五年的 ◆ 法律、行政法规规定的其他情形
第四十三条	用人单位单方解除劳动合同，应当事先将理由通知工会。用人单位违反法律、行政法规规定或者劳动合同约定的，工会有权要求用人单位纠正。用人单位应当研究工会的意见，并将处理结果书面通知工会

2. 企业享有单方解除权的情形

由以上条款可知，企业享有单方解除权，无须双方协商达成一致意见的情形主要包括过错性辞退、非过错性辞退和经济性裁员三种。

（1）过错性辞退

过错性辞退是指当员工有过错性情形时，企业有权单方解除劳动合同。过错性解除劳动合同在程序上没有严格限制。企业无须支付员工解除劳动合同的经济补偿金。若规定了符合法律规定的违约金条款的，员工须支付违约金。过错性辞退适用的六种情形如图2-8所示。

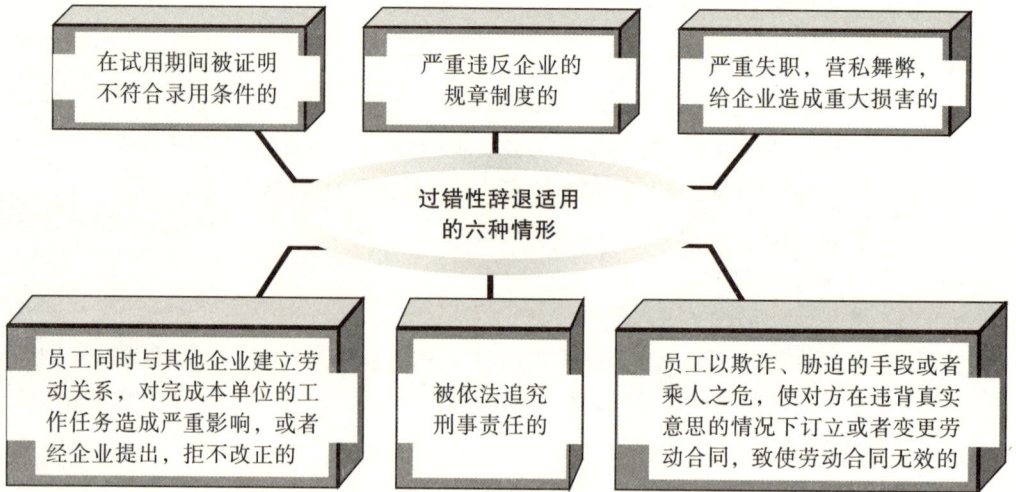

图2-8　过错性辞退适用的六种情形

（2）非过错性辞退

非过错性辞退是指员工本人无过错，但由于主客观原因致使劳动合同无法履行，企业在符合法律规定的情形下，履行法律规定的程序后有权单方解除劳动合同。非过错性解除劳动合同在程序上具有严格的限制。

① 非过错性辞退员工的具体做法如图2-9所示。

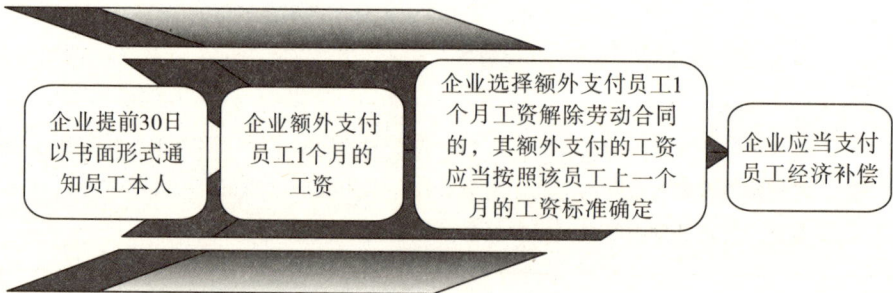

图2-9　非过错性辞退员工的具体做法

② 非过错性辞退员工的适用范围如图 2-10 所示。

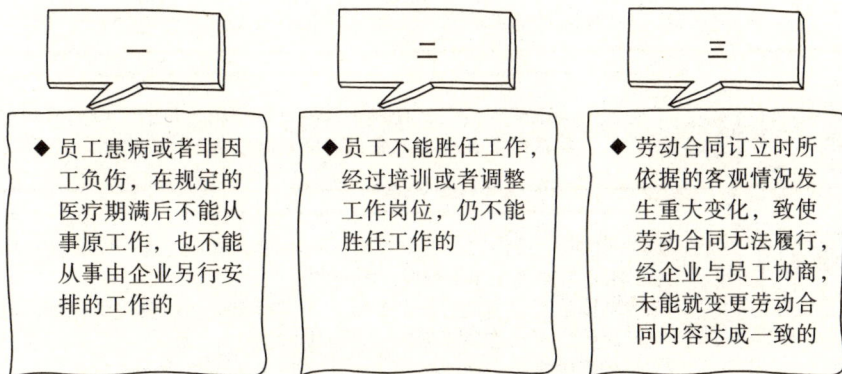

图2-10　非过错性辞退员工的适用范围

（3）经济性裁员

经济性裁员是指企业为降低劳动成本，改善经营管理，因经济或技术等原因一次性裁减 20 人以上或者不足 20 人但占企业职工总数 10% 以上的员工。经济性裁员具有严格的条件和程序限制，企业裁员时必须遵守规定。属于经济性裁员的，企业应当支付员工经济补偿金。

① 经济性裁员的适用范围如图 2-11 所示。

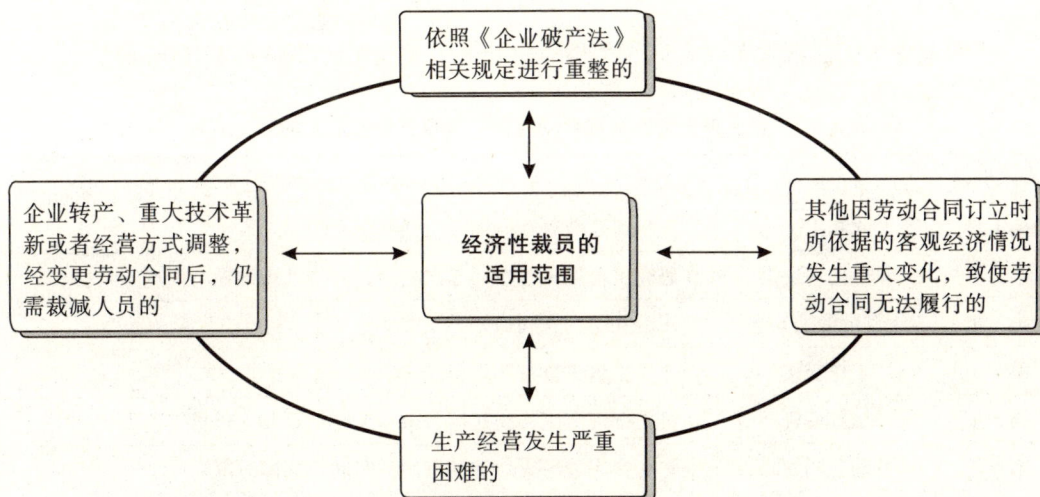

图2-11　经济性裁员的适用范围

② 实施经济性裁员的注意事项如图 2-12 所示。

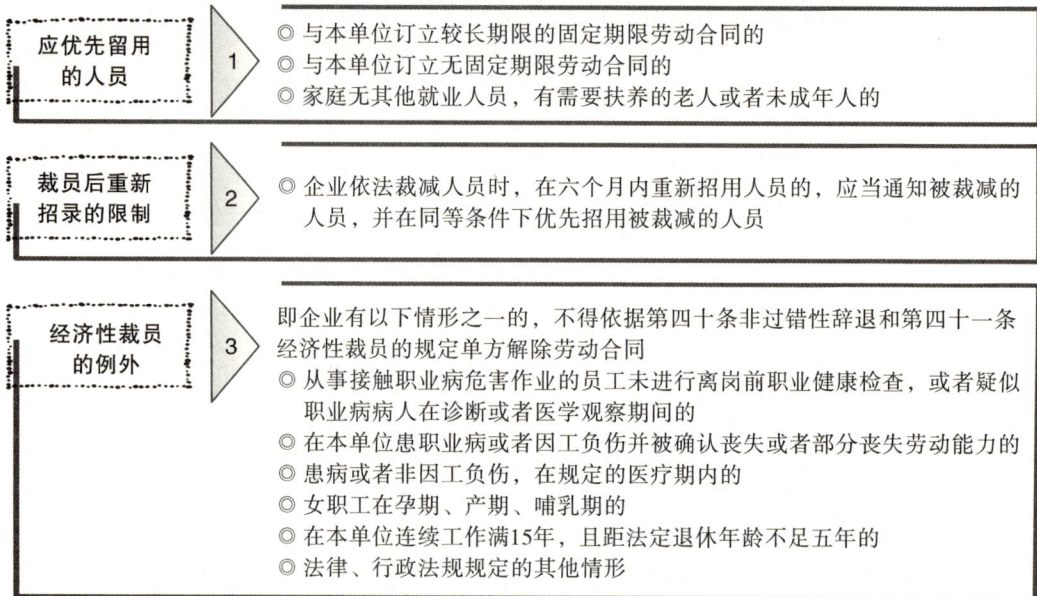

应优先留用的人员	1	◎ 与本单位订立较长期限的固定期限劳动合同的 ◎ 与本单位订立无固定期限劳动合同的 ◎ 家庭无其他就业人员，有需要扶养的老人或者未成年人的
裁员后重新招录的限制	2	◎ 企业依法裁减人员时，在六个月内重新招用人员的，应当通知被裁减的人员，并在同等条件下优先招用被裁减的人员
经济性裁员的例外	3	即企业有以下情形之一的，不得依据第四十条非过错性辞退和第四十一条经济性裁员的规定单方解除劳动合同 ◎ 从事接触职业病危害作业的员工未进行离岗前职业健康检查，或者疑似职业病病人在诊断或者医学观察期间的 ◎ 在本单位患职业病或者因工负伤并被确认丧失或者部分丧失劳动能力的 ◎ 患病或者非因工负伤，在规定的医疗期内的 ◎ 女职工在孕期、产期、哺乳期的 ◎ 在本单位连续工作满15年，且距法定退休年龄不足五年的 ◎ 法律、行政法规规定的其他情形

图 2-12　实施经济性裁员的注意事项

（4）企业单方解除劳动合同的操作程序

企业单方解除劳动合同分为三种情况：企业单方随时解除劳动合同无须事先告知员工，企业单方解除劳动合同应提前 30 日通知员工或者额外支付一个月工资，以及经济性裁员。

① 企业单方随时解除劳动合同无须事先告知员工的操作流程如表 2-10 所示。

表 2-10　企业单方随时解除劳动合同无须事先告知员工的操作流程

操作步骤	执行内容	具体说明
第1步	通知工会	事先将解除劳动合同的理由通知工会
第2步	作出处理决定	在研究工会处理意见后作出处理，并将处理结果书面通知工会
第3步	编制解除通知书	制作解除劳动合同通知书，并送达员工
第4步	工作交接	企业安排员工进行工作交接
第5步	结算薪资	在员工办理完工作交接后，应当及时结算并支付员工薪资
第6步	劳动合同解除	工作交接完成并支付完薪资后，劳动合同即时解除
第7步	开具合同解除证明	在劳动合同解除后，企业应及时为员工办理劳动合同解除证明
第8步	办理保险档案转移	在劳动合同解除后15日内，企业应为员工办理档案及社会保险转移手续
第9条	资料存档	合同解除完毕后，企业应及时将合同解除相关资料存档备案，且至少保存两年备查

② 企业单方解除劳动合同应提前 30 日告知员工或者额外支付一个月工资时的操作流程如图 2-13 所示。

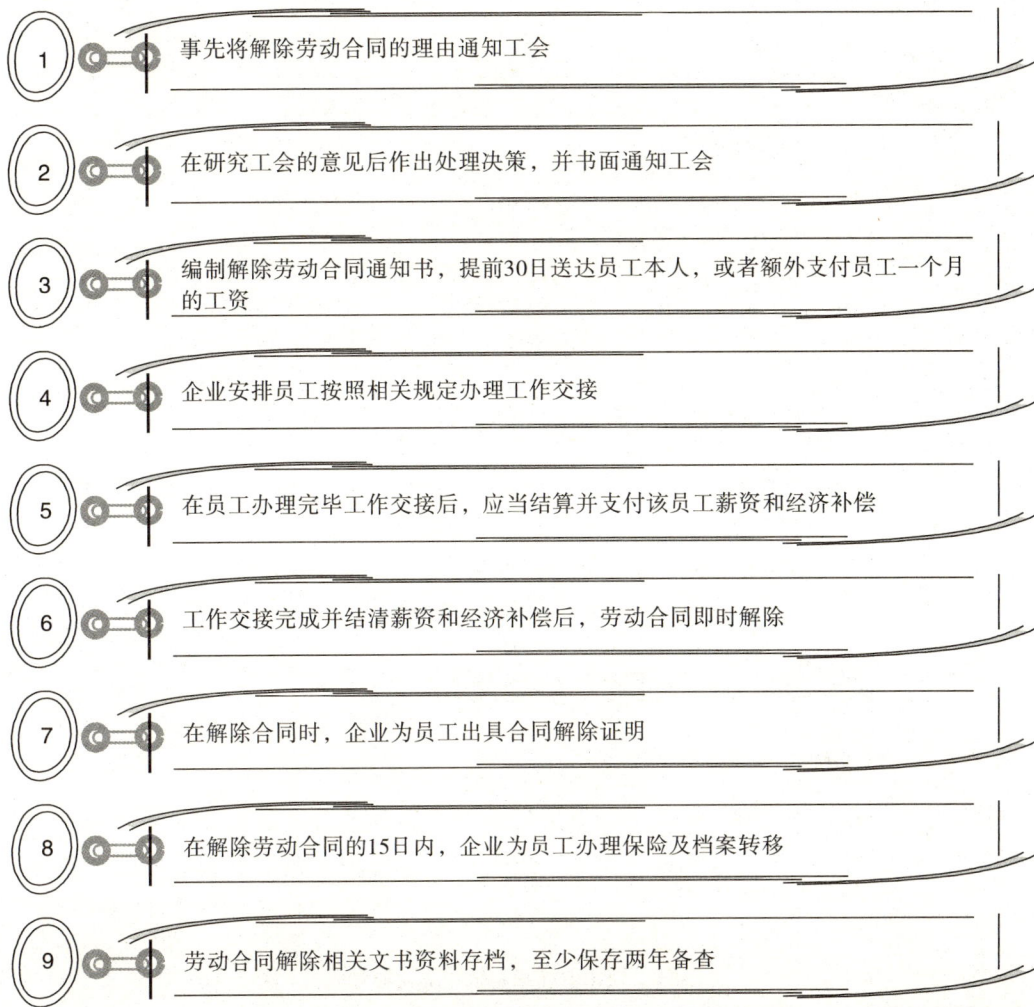

1　事先将解除劳动合同的理由通知工会

2　在研究工会的意见后作出处理决策，并书面通知工会

3　编制解除劳动合同通知书，提前30日送达员工本人，或者额外支付员工一个月的工资

4　企业安排员工按照相关规定办理工作交接

5　在员工办理完毕工作交接后，应当结算并支付该员工薪资和经济补偿

6　工作交接完成并结清薪资和经济补偿后，劳动合同即时解除

7　在解除合同时，企业为员工出具合同解除证明

8　在解除劳动合同的15日内，企业为员工办理保险及档案转移

9　劳动合同解除相关文书资料存档，至少保存两年备查

图 2-13　企业单方解除劳动合同应提前 30 日告知员工或者额外支付一个月工资时的操作流程

此处所提的额外支付一个月工资，应当根据员工离职上一个月的工资标准确定。

③ 经济性裁员的劳动合同解除操作流程。按照国家相关规定，企业实施经济性裁员的操作流程如图 2-14 所示。

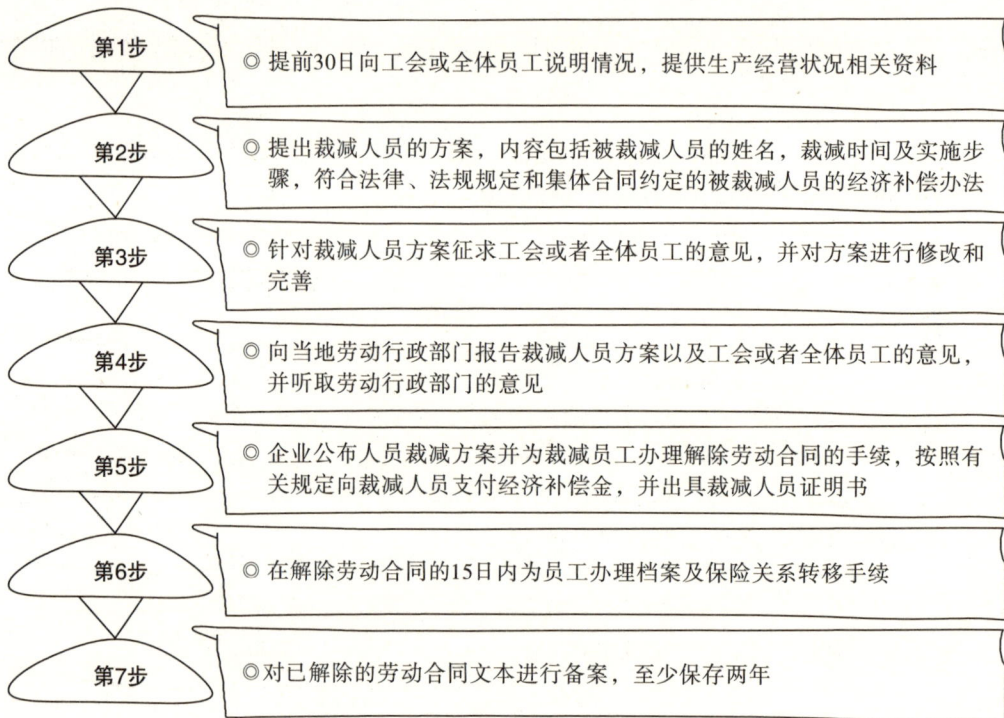

第1步	◎ 提前30日向工会或全体员工说明情况，提供生产经营状况相关资料
第2步	◎ 提出裁减人员的方案，内容包括被裁减人员的姓名，裁减时间及实施步骤，符合法律、法规规定和集体合同约定的被裁减人员的经济补偿办法
第3步	◎ 针对裁减人员方案征求工会或者全体员工的意见，并对方案进行修改和完善
第4步	◎ 向当地劳动行政部门报告裁减人员方案以及工会或者全体员工的意见，并听取劳动行政部门的意见
第5步	◎ 企业公布人员裁减方案并为裁减员工办理解除劳动合同的手续，按照有关规定向裁减人员支付经济补偿金，并出具裁减人员证明书
第6步	◎ 在解除劳动合同的15日内为员工办理档案及保险关系转移手续
第7步	◎对已解除的劳动合同文本进行备案，至少保存两年

图 2-14   经济性裁员的操作流程

2.1.7 "员工退休与退休返聘"的相关法规

1. 关于法定退休年龄的规定

法定退休年龄是指《国务院关于安置老弱病残干部的暂行办法》和《国务院关于工人退休、退职的暂行办法》（国发〔1978〕104号）文件中所规定的退休年龄，具体如表2-11所示。

表 2-11   法定退休年龄的相关法律规定

人员情形	概念	年龄规定
工人退休	全民所有制企业、事业单位和党政机关、群众团体的工人	◆ 男性年满六十周岁，女性年满五十周岁，并且连续工龄满十年的 ◆ 男性年满五十五周岁、女性年满四十五周岁，连续工龄满十年，从事井下、高空、高温、特别繁重体力劳动或其他有害身体健康工作的。本条也适用于有同样工作环境的基层干部 ◆ 男性年满五十周岁，女性年满四十五周岁，连续工龄满十年，由医院证明，并经劳动鉴定委员会确认，完全丧失劳动能力的 ◆ 因工致残，由医院证明，并经劳动鉴定委员会确认，完全丧失劳动能力的

（续表）

人员情形	概念	年龄规定
干部退休	党政机关、群众团体、企业、事业单位的干部符合下列条件之一的，都可以退休	◆ 男性年满六十周岁，女性年满五十五周岁，参加工作年限满10年的 ◆ 男性年满五十周岁，女性年满四十五周岁，参加工作年限满10年，经过医院证明完全丧失工作能力的 ◆ 因工致残，经过医院证明完全丧失工作能力的
破产国有企业职工退休	111个资本结构试点城市的破产国有企业职工	特殊工种退休、因病或非因工致残完全丧失劳动能力人员退休除外，可提前五年退休
资源枯竭型破产关闭企业职工退休	在享受111个资本结构试点城市的破产国有企业职工退休政策的同时，其符合特殊工种退休条件的人员，可再提前五年退休

2. 退休返聘人员与企业的关系

在根据法定退休年龄，强制退休之后，为保护退休人员的利益，使其生活有保障，国家建立了离退休管理制度，退休人员可享受领取养老保险金和医疗保险的待遇。企业返聘退休人员的，双方建立的不是劳动关系，只形成民法意义上的劳务关系。此时，退休返聘人员不享受《劳动法》及其他劳动法规的保护。

3. 退休返聘人员的工伤处理方式

目前，企业聘用退休人员面临的最大问题是工伤处理。退休人员在退休返聘期间发生工伤的处理方式，因各地区的规定不一，处理方式也有所差别，常用的有以下三种。

（1）明确指出不适用《工伤保险条例》

明确指出不适用《工伤保险条例》，聘用人员不享受工伤保险待遇，应按聘用协议的约定处理，没有约定的参照工伤保险标准处理。

该观点认为：退休人员与企业之间形成的是劳务关系，不是劳动法意义上的劳动关系，明确聘用人员不能享受工伤保险待遇。

（2）企业按照人身损害标准赔偿

该观点认为：退休人员与企业之间形成的是雇用关系，不是劳动法意义上的劳动关系，应按照人身损害赔偿处理。

《工伤保险条例》调整的是企业与员工之间的劳动关系，适用该条例的前提是存在劳动关系，因此雇用关系不适用工伤保险。企业作为雇主应向被聘用的退休人员承担人身损害赔偿责任。

（3）按照工伤保险处理

该观点认为：退休人员与企业之间形成的是一种特殊劳动关系，虽不能直接适用《劳动法》，但可以参照《劳动法》的相关规定执行，故发生因工负伤的可按照工伤保险或参照工伤保险处理。

持该观点的地区一般允许企业为退休人员在当地缴纳工伤保险，缴纳了工伤保险的，由社保部门按照工伤保险处理；若企业未给退休人员缴纳工伤保险的，则由企业参照工伤保险予以赔偿。

4. 企业返聘退休人员的风险防范措施

对于聘用退休人员的企业，风险防范措施主要是签订协议和购买商业保险。

（1）签订退休返聘协议

原劳动部《关于实行劳动合同制度若干问题的通知》（劳部发〔1996〕354号）第十三条规定："已享受养老保险待遇的离退休人员被再次聘用时，用人单位应与其签订书面协议，明确聘用期内的工作内容、报酬、医疗、劳动待遇等权利和义务。"因此，在退休返聘协议中一般要明确以下内容，具体如图2-15所示。

| 发生工伤的补偿方式 | 企业可随时解除聘用协议，并不给予经济补偿 | 退休人员因病由社保报销医疗费，与企业无关；因病亡故的与企业无关 | 报酬要明确统一，奖金、加班费、补助、补贴等福利待遇应在协议中明确 | 退休人员已经享有退休待遇、退休工资，不需要缴纳社保，也不需要企业进行补偿 |

图2-15　退休返聘协议的内容

因劳务关系的规定多为法律的强制性规定，因此即使退休返聘协议中约定企业发生工伤不承担责任的，也不排除法院以该条款不公平，从保护聘用人员的角度在判决时要求企业承担一定的责任。承担责任的方式可能为以上的一种，亦可能是法院酌情判决企业承担部分责任。

（2）商业保险

在聘用退休人员因工负伤通常可参照工伤保险由企业承担赔偿责任，而有些地方又不允许退休人员缴纳工伤保险，故为防范企业的风险，减少企业的损失，可由企业为退休人员购买人身意外伤害商业保险，以降低企业应该承担的风险。但在实际执行中，商业保险投保的限制性条件较多，索赔时手续繁琐、除外责任多，索赔一般比较难。

2.2 离退经济事项相关法律法规速查

2.2.1 "用人单位承担赔偿责任"法律法规

1. 相关法律法规

企业违法解除劳动合同的，员工可要求企业支付赔偿金。根据我国目前相关法律法规，企业承担赔偿责任的条款包括但不限于如下几条，如表2-12所示。

表2-12 企业承担赔偿责任的法律法规

相关文件	条款	法律法规
《劳动合同法》	第八十条	用人单位直接涉及劳动者切身利益的规章制度违反法律法规规定的，由劳动行政部门责令改正，给予警告；给劳动者造成损害的，应当承担赔偿责任
	第八十一条	用人单位提供的劳动合同文本未载明本法规定的劳动合同必备条款或者用人单位未将劳动合同文本交付劳动者的，由劳动行政部门责令改正；给劳动者造成损害的，应当承担赔偿责任
	第八十二条	◆ 用人单位自用工之日起超过一个月不满一年未与劳动者订立书面劳动合同的，应当向劳动者每月支付两倍的工资 ◆ 用人单位违反本法规定不与劳动者订立无固定期限劳动合同的，应当自订立无固定期限劳动合同之日起向劳动者每月支付两倍的工资
	第八十三条	◆ 用人单位违反本法规定与劳动者约定试用期的，由劳动行政部门责令改正 ◆ 违法约定的试用期已经履行的，由用人单位以劳动者试用期满月工资为标准，按已经履行的超过法定试用期的期间向劳动者支付赔偿金
	第八十四条	用人单位违反本法规定，以担保或者其他名义向劳动者收取财物的，由劳动行政部门责令限期退还劳动者本人，并以每人500～2000元的标准处以罚款；给劳动者造成损害的，应当承担赔偿责任
	第八十五条	用人单位有下列情形之一的，由劳动行政部门责令限期支付劳动报酬、加班费或者经济补偿；劳动报酬低于当地最低工资标准的，应当支付其差额部分；逾期不支付的，责令用人单位按应付金额50%～100%的标准向劳动者加付赔偿金 ◆ 未按照劳动合同的约定或者国家规定及时足额支付劳动者劳动报酬的 ◆ 支付劳动者低于当地最低工资标准工资的 ◆ 安排加班不支付加班费的 ◆ 解除或者终止劳动合同，未依照本法规定向劳动者支付经济补偿的

（续表）

相关文件	条款	法律法规
《劳动合同法》	第八十七条	用人单位违反本法规定解除或者终止劳动合同的，应当依照本法第四十七条规定的经济补偿标准的两倍向劳动者支付赔偿金
	第八十八条	用人单位有下列情形之一的，依法给予行政处罚；构成犯罪的，依法追究刑事责任；给劳动者造成损害的，应当承担赔偿责任 ◆ 以暴力、威胁或者非法限制人身自由的手段强迫劳动的 ◆ 违章指挥或者强令冒险作业，危及劳动者人身安全的 ◆ 侮辱、体罚、殴打、非法搜查或者拘禁劳动者的 ◆ 劳动条件恶劣、环境污染严重给劳动者身心健康造成严重损害的
	第八十九条	用人单位违反本法规定未向劳动者出具解除或者终止劳动合同的书面证明，由劳动行政部门责令改正；给劳动者造成损害的，应当承担赔偿责任
	第九十一条	用人单位招用与其他用人单位尚未解除或者终止劳动合同的劳动者，给其他用人单位造成损失的，应当承担连带赔偿责任
《劳动法》	第九十七条	由于用人单位原因订立的无效合同，对劳动者造成损害的，应当承担赔偿责任
	第九十八条	用人单位违反本法规定的条件解除劳动合同或者故意拖延不订立劳动合同的，由劳动行政部门责令改正；对劳动者造成损害的，应当承担赔偿责任
	第九十九条	用人单位招用尚未解除劳动合同的劳动者，对原用人单位造成经济损失的，该用人单位应当依法承担连带赔偿责任
违反《劳动法》有关劳动合同规定的赔偿办法	第二条	用人单位有下列情形之一，对劳动者造成损害的，应赔偿劳动者损失 ◆ 用人单位故意拖延不订立劳动合同，即招用后故意不按规定订立劳动合同以及劳动合同到期后故意不及时续订劳动合同的 ◆ 由于用人单位的原因订立无效劳动合同，或订立部分无效劳动合同的 ◆ 用人单位违反规定或劳动合同的约定侵害女性职工或未成年工合法权益的 ◆ 用人单位违反规定或劳动合同的约定解除劳动合同的

（续表）

相关文件	条款	法律法规
违反《劳动法》有关劳动合同规定的赔偿办法	第三条	本办法第二条规定的赔偿，按下列规定执行 ◆ 造成劳动者工资收入损失的，按劳动者本人应得工资收入支付给劳动者，并加付应得工资收入25%的赔偿费用 ◆ 造成劳动者劳动保护待遇损失的，应按国家规定补足劳动者的劳动保护津贴和用品 ◆ 造成劳动者工伤、医疗待遇损失的，除按国家规定为劳动者提供工伤、医疗待遇外，还应支付劳动者相当于医疗费用25%的赔偿费用 ◆ 造成女性职工和未成年人（童工）身体健康损害的，除按国家规定提供治疗期间的医疗待遇外，还应支付相当于其医疗费用25%的赔偿费用 ◆ 劳动合同约定的其他赔偿费用

2. 赔偿金与经济补偿金的区别

赔偿金是由于企业违法解除劳动合同而支付给员工的费用，而经济补偿金是企业在合法解除劳动合同的前提下支付给员工的费用。根据国务院令〔2008〕第535号《中华人民共和国劳动合同法实施条例》第二十五条，可知企业违反《劳动合同法》的规定解除或者终止劳动合同，依照《劳动合同法》第八十七条的规定支付了赔偿金的，不再支付经济补偿，赔偿金的计算年限自用工之日起计算。

2.2.2 "用人单位支付经济补偿金"法律法规

经济补偿是在劳动合同解除或终止后，企业依法一次性支付给员工的经济上的补助，一般以货币的形式支付给员工，故也被称为"经济补偿金"。

1. 相关法律法规

我国《劳动法》《劳动合同法》以及1994年原劳动部发布的《违反和解除劳动合同的经济补偿办法》（以下简称《经济补偿办法》）等均对企业在与员工解除劳动合同时，应该按照一定标准一次性支付一定金额的经济补偿金做出了明确规定。具体内容如表2-13所示。

表2-13 我国法律对于经济补偿金的规定

相关文件	条款	具体内容
《劳动法》	第二十八条	用人单位依据本法第二十四条、第二十六条、第二十七条的规定解除劳动合同的，应当依照国家有关规定给予劳动者经济补偿

（续表）

相关文件	条款	具体内容
《劳动合同法》	第四十六条	有下列情形之一的，用人单位应当向劳动者支付经济补偿 ◆ 劳动者依照本法第三十八条规定解除劳动合同的 ◆ 用人单位依照本法第三十六条规定向劳动者提出解除劳动合同并与劳动者协商一致解除劳动合同的 ◆ 用人单位依照本法第四十条规定解除劳动合同的 ◆ 用人单位依照本法第四十一条第一款规定解除劳动合同的 ◆ 除用人单位维持或者提高劳动合同约定条件续订劳动合同，劳动者不同意续订的情形外，依照本法第四十四条第一项规定终止固定期限劳动合同的 ◆ 依照本法第四十四条第四项、第五项规定终止劳动合同的 ◆ 法律、行政法规规定的其他情形
	第四十七条	◆ 经济补偿按劳动者在本单位工作的年限，每满一年支付一个月工资的标准支付；六个月以上不满一年的，按一年计算，不满六个月的向劳动者支付半个月工资的经济补偿 ◆ 劳动者月工资高于用人单位所在直辖市、设区的市级人民政府公布的本地区上年度职工月平均工资三倍的，向其支付经济补偿的标准按职工月平均工资三倍的数额支付，向其支付经济补偿的年限最高不超过12年 ◆ 本条所称月工资是指劳动者在劳动合同解除或者终止前12个月的平均工资
	第四十八条	◆ 用人单位违反本法规定解除或者终止劳动合同，劳动者要求继续履行劳动合同的，用人单位应当继续履行 ◆ 劳动者不要求继续履行劳动合同或者劳动合同已经不能继续履行的，用人单位应当依照本法第八十七条规定支付赔偿金
	第五十条	◆ 用人单位应当在解除或者终止劳动合同时出具解除或者终止劳动合同的证明，并在15日内为劳动者办理档案和社会保险关系转移手续，劳动者应当按照双方约定，办理工作交接 ◆ 用人单位依照本法有关规定应当向劳动者支付经济补偿的，在办结工作交接时支付 ◆ 用人单位对已经解除或者终止的劳动合同的文本，至少保存两年备查

2. 企业需要支付经济补偿金的情形

由以上法律条款可知，企业需要向员工支付经济补偿金的情形主要有以下几种。

（1）双方协商解除劳动合同，且由企业首先提出的。

（2）企业未按《劳动合同法》第四十六条规定执行，存在图 2-16 所示的问题，员工提出解除劳动合同的。

1	未按合同约定提供劳动保护或者劳动条件的
2	未及时足额支付劳动报酬的
3	未依法为员工缴纳社会保险的
4	规章制度违反法律法规的规定，损害员工权益的
5	以欺诈、胁迫等手段或者乘人之危，使员工在违背真实意思的情况下订立或变更劳动合同，致使劳动合同无效的
6	企业免除自己的法定责任、排除员工权利，致使劳动合同无效的
7	企业违反法律、行政法规强制性规定，致使劳动合同无效的
8	企业以暴力、威胁或者非法限制人身自由的手段强迫员工劳动的
9	企业违章指挥、强令冒险作业危及员工人身安全的
10	法律、行政法规规定员工可以解除劳动合同的其他情形

图 2-16 企业需要支付经济补偿金的情形（一）

（3）根据《劳动合同法》第四十六条规定，企业在图 2-17 所示情形下单方提出解除劳动合同的，需支付经济补偿金。

1　员工患病或者非因公负伤，在规定的医疗期满后，仍不能从事原工作，也不能从事企业另行安排的工作的

2　员工不能胜任工作，经过培训或者调整工作岗位，仍不能胜任工作的

3　劳动合同订立时所依据的客观情况发生重大变化，致使劳动合同无法履行，经企业与劳动者协商，未能就变更劳动合同内容达成一致的

4　企业依照《企业破产法》规定进行重整，依法裁减人员的

5　企业生产经营发生严重困难、依法裁减人员的

6　企业转产、重大技术革新或者经营方式调整，经变更劳动合同后，仍需裁减人员的

7　其他因劳动合同订立时所依据的客观经济情况发生重大变化，致使劳动合同无法履行，企业依法裁减人员的

8　法律法规规定的其他情况

图2-17　企业需要支付经济补偿金的情形（二）

（4）企业存在以下情形时，劳动合同终止，需要支付经济补偿金，如图2-18所示。

1　◆ 除企业维持或者提高劳动合同约定条件续订劳动合同，员工不同意续订的情形外，固定期限劳动合同因劳动合同期满而终止的

2　◆ 劳动合同因企业被依法宣告破产而终止的

3　◆ 劳动合同因企业被吊销营业执照、责令关闭、撤销或者企业决定提前解散而终止的

图2-18　企业需要支付经济补偿金的情形（三）

3. 经济补偿金的计算

（1）经济补偿金的计算方式。根据《劳动合同法》第四十七条规定，经济补偿金按员工在本企业工作的年限支付。其计算方式如图 2-19 所示。

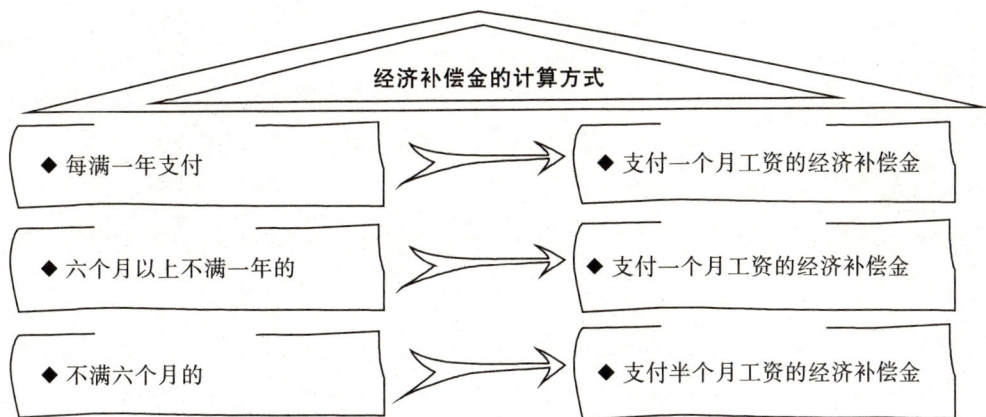

图 2-19　经济补偿金的计算方式

员工月工资高于企业所在直辖市、设区的市级人民政府公布的本地区上年度职工月平均工资 3 倍的，向其支付经济补偿的标准按员工月平均工资 3 倍的数额支付，向其支付经济补偿的年限最高不超过 12 年。

（2）经济补偿金计算时所依据的月工资数额如何确定。根据《劳动合同法》第四十七条规定，计算经济补偿金时参照的月工资是指员工在劳动合同解除或者终止前 12 个月的平均工资，是指员工全部应得工资，包括计时工资或者计件工资以及奖金、津贴和补贴等货币性收入。员工劳动合同终止前 12 个月的平均工资低于当地最低工资标准的，按照当地最低工资标准计算。员工工作不满 12 个月的，按照实际工作的月数计算平均工资。

4. 经济补偿金的支付时间

根据《劳动合同法》第五十条规定，员工应当按照双方约定，办理工作交接，企业依照本法有关规定应当向员工支付经济补偿金的，在工作交接手续办理完毕时支付。

5. 经济补偿金与个人所得税支付

关于个人所得的经济补偿金是否需要缴纳个人所得税，目前相关的法律规定如表 2-14 所示。

表 2-14　经济补偿金与个人所得税的相关规定

相关文件	颁布时间	规定内容
《国家税务总局关于个人与用人单位解除劳动关系取得的一次性补偿收入征免个人所得税问题的通知》	2001 年 9 月 10 日	◆ 个人因与用人单位解除劳动合同而取得的一次性补偿收入（包括用人单位发放的经济补偿金、生活补助费和其他补助费用），其收入在当地上一年职工平均工资 3 倍数额以内的部分，免征个人所得税 ◆ 超过部分按照《国家税务总局关于个人因解除劳动合同取得经济补偿金征收个人所得税问题的通知》（国税发〔1999〕178 号）的有关规定，计算征收个人所得税 ◆ 个人领取一次性补偿收入时，按照国家和地方政府规定的比例实际缴纳的住房公积金、医疗保险费、基本养老保险费、失业保险费，可以在计征其一次性补偿收入的个人所得税时予以扣除 ◆ 企业依照国家有关法律规定宣告破产，企业职工从该破产企业取得的一次性安置费收入，免征个人所得税
《关于个人因解除劳动合同取得经济补偿金征收个人所得税问题的通知》	1999 年 10 月 1 日	◆ 对于个人因解除劳动合同而取得一次性经济补偿收入，应按"工资、薪金所得"项计征个人所得税 ◆ 考虑到个人取得的一次性经济补偿收入数额较大，而且被解聘的人员可能在一段时间内没有固定收入，因此，对于个人取得的一次性经济补偿收入，可视为一次取得数月的工资、薪金收入，允许在一定期限内进行平均 ◆ 一次性经济补偿收入的具体平均办法为：以个人取得的一次性经济补偿收入，除以个人在本企业的工作年限数，以其商数作为个人的月工资、薪金收入，按照税法规定计算缴纳个人所得税。个人在本企业的工作年限数按实际工作年限数计算，超过 12 年的按 12 年计算 ◆ 按照上述方法计算的个人一次性经济补偿收入应纳的个人所得税税款，由支付单位在支付时一次性代扣代缴 ◆ 个人按国家和地方政府规定比例实际缴纳的住房公积金、医疗保险金、基本养老保险金、失业保险基金在计税时应予以扣除 ◆ 个人在解除劳动合同后又再次任职、受雇的，对个人已缴纳个人所得税的一次性经济补偿收入，不再与再次任职、受雇的工资、薪金所得合并计算补缴个人所得税

2.2.3 "员工违法或违约离职赔偿责任"法律法规

1. 相关法律法规

对于员工违法或者违约离职是否需要赔偿，我国相关法律法规也做出了明确的规定，具体内容包括但不限于以下条款，如表2-15所示。

表2-15 员工违法或者违约离职的赔偿责任

相关文件	条款	法律规定
《劳动法》	第三十一条	劳动者解除劳动合同，应当提前30日以书面形式通知用人单位
	第一百零二条	劳动者违反本法规定的条件解除劳动合同或者违反劳动合同中约定的保密事项，对用人单位造成经济损失的，应当依法承担赔偿责任
《劳动合同法》	第九十条	劳动者违反本法规定解除劳动合同，或者违反劳动合同中约定的保密义务或者竞业限制，给用人单位造成损失的，应当承担赔偿责任
劳部发〔1995〕223号《违反〈劳动法〉有关劳动合同规定的赔偿办法》	第四条	劳动者违反规定或劳动合同的约定解除劳动合同，对用人单位造成损失的，劳动者应赔偿用人单位下列损失 ◆ 用人单位招收录用其所支付的费用 ◆ 用人单位为其支付的培训费用，双方另有约定的按约定办理 ◆ 对生产、经营和工作造成的直接经济损失 ◆ 劳动合同约定的其他赔偿费用
	第五条	劳动者违反劳动合同中约定保密事项，对用人单位造成经济损失的，按《中华人民共和国反不正当竞争法》（以下简称《反不正当竞争法》）第二十条的规定支付用人单位赔偿费用
	第六条	◆ 用人单位招用尚未解除劳动合同的劳动者，对原用人单位造成经济损失的，除该劳动者承担直接赔偿责任外，该用人单位应当承担连带赔偿责任；其连带赔偿的份额不低于对原用人单位造成经济损失总额的70% ◆ 向原用人单位赔偿损失包括对生产、经营和工作造成的直接经济损失；因获取商业秘密给用人单位造成的经济损失。赔偿本条第（二）项规定的损失，按《反不正当竞争法》第二十条的规定执行

《反不正当竞争法》第二十条：经营者违反本法规定，给被侵害的经营者造成损害的，应当承担损害赔偿责任；被侵害的经营者的损失难以计算的，赔偿额为侵权人在侵权期间因侵权所获得的利润，并应当承担被侵害的经营者因调查该经营者侵害其合法权益的不正当竞争行为所支付的合理费用。被侵害的经营者的合法权益受到不正当竞争行为损害的，可以向人民法院提起诉讼。

2. 员工赔偿责任的构成要件

根据《劳动合同法》第九十条的规定，员工赔偿责任的构成要件包括以下三点，如图2-20所示。

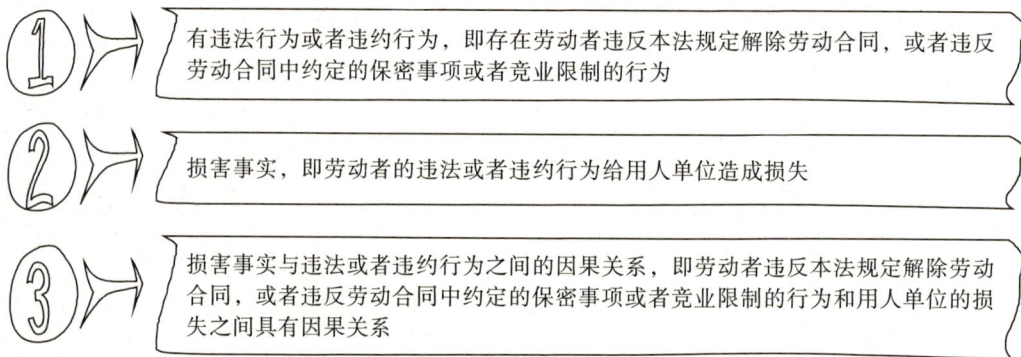

①有违法行为或者违约行为，即存在劳动者违反本法规定解除劳动合同，或者违反劳动合同中约定的保密事项或者竞业限制的行为

②损害事实，即劳动者的违法或者违约行为给用人单位造成损失

③损害事实与违法或者违约行为之间的因果关系，即劳动者违反本法规定解除劳动合同，或者违反劳动合同中约定的保密事项或者竞业限制的行为和用人单位的损失之间具有因果关系

图2-20　员工赔偿责任的构成要件

另外，根据《劳动法》第三十一条可知，员工提前30日以书面形式通知企业解除劳动合同，无需征得企业的同意。超过30日，员工向企业提出办理解除劳动合同的手续，企业应予以办理。但由于员工违反劳动合同有关约定给企业造成经济损失的，应依据有关法律法规、规章的规定和劳动合同的约定，由员工承担赔偿责任。

员工违反提前30日以书面形式通知企业的规定而要求解除劳动合同的，企业可以不予办理。员工违法解除劳动合同而给原企业造成经济损失的，应当依据有关法律法规、规章的规定和劳动合同的约定承担赔偿责任。

3. 员工应赔偿企业损失的具体内容

根据《劳动合同法》第九十一条相关法律规定，员工违反规定或劳动合同的约定解除劳动合同的，应赔偿企业下列损失，如图2-21所示。

1	企业招收录用其所支付的费用
2	企业为其支付的培训费用，双方另有约定的按约定办理
3	由于企业对员工进行职业培训系执行法定义务，加之员工经培训后通过劳动已为单位创造了一定价值，因此培训费用的赔偿应当依据培训费的总额及劳动合同期限和员工为企业实际服务时间来合理确定数额
4	对生产、经营和工作造成的直接经济损失，即企业既得利益的损失
5	劳动合同约定的其他赔偿费用
6	如果企业招用尚未解除劳动合同的员工，对原企业造成经济损失的，除该员工承担赔偿责任外，该企业应当承担连带赔偿责任。其连带赔偿的份额应不低于对原企业造成的经济损失总额的70%

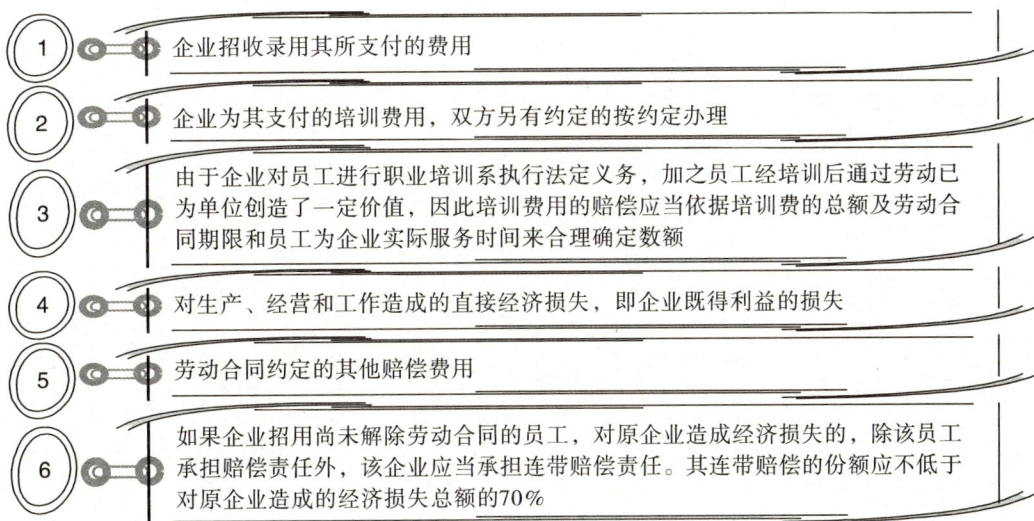

图 2-21　员工应赔偿企业损失的具体内容

4. 员工违约离职无须支付赔偿金的情形

需要注意的是，员工未提前 30 日且以书面形式通知企业解除劳动合同对企业造成损害的，并非所有情形都应当承担赔偿责任。法律对一些特定情形下劳动合同的解除给出了特别规定。例如，《劳动合同法》第三十八条规定：有下列情形之一的，劳动者可以随时通知用人单位解除劳动合同。

（1）用人单位未按照劳动合同约定提供劳动保护和劳动条件的。

（2）用人单位未及时足额支付劳动报酬的。

（3）用人单位未依法为劳动者缴纳社会保险费的。

（4）用人单位的规章制度违反法律法规的规定，损害劳动者权益的。

（5）用人单位因本法第二十六条规定的情形致使劳动合同无效的。

（6）法律、行政法规规定的其他情形。用人单位以暴力、威胁或者非法限制人身自由的手段强迫劳动者劳动的，或者用人单位违章指挥、强令冒险作业危及劳动者人身安全的，劳动者可以立即解除劳动合同，无需事先告知用人单位。

上述所列六种情形下，员工违约离职，主要是因为企业未依法向员工提供必要的劳动条件和劳动保护、支付劳动报酬等行为已经严重违反了法律的强制性规定，损害了员工的合法权益，甚至对员工的生命安全造成了严重威胁。这种情况下，员工有权随时通知企业解除劳动合同，而无需对企业的损失承担赔偿责任。

第3章　员工离退管理制度设计

3.1　员工离职管理制度设计

3.1.1　员工离职管理制度的内容

离职是指员工因退休、辞职、停职、免职、死亡等原因，离开现有职位的行为。人力资源部在制定员工离职制度时，应保证制度中至少包括以下四项内容，如图3-1所示。

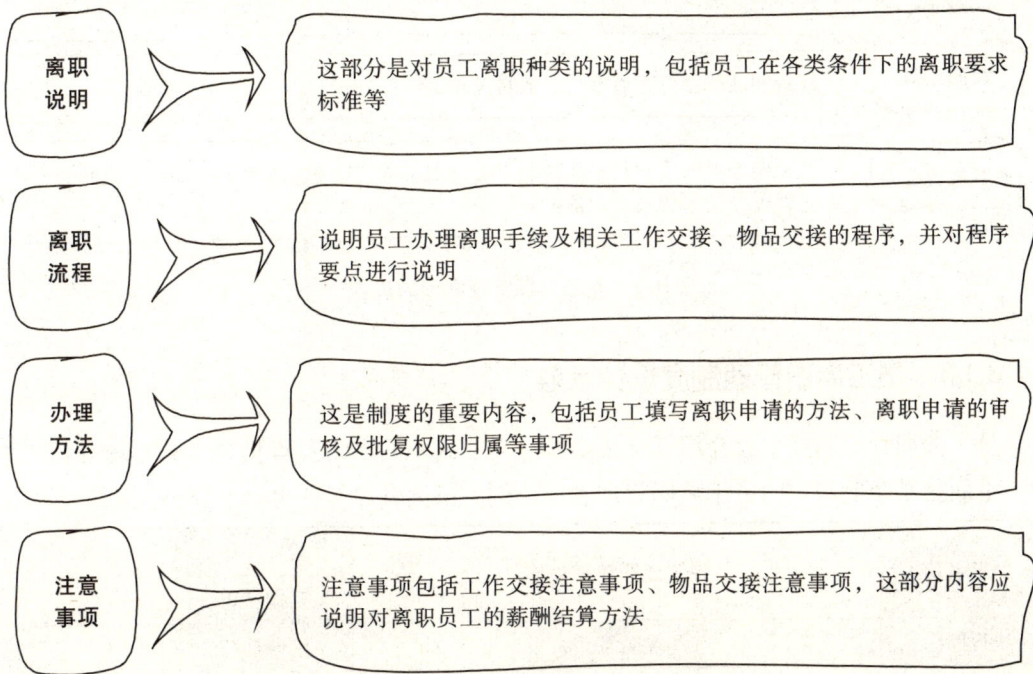

离职说明	这部分是对员工离职种类的说明，包括员工在各类条件下的离职要求标准等
离职流程	说明员工办理离职手续及相关工作交接、物品交接的程序，并对程序要点进行说明
办理方法	这是制度的重要内容，包括员工填写离职申请的方法、离职申请的审核及批复权限归属等事项
注意事项	注意事项包括工作交接注意事项、物品交接注意事项，这部分内容应说明对离职员工的薪酬结算方法

图 3-1　员工离职制度的内容

3.1.2　员工离职管理制度的重点

员工离职管理制度的重点包括离职分类、离职申请、离职审批、离职办理、薪酬结算、离职争议处理等内容，具体如图3-2所示。

离职分类	◎ 说明员工的离职种类，包括合同期满离职、辞职、自动离职、辞退等
离职申请	◎ 离职申请条款，包括离职申请时间说明、离职申请书填写规范、离职申请书提交要领、离职申请书提交对象等事项
离职审批	◎ 离职审批包括离职审批规定、审批流程 ◎ 审批规定主要包括员工在合同期满不续签、辞职、企业不续签或者自动离职等情况下的审批规定 ◎ 审批流程主要说明不同岗位员工的离职审批程序
离职办理	◎ 离职办理主要说明员工离职交接表的填制、个人工作交接、部门工作交接及物品交接等事项
薪酬结算	◎ 说明薪酬结算主管部门、人员及相关结算方式
离职争议处理	◎ 说明企业与离职员工在离职手续办理事项、结算事项等方面存在争议时的处理办法、相关处理依据等

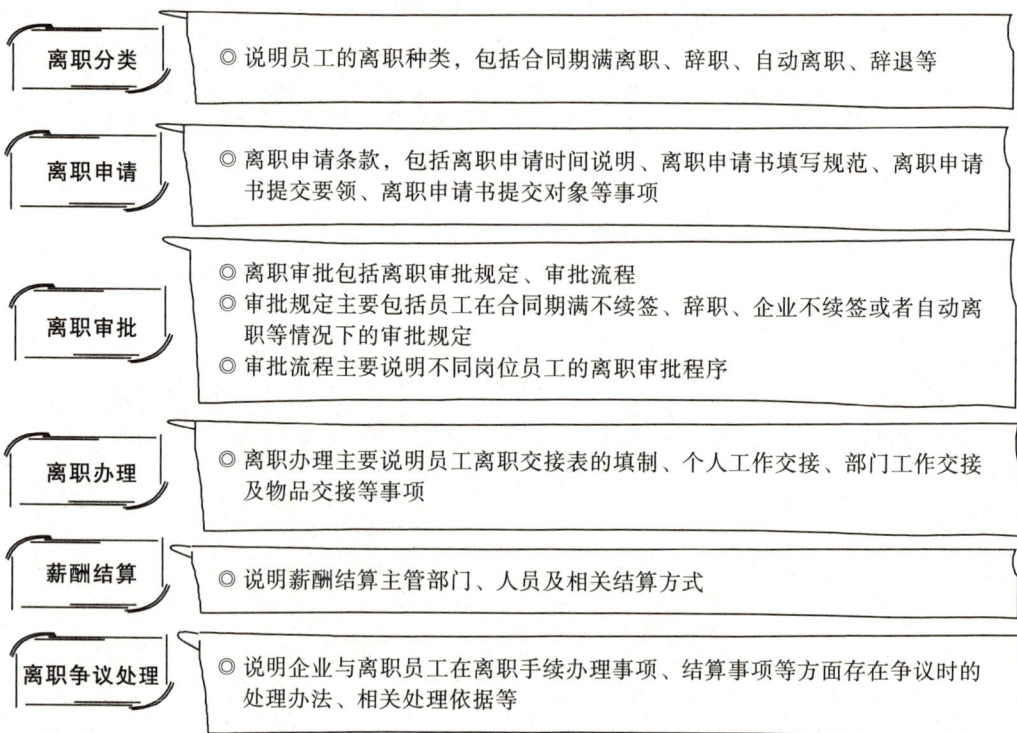

图3-2　员工离职管理制度的重点

3.1.3　员工离职管理制度设计示范

员工离职管理制度主要介绍了员工离职分类、离职的申请及审批、离职办理等相关事项。下面是某企业制定的员工离职管理制度范例，供读者参考。

制度名称	员工离职管理制度		编　　号	
			受控状态	
执行部门		监督部门	编修部门	

第1章　总则

第1条　为规范员工的离职管理，让员工离职时能顺利移交工作，保证工作的连续性和稳定性，并确保企业和离职员工的合法权益，特制定本制度。

第2条　本制度适用于公司各级人员离职的申请、审批、移交、结薪过程的管理控制。

第3条　职责说明。

1. 员工有提前提出离职申请、按规定办理离职手续和工作交接的职责和义务。

2. 部门经理或相关领导负责员工离职的审批，并安排交接工作。

3. 人力资源部负责拟定"员工辞退名单"、开展离职调查、辞职面谈，并组织交接工作。

4. 财务部主要负责薪资结算及相关补偿金核算和支付事宜。

（续）

第2章　离职分类说明

第4条　试用期内终止劳动合同的离职，指员工在试用期内，企业或员工个人因正当理由提出终止劳动合同关系。

第5条　劳动合同期满，自然终止劳动合同的离职，指劳动合同期满，企业或员工任何一方不愿续签劳动合同，双方劳动合同关系自然终止。

第6条　劳动合同期内，提前终止劳动合同关系的离职，包括辞职、辞退、擅自离职。

第7条　辞职，指员工方由于自身原因等合法因素，向企业提出提前终止劳动合同关系。

第8条　辞退，因下列原因，企业可在劳动合同期限内，与员工提前终止劳动合同关系。

1. 员工有下列情形之一的，企业可以即时解除劳动合同，予以辞退：

（1）在试用期间被证明不符合录用条件的；

（2）严重违反企业规章制度的；

（3）严重失职，营私舞弊，给本企业造成重大损害的；

（4）员工同时与其他用人单位建立劳动关系，对完成本企业的工作任务造成严重影响，或者经企业提出，拒不改正的；

（5）以欺诈、胁迫的手段使企业在违背真实意思的情况下订立或者变更劳动合同的；

（6）被依法追究刑事责任的。

2. 有下列情形之一的，企业提前30日以书面形式通知员工本人解除劳动合同，予以辞退：

（1）员工患病或者非因工负伤，在规定的医疗期满后不能从事原工作，也不能从事由企业另行安排的工作的；

（2）员工不能胜任工作，经过培训或者调整工作岗位，仍不能胜任工作的；

（3）劳动合同订立时所依据的客观情况发生重大变化，致使劳动合同无法履行，经企业与员工协商，未能就变更劳动合同内容达成一致的；

（4）因生产经营环境发生重大变化，须裁减人员的。

第9条　擅自离职，指员工未申请辞职或辞职申请未经批准或未按企业要求办理离职手续，擅自离开企业工作岗位的行为。

第3章　员工离职与辞退员工的申请

第10条　员工离职，须提前向其部门经理或者主管领导提出书面离职申请，试用期员工须提前7日，正式员工须提前30日，书面离职申请留存人事部备案。

第11条　终止合同离职人员应由人力资源部提前一个月通知员工本人，并协商确定是否续签合同。

第12条　辞退员工由部门经理及以上级别的人员提出申请，如因个人过错，人力资源部可视情况与员工协商后，按法律法规的相关规定，办理员工辞退手续。

第13条　对于擅自离职的员工，其上级领导应予以核实确认，填写"员工擅自离职申报表"及时上报人力资源部审核。

（续）

第4章　离职审批与调查

第14条　各级员工提出辞职，均须填写"员工离职申请表"报本部门经理，按下列程序进行审批，经审批后报人力资源部。审批权限如下：

1. 普通员工离职由直接主管审核，部门经理审批；

2. 主管级员工由人力资源总监审核，总经理批准；

3. 部门经理级员工离职由人力资源总监、总经理审核，董事长批准。

第15条　人力资源部接到员工离职申请后，人力资源经理负责对重要岗位及优秀员工的离职原因进行调查、核实，收集离职员工的相关材料，填写员工离职调查表。

第16条　对于主管及以上员工及技术、管理、业务等岗位中坚骨干员工的离职，人力资源经理应会同部门经理与离职员工进行面谈，了解员工辞职的真实原因，劝说其继续留任。收集员工离职前对企业的建议，对面谈内容进行记录，填写离职员工面谈记录表，经员工和部门经理共同签字后，由人力资源部保存。

第17条　员工离职经批准后，由人力资源部发给离职通知书，员工依规定办理移交手续。

第5章　工作和物品的交接

第18条　员工离职的工作交接，人力资源部应安排相应人员进行监交。

第19条　离职人员应移交的工作及物品至少包括以下五种。

1. 所负责的工作任务，包括工作内容、工作完成情况、工作方法和流程等。

2. 企业的文件资料、电脑磁片、办公用品。

3. 离职人员的工作证、钥匙、名片等。

4. 企业分配使用的车辆、宿舍钥匙。

5. 其他属于企业的财物。

第20条　企业应与掌握经营资源、核心技术等属于工作保密的离职员工签订离职协议书、保密及竞业禁止协议，离职员工必须对与企业业务有关的行为进行承诺。

第21条　人力资源部根据实际情况及离职员工申请，转调人事关系、档案、保险关系等。

第6章　员工离职财务结算事项

第22条　试用期员工在入职后的七天内提出辞职的，人力资源部应按约定支付相应工资。

第23条　办理完所有离职手续的考勤日为正式离职日期。

第24条　员工结算薪酬时，必须签批离职交接单，否则人力资源部不得办理薪酬结算手续。

第25条　离职人员离职前，持经签字认可的员工离职交接单到人力资源部核算应结算的当月工资，并签字确认。工资于离职后次月的工资发放日统一发放。

第26条　企业为员工提供专项培训费用，进行专业技术培训的，如员工违反"培训协议"约定服务期而提出离职的，人力资源部应向离职员工提出违约金的赔偿。违约金不得超过服务期尚未履行部分所应分摊的培训费用。

第27条　企业与员工签订工作保密协议的，在员工解除或者终止劳动合同后，应在竞业限制期限内按月给予离职员工以经济补偿。员工违反竞业限制约定的，人力资源部应向离职员工提出赔偿违约金。

（续）

第28条　擅自离职人员工资截止至其脱岗之日，并暂停发放工资，同时企业保留追究其擅自离职行为给企业造成相关损失的权力。

第7章　劳动争议管理

第29条　发生劳动争议后，人力资源部应力争与离职员工协商解决。

第30条　发生争议的双方不愿协商或协商不成的，可以向当地劳动争议仲裁委员会申请仲裁。对仲裁裁决不服的，可以向人民法院起诉。

第8章　附则

第31条　本制度由人力资源部负责制定，相关修改权和解释权均归本企业所有。

第32条　本制度报总经理批准后，自＿＿年＿月＿日施行。

编制日期		审核日期		批准日期	
修改标记		修改处数		修改日期	

3.2　员工退休管理制度设计

3.2.1　员工退休管理制度的内容

退休是指员工到一定年龄后，从工作岗位上退职，与企业解除劳动关系的人事活动。人力资源部门在为本企业制定员工退休管理制度时，应保证制度中不可缺少以下四项内容，具体如图3-3所示。

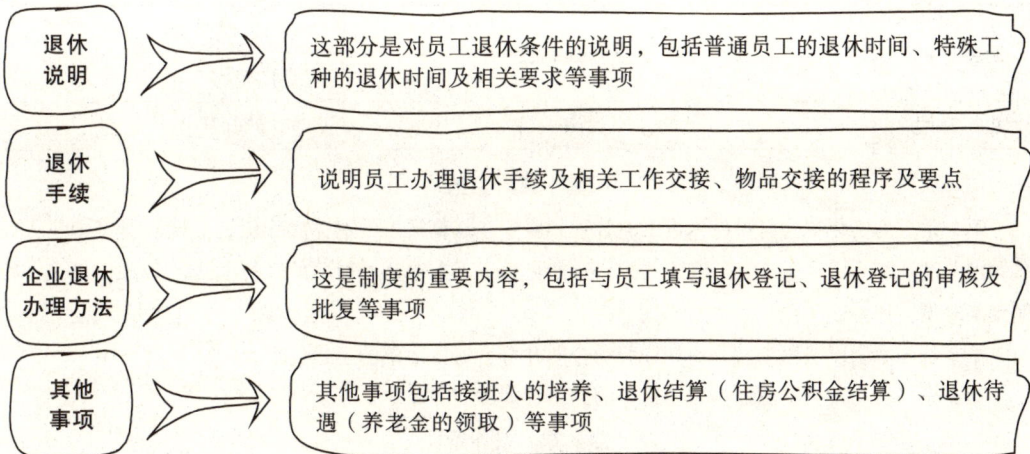

退休说明　➡　这部分是对员工退休条件的说明，包括普通员工的退休时间、特殊工种的退休时间及相关要求等事项

退休手续　➡　说明员工办理退休手续及相关工作交接、物品交接的程序及要点

企业退休办理方法　➡　这是制度的重要内容，包括与员工填写退休登记、退休登记的审核及批复等事项

其他事项　➡　其他事项包括接班人的培养、退休结算（住房公积金结算）、退休待遇（养老金的领取）等事项

图3-3　企业退休管理制度的主要内容

3.2.2　员工退休管理制度的重点

员工退休管理制度的重点内容包括退休条件说明、退休程序、退休待遇说明、培养接班人等，具体如图 3-4 所示。

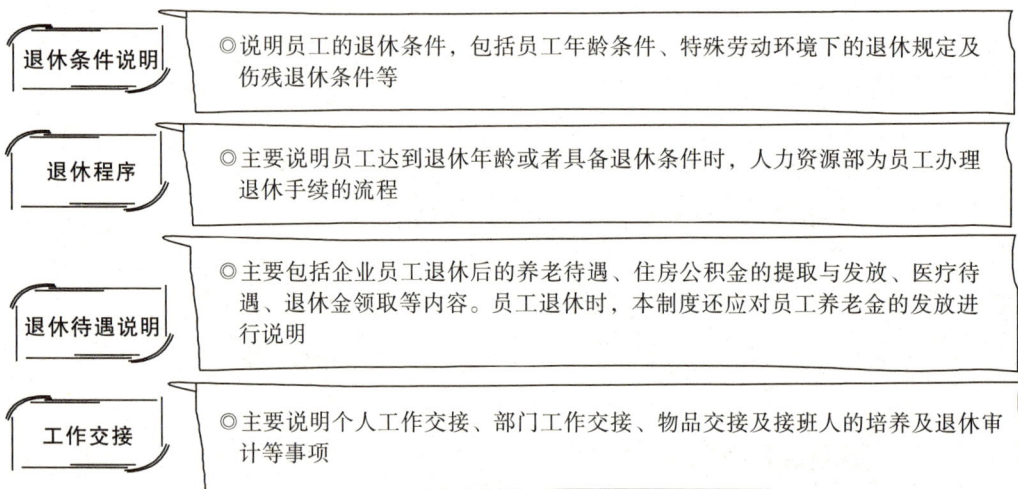

退休条件说明	◎ 说明员工的退休条件，包括员工年龄条件、特殊劳动环境下的退休规定及伤残退休条件等
退休程序	◎ 主要说明员工达到退休年龄或者具备退休条件时，人力资源部为员工办理退休手续的流程
退休待遇说明	◎ 主要包括企业员工退休后的养老待遇、住房公积金的提取与发放、医疗待遇、退休金领取等内容。员工退休时，本制度还应对员工养老金的发放进行说明
工作交接	◎ 主要说明个人工作交接、部门工作交接、物品交接及接班人的培养及退休审计等事项

图 3-4　企业退休管理制度的重点

3.2.3　企业退休管理制度设计示范

员工退休管理制度主要对员工退休的条件、办理方法等予以具体规定。下列为某企业制定的员工退休管理制度，供读者参考。

制度名称	员工退休管理制度		编　　号	
			受控状态	
执行部门		监督部门	编修部门	

第 1 章　总则

第 1 条　为优化本公司对退休员工的管理和服务，规范员工的退休操作流程，现依据《中华人民共和国劳动法》《劳动合同法实施条例》《国务院关于工人退休、退职的暂行办法》等相关规定，特制定本制度。

第 2 条　本制度适用于与公司签订劳动合同并符合退休要求的正式员工。

第 3 条　公司人力资源部为员工退休的归口管理部门。

第 2 章　退休条件

第 4 条　公司员工正常法定退休年龄规定如下：

1. 男性，年满 60 周岁，连续工龄满 10 年；

2. 女性，年满 50 周岁，连续工龄满 10 年；

（续）

3. 从事井下、高空、高温、特别繁重体力劳动或者其他有害身体健康的工作，男性年满55周岁、女性年满45周岁，连续工龄满10年的；

4. 男性年满50周岁，女性年满45周岁，连续工龄满10年，由医院证明，并经劳动鉴定委员会确认，完全丧失劳动能力的；

5. 因工致残，由医院证明，并经劳动鉴定委员会确认，完全丧失劳动能力的。

第5条 从事国家规定特殊工种（详见国家相关规定）退休的，男性年满55周岁、女性年满45周岁，且连续工龄满10年。

第3章 退休程序

第6条 员工达到退休年龄，人力资源部应在其达到退休年龄的前60天启动退休审批流程，填写"员工退休审批表"（样式如下表所示），提交员工所在部门和分管副总会签，报人力资源副总审核，总经理审批。

员工退休审批表

姓名		性别		出生日期	___年__月__日
所在单位/部门		进公司时间	___年__月__日	薪资定级情况	
年金核算					
	核算人员：		复核人员：		
人力资源部确认					
退休人员所在部门会签					
所在部门分管副总会签					
人力资源副总审核					
总经理审批					

第7条 员工在达到退休年龄前30天内，人力资源部向员工发出"员工退休通知单"，员工按通知单要求办理退休手续，解除劳动合同。

（续）

员工退休通知单

尊敬的＿＿＿＿＿＿先生（女士）：

至＿＿年＿月＿日，您将符合国家规定的退休年龄，为保证您的合法权益，公司将为您办理退休手续。现将相关事项告知如下。

一、退休手续办理

请于＿＿年＿月＿日前提交以下资料至人力资源部，并协助办理退休手续。

1. 身份证复印件、户口簿复印件。

2. 近期一寸免冠照片一张。

3. 国家行政机构要求提供的其他相关资料。

公司将于＿＿年＿月＿日前为您办妥退休手续，并根据国家规定于退休次月停缴您的社会保险及住房公积金。

二、工作交接

您与公司的劳动关系将于＿＿年＿月＿日终止。请您于＿＿年＿月＿日前做好工作交接，并办理离职手续。

三、企业年金发放

在您退休之际，公司将根据制定的员工年金管理办法，向您一次性发放年金＿＿＿＿＿元，对您为公司做出的贡献深表谢意。

××有限公司

人力资源部

＿＿年＿月＿日

第8条　接班人管理。员工退休前一个月，所在部门及人力资源部应做好退休员工的接班人管理工作。确认接班人一般按照下列步骤实施：

1. 确定接班需求；

2. 确定接班人标准；

3. 实施接班人选拔和开发工作。

第9条　员工按照通知要求于30天内与所在单位办理工作交接、财务交接、办公设施设备交接、车辆交接等手续，保证内外工作接续顺畅，无遗留问题。

第10条　各部门经理岗位及以上的退休员工由审计部门进行审计，并向总经理办公会提交审计报告。

第11条　员工达到退休年龄后的一个月内办完有关手续，停缴社会保险和住房公积金，不再列入在编人员。

第12条　员工退休，人力资源部应提前以书面形式告知工会，由工会为退休员工举办欢送仪式，发放纪念品。

（续）

第4章　退休待遇
第13条　从办理退休手续次月起，公司停发退休员工工资，由社会保险办理机构按月发给其基本养老金。基本养老金的发放标准，由社会保险基金经办机构按政府规定标准执行。 　　第14条　员工办理退休手续时，住房公积金由公司一次性结算发给员工。 　　第15条　退休员工医疗待遇按照省市医保相关规定执行。 　　第16条　员工退休时，公司以退休人员在职最后12个月的收入（含基本工资、奖金）的平均值为基数，按照在本公司工作每满一年支付一个月工资的标准（最多不超过12个月）核算公司对退休人员的经济补偿，并在员工办理退休手续时一次性发放。员工工龄是指从到本公司工作之日至在本公司工作的最后之日计算工龄，工龄计算的余数不足半年的按半年计算，超过半年的按一年计算。 第5章　附则 　　第17条　本制度由人力资源部负责制定、解释和修订。 　　第18条　本制度自颁发之日起实施。

编制日期		审核日期		批准日期	
修改标记		修改处数		修改日期	

3.3　退休返聘管理制度设计

3.3.1　退休返聘管理制度的内容

　　退休返聘是指企业对已经退休的员工，再次聘用的行为。人力资源部在制定退休返聘管理制度时，应保证制度包括以下四项内容，具体如图3-5所示。

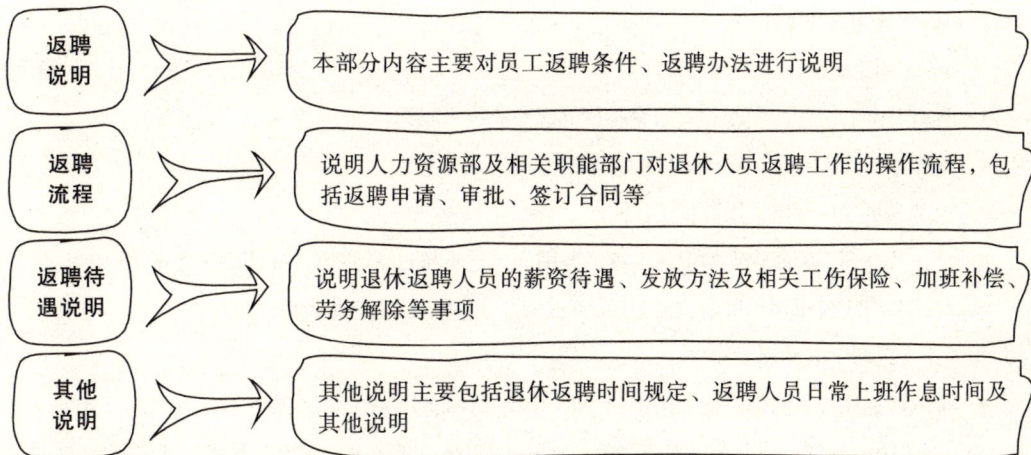

图3-5　退休返聘管理制度主要内容

3.3.2 退休返聘管理制度的重点

员工退休返聘管理制度主要包括以下三项重点内容：

（1）员工退休返聘的条件；

（2）员工退休返聘实施办法；

（3）员工退休返聘的待遇规定。

3.3.3 退休返聘管理制度设计示范

退休返聘实现了企业与退休员工的互利双赢，既减轻了退休对员工生活造成的负面影响，又为企业解决了人才供需的矛盾。因此，企业有必要对退休返聘的操作流程及规定进行制度说明。下面是某企业制定的退休返聘管理制度范例，供读者参考。

制度名称	退休返聘管理制度		编　　号	
			受控状态	
执行部门		监督部门	编修部门	

第1条　目的

为完善公司退休返聘用人机制，加强公司劳动用工管理，现根据公司实际情况及国家相关法律规定，特制定本制度。

第2条　适用范围

本制度适用于公司退休员工的返聘管理工作。

第3条　相关说明

返聘是指公司因工作需要，经批准聘用已正式办理了相关退休手续的本公司及其他单位退休人员的行为。返聘的岗位应是当前工作急需，且暂时无合适替代人选的专业性较强的岗位。

第4条　退休返聘条件

返聘员工须至少满足下列五个条件。

1. 具有与本公司生产经营相关的专业技能或专业技术职称。

2. 返聘人员本人自愿，并向单位提交申请。

3. 返聘人员身体健康，能胜任工作。

4. 已正式办理了国家规定的退休手续，原则上男性不超过65周岁，女性不超过60周岁。

5. 聘用部门或公司须经报请总经理讨论同意后，可适当放宽返聘条件。

第5条　返聘手续办理

1. 拟返聘退休人员的部门或公司提出书面申请，明确聘期中的岗位要求和工作任务，报请人力资源部，经人力资源部经理审核后报请总经办批复。"退休员工返聘申请表"样式如下表所示。

（续）

退休员工返聘申请表

姓名		性别		出生日期	___年__月__日
原单位		部门		职务	
原薪资级别					
拟返聘情况说明					
拟聘岗位			拟聘用理由		
拟聘用单位/部门			拟聘用岗位		
拟聘用期限			拟聘用年薪		
福利待遇约定					
会签与审批					
所在部门确认			分管副总会签		
人力资源部会签			人力资源分管副总审核		
总经理审批					

2. 公司批复同意返聘后，公司与其签订"退休人员返聘协议"（见附件）。

3. 返聘实行聘期制，按期聘用，到期自动终止。

第6条　返聘人员的日常管理

1. 返聘的退休人员原则上实行一年一聘，若确因工作需要必须续聘的，返聘期限累计一般最长不超过三年。

2. 返聘人员由返聘部门按在职人员管理，须完成本部门在职同职级同类人员相应的工作量，并参加年度考核，考核结果将作为是否续聘的依据之一。

3. 返聘人员岗位占用返聘部门的岗位职数。

4. 返聘人员在职期间，用人部门应为其提供必要的劳动保护。若发生工伤事故，须参照《工伤保险条例》处理。

第7条　返聘人员的考勤与工资待遇

1. 返聘人员的考勤等日常管理由其所在部门负责，其工资实行月薪制，并根据返聘人员实际出勤情况计发。

2. 返聘人员的返聘工资根据返聘的不同工作岗位分别确定。

3. 返聘人员属于公司的外聘员工，故返聘期间，其返聘工资确定后，不随在职人员工资的调整而调整，同时返聘人员也不享受其他任何福利待遇。

第8条　返聘人员的解聘处理

1. 对违反公司有关规定的返聘人员，公司有权解聘。

2. 在返聘期间，若返聘人员本人自愿辞聘者，应提前一个月向返聘部门、人力资源部申请；经返聘部门和人力资源部的同意后，办理终止返聘手续，终止返聘工作，并从次月起停发相应的返聘待遇。

（续）

3. 返聘人员聘用期满或工作任务完结后，用人部门应及时办理终止手续；未经人力资源部审核批准，均不得继续聘用。确因工作需要，须继续使用时，用人部门须重新填写"返聘申请审批表"，由人力资源部审核批准后，方可继续返聘使用。

第9条　本制度由人力资源部制定，并负责解释说明。

第10条　本制度自总经理审批通过后实施。

第11条　附件

退休人员返聘协议

甲方：　　　　　性质：　　　　　地址：

乙方：　　　　　性别：　　　　　文化程度：

身份证号码：　　　　　　户口所在地：

根据中华人民共和国相关法律法规的有关规定，甲、乙双方经平等协商，一致同意签订本协议，共同遵守。

第1条　本协议的对象

乙方系＿＿＿＿＿＿＿＿＿（单位/部门）退休或离休人员，甲方同意按本协议约定的条件聘用乙方。乙方愿意按本协议约定的条件为甲方提供服务。

第2条　聘用协议期限

自＿＿＿年＿＿月＿＿日起至＿＿＿年＿＿月＿＿日止。

第3条　服务岗位

乙方同意根据甲方的工作需要，在＿＿＿＿＿＿＿＿（公司名称）从事＿＿＿＿＿＿＿＿（岗位名称）工作。

第4条　劳动报酬

甲方根据公司返聘离退休人员薪酬制度及乙方的工作职位、岗位确定乙方薪酬，乙方的月工资为＿＿＿＿＿＿元。

第5条　甲方的权利和义务

1. 甲方有权根据企业的实际情况，依法制定各项规章管理制度，并要求乙方遵照执行。

2. 甲方有权在国家法律政策范围内，确定、调整乙方的工作、休假时间；有权根据企业的业务经营状况和实际需要聘用乙方。

3. 甲方应根据乙方的相应职位，提供相应的报酬，并有权根据乙方的工作表现、工作业绩等情况，调整相应的职位以及相关福利待遇。

4. 聘用期间，若乙方因工作过失或错误，导致甲方重大损失的（指经济、声誉等多方面之损失），甲方有权根据所造成的后果，部分或全部取消乙方本应获得的报酬或福利待遇，并保留追究乙方法律责任的权利。

5. 甲方不负责承担和缴纳乙方的养老保险、医疗保险等任何社会保险费用及住房公积金，也不负责办理与此相关的任何手续。如果甲方为乙方办理了补充医疗保险，那么乙方可以享受补充医疗保险。

（续）

6. 本协议期间，乙方发生人身伤害事故的，由社会基本医疗保险及补充医疗保险负担解决。如果乙方在为甲方工作时间、工作地点因工负伤且符合国务院《工伤保险条例》中工伤和视同工伤的情形的，甲方同意使乙方能享受到工伤医疗待遇，社会基本医疗保险及补充医疗保险不能满足乙方的工伤医疗待遇的，不足部分由甲方补足至乙方能享受到工伤医疗待遇。

7. 除上述补足工伤医疗待遇外，甲方不支付伤残补助金或伤残津贴等和伤残有关的其他费用。

第6条　乙方的权利和义务

1. 乙方根据甲方公司制度规定，享受相关福利待遇。

2. 乙方可以根据年资、贡献和职级变动情况要求调整薪资、改善待遇，具体参照甲方的有关制度规定执行。

3. 乙方必须严格遵守甲方的各项规章制度，服从甲方管理。

4. 乙方必须严格履行甲方保密制度中的各项保密义务。无论是在本聘用协议履行期间还是期满后，乙方均不得向任何第三方泄露甲方在经营活动中的各项商业秘密，如果乙方违反上述义务，给甲方造成任何损失，乙方自愿承担最终的赔偿责任。

5. 乙方不得利用工作时间或甲方的其他资源为第三方提供服务，不得在甲方业务关联单位或者商业竞争对手兼职，不得从事对甲方构成商业竞争的兼职工作，不得从事影响本职工作或有损甲方形象的兼职工作。

6. 未经甲方授权或批准，乙方不得从事以甲方名义进行的考察、谈判、签约，不得以甲方名义提供担保或证明、对新闻媒介发表意见或发布信息、出席公众活动。

第7条　协议的终止和解除

1. 协议期限届满，本协议终止。

2. 发生以下情形之一的，甲方可以单方解除协议：

（1）乙方不能达到甲方的工作要求的；

（2）乙方严重违反甲方的规章制度的；

（3）乙方严重失职，营私舞弊，给甲方造成重大损害的；

（4）乙方同时与其他用人单位建立劳动关系，对完成本单位的工作任务造成严重影响，或者经用人单位提出，拒不改正的；

（5）因生产经营活动发生变化，甲方可以提出解除协议的请求。

3. 乙方因自身身体状况或工作能力原因，可以提出解除协议的请求。经双方协商一致，可以解除协议。

4. 任何一方提出单方解除协议的，应提前15日告知对方。

5. 本协议的提前终止不影响已经产生的权利义务关系。

6. 本协议提前终止，甲方无须向乙方支付任何经济补偿金或赔偿金。

7. 乙方离开工作岗位前，应办理好工作交接手续，结清人事、工作、财务手续。

第8条　违约责任

甲乙双方任何一方违反本聘用协议，给另一方造成经济损失的，均应根据后果和责任大小予以赔偿。

（续）

第9条　争议的解决

因履行本协议发生的纠纷，双方通过友好协商解决，协商不成的由甲方所在地人民法院管辖。

第10条　相关说明

1. 甲方有关的规章制度是聘用协议的一部分，乙方已经充分了解本协议的所有内容并自愿遵守甲方有关的规章制度。

2. 本协议性质为劳务合同。本协议一式三份，甲方执两份，乙方执一份。

甲方：××有限公司（盖章）　　　　　　　　　乙方（签名）：

授权代表（签名）：

____年__月__日　　　　　　　　　　　　　　____年__月__日

编制日期		审核日期		批准日期	
修改标记		修改处数		修改日期	

第4章　员工离退管理流程设计

4.1　员工离职管理流程设计

4.1.1　员工离职管理流程节点控制

员工离职管理流程节点主要包括以下几大事项，如图4-1所示。

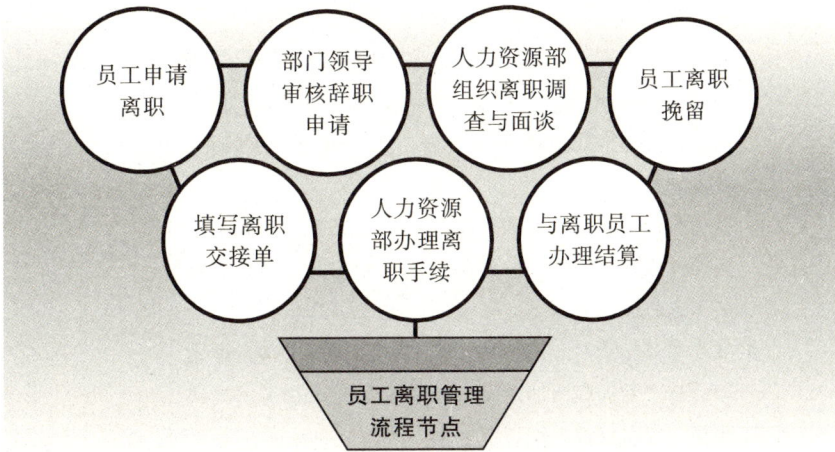

图4-1　员工离职管理流程节点

员工离职管理流程节点说明如表4-1所示。

表4-1　员工离职管理流程节点说明

节点	节点名称	节点业务操作说明	时长	适用单位	责任人员
1	员工申请离职	◆ 确认员工离职时间，转正员工应提前30天递交离职申请，试用期员工提前7天递交离职申请，企业辞退员工也应有相应的书面辞退证据 ◆ 员工离职若未按上述要求提前发出申请，人力资源部有权根据违约给企业带来的损失索取赔偿，并追究离职员工的相关责任 ◆ 员工将离职申请单交至本部门经理或主管领导处进行审核	___个工作日	离职员工所在部门	离职员工及其主管领导

（续）

节点	节点名称	节点业务操作说明	时长	适用单位	责任人员
2	部门领导审核辞职申请	◆ 员工所在部门经理或主管领导根据员工离职原因，结合员工日常及部门实际工作情况，对"离职申请单"进行审核 ◆ 员工所在部门或主管领导将审核后的"离职申请单"交至人力资源部	——个工作日	离职员工所在部门	离职员工及其主管领导
3	人力资源部组织离职调查与面谈	◆ 人力资源部审核员工递交的离职申请，分析离职原因，确定离职类别及离职处理方式。一般来说，离职类别包括主动离职和被动离职，主动离职包括辞职、自动离职、合同到期不愿意续签等，被动离职包括辞退、退休等 ◆ 人力资源部组织对离职员工进行离职调查，向其主管领导进一步了解情况并组织开展离职面谈工作，了解员工离职的具体原因 ◆ 离职面谈结束后，人力资源部应将面谈记录进行整理和分析，并回顾面谈过程，针对发现的问题提出改善建议，以防类似事情再度发生	——个工作日	人力资源部	人力资源部经理及离职员工
4	员工离职挽留	◆ 根据离职调查与面谈结果，人力资源部对离职员工做思想工作，努力消除问题，积极挽留 ◆ 挽留方法根据离职原因具体确定，包括调薪、调岗等	——个工作日	人力资源部	人力资源部经理及离职员工
5	填写离职交接单	◆ 对于确定要离职的员工，人力资源部应及时发放离职交接单，并指导离职员工填具 ◆ 离职交接单内容包括离职员工姓名、部门、职务，离职原因、离职时间、原岗位后续工作安排等 ◆ 人力资源部对员工离职进行备案，编制"离职备案表"，该表内容应包括离职员工基本信息，离职类型及原因，离职访谈记录等内容	——个工作日	人力资源部	人力资源专员、离职员工及其主管领导

（续）

节点	节点名称	节点业务操作说明	时长	适用单位	责任人员
6	人力资源部办理离职手续	◆ 离职手续的办理工作包括终止员工保险关系、员工交接工作及物品、终止劳动关系等事项 ◆ 交接工作时，离职员工在进行工作交接时应将之前经手的所有业务一一登记在"离职交接表"上，以备查 ◆ 离职员工在工作交接时，应注意加以必要的讲解，确认被交接员工听清楚、听明白；对整个交接过程，人力资源部应设置监交人员监督整个过程 ◆ 离职员工保险关系终止时，人事专员应注意核查当月保险金额是否已划转；如果已划，在工资结算时应注意扣除员工个人应缴纳的部分金额 ◆ 离职员工与本企业的劳动关系终止于离职手续办清之时，终止时间须在离职交接单上注明	___个工作日	人力资源部	人力资源专员、离职员工、其主管领导及监交人员等
7	与离职员工办理结算	◆ 人力资源部根据相关法律规定，结合离职员工当月考勤情况，结算离职员工本期应得薪资。如有给企业造成损失的情况，应在薪资中给予扣除 ◆ 财务部查看离职员工在职期间有没有因公或因私欠下一些账务问题，在正式离职前应进行必要的清理；若因客户发生的业务款项，应及时与相关客户核对具体数据 ◆ 与离职员工的结算结果，应提交员工所在部门领导或其主管领导审核，交财务部审核，最后交主管副总或总经理审批，确保没有扣款遗漏项后，交由离职员工签字确认 ◆ 在此过程中发生的争议，人力资源部相关人员应本着友好协商的态度，耐心向员工解释，避免员工产生负面情绪	___个工作日	人力资源部	人力资源部薪资主管、财务部经理及离职员工

4.1.2　员工离职管理流程设计示范

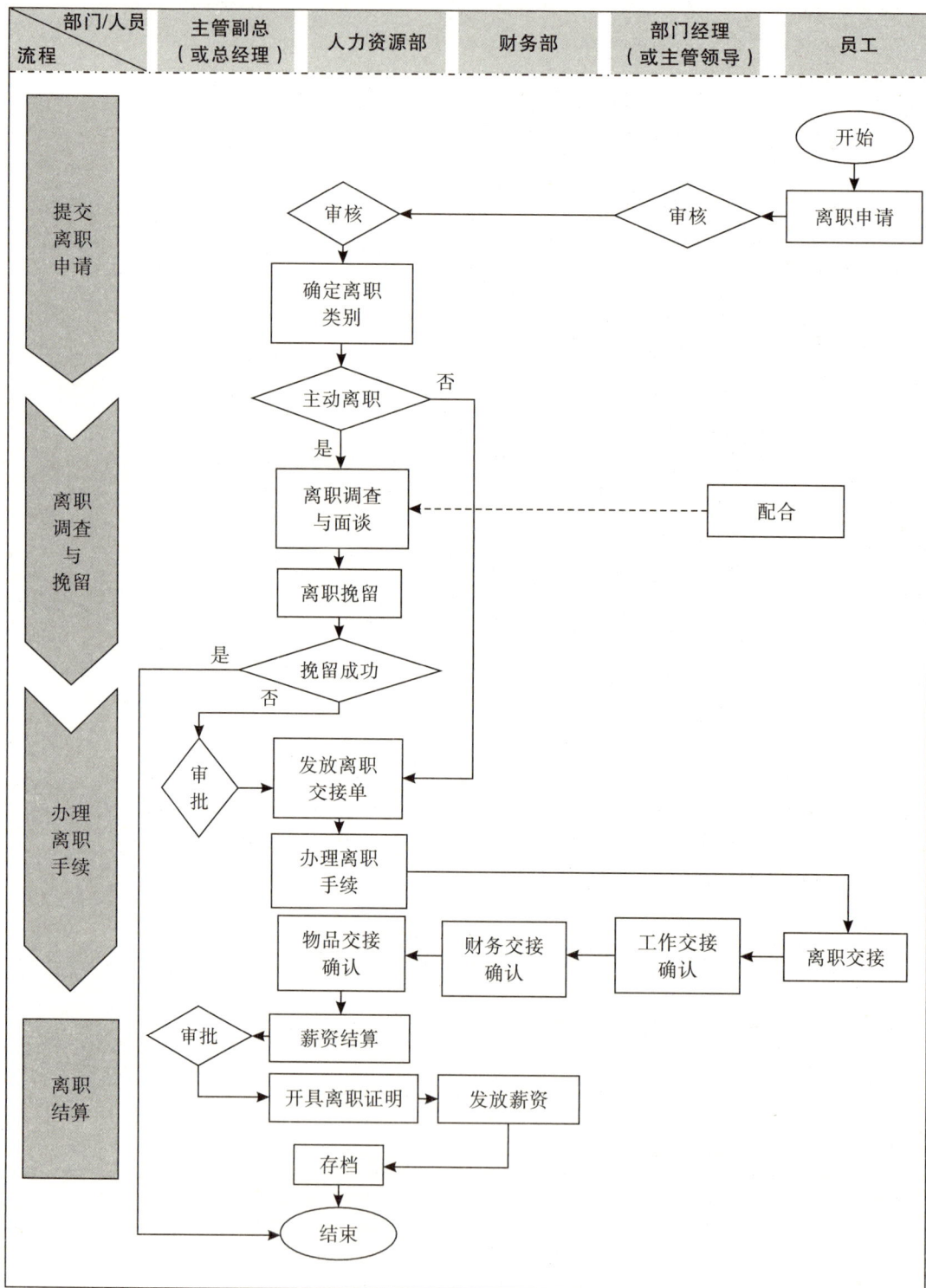

部门/人员 流程	主管副总（或总经理）	人力资源部	财务部	部门经理（或主管领导）	员工

```
提交离职申请

                                                           开始
                                                            │
            审核  ←───────── 审核 ←───────── 离职申请
             │
        确定离职类别
             │
        主动离职 ──否──┐
             │是        │
离职调查与挽留
        离职调查与面谈 ←------- 配合
             │
         离职挽留
             │
        挽留成功 ──是──┐
             │否        │
办理离职手续
    审批 → 发放离职交接单
             │
        办理离职手续
             │
    物品交接确认 ← 财务交接确认 ← 工作交接确认 ← 离职交接
             │
离职结算
    审批 ← 薪资结算
             │
    开具离职证明   发放薪资
             │
          存档
             │
          结束
```

4.2 员工退休管理流程设计

4.2.1 员工退休管理流程节点控制

员工退休管理流程主要包括以下七个节点，如图4-2所示。

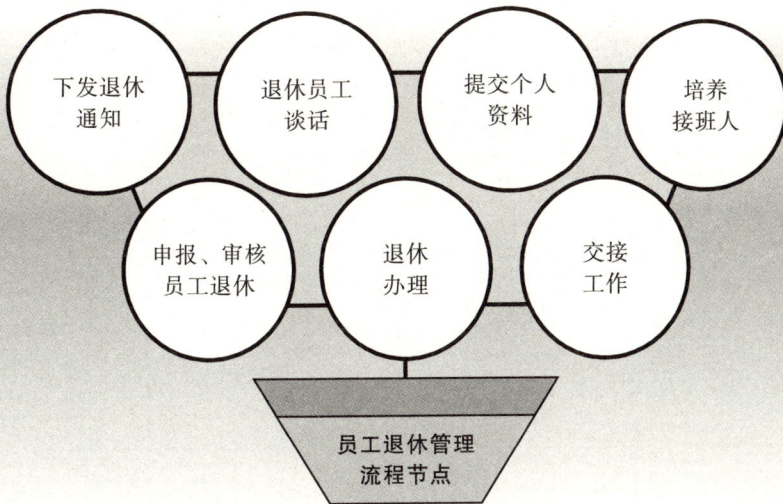

图4-2 员工退休管理流程节点

员工退休管理流程节点说明如表4-2所示。

表4-2 员工退休管理流程节点说明

节点	节点名称	节点业务操作说明	时长	适用单位	责任人员
1	下发退休通知	◆ 人力资源部根据员工工作年限及所属工种，对达到退休标准的员工所属部门提前60天启动员工退休内部审批程序，并提前30天向员工下达"员工退休通知单" ◆ 员工所属部门领导对退休员工名单进行审核	___个工作日	人力资源部、员工所属部门	人力资源专员、员工所属部门领导
2	退休员工谈话	◆ 员工所属部门领导组织员工谈话，并注意做好谈话过程及结果的记录 ◆ 对谈话中反映的重要问题，负责谈话的领导要及时做好汇报并将谈话结果报人力资源部备案	___个工作日	员工所属部门	员工所属部门领导

（续）

节点	节点名称	节点业务操作说明	时长	适用单位	责任人员
3	提交个人资料	◆ 员工退休谈话完毕后，填制退休登记表，并向人力资源部提交相关个人资料 ◆ 资料包括个人信息、保险手册等	___个工作日	人力资源部	退休员工
4	培养接班人	◆ 员工退休谈话完毕后，部门领导应确认员工接班人 ◆ 员工在退休手续办理完毕之前，对接班人进行培养	___个工作日	员工所属部门	员工所属部门领导、退休员工
5	申报、审核员工退休	◆ 人力资源部将员工资料交至企业所在地政府部门，由当地相关劳动部门对员工退休进行审核	___个工作日	人力资源部	人力资源专员
6	退休办理	◆ 相关劳动部门对员工退休申请审核通过后，人力资源部应于员工退休次月停缴员工社会保险和住房公积金 ◆ 人力资源部确定员工退休待遇，并为员工办理养老金的发放工作	___个工作日	人力资源部	人力资源专员
7	交接工作	◆ 员工办理完退休手续后，交接工作及相关物品 ◆ 人力资源部负责发放员工退休证件	___个工作日	人力资源部	退休员工、人力资源专员

4.2.2　员工退休管理流程设计示范

部门/人员 流程	政府部门	人力资源部	员工领导	员工

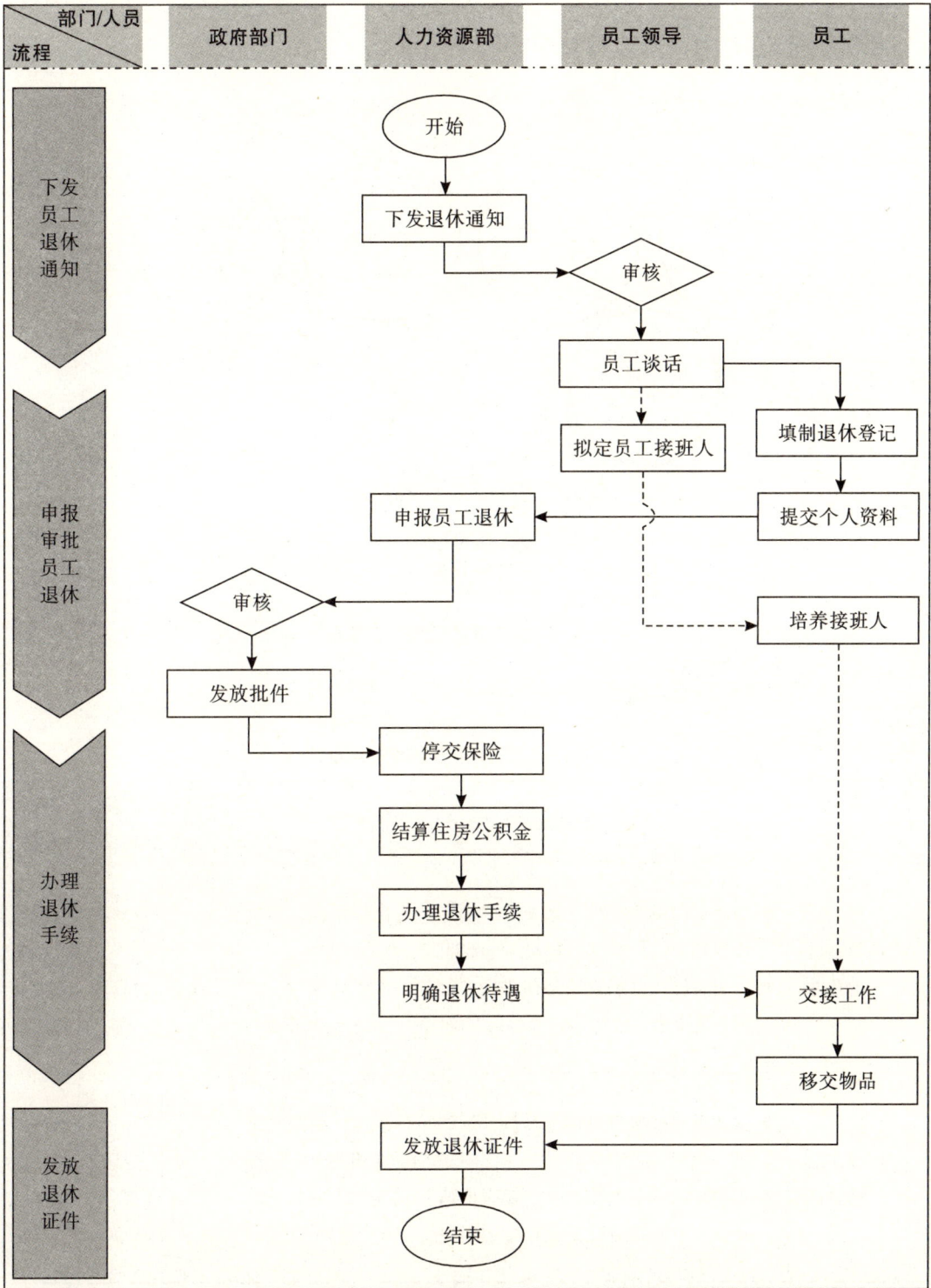

4.3 员工返聘管理流程设计

4.3.1 员工返聘管理流程节点控制

员工返聘管理流程主要包括以下七个节点，如图 4-3 所示。

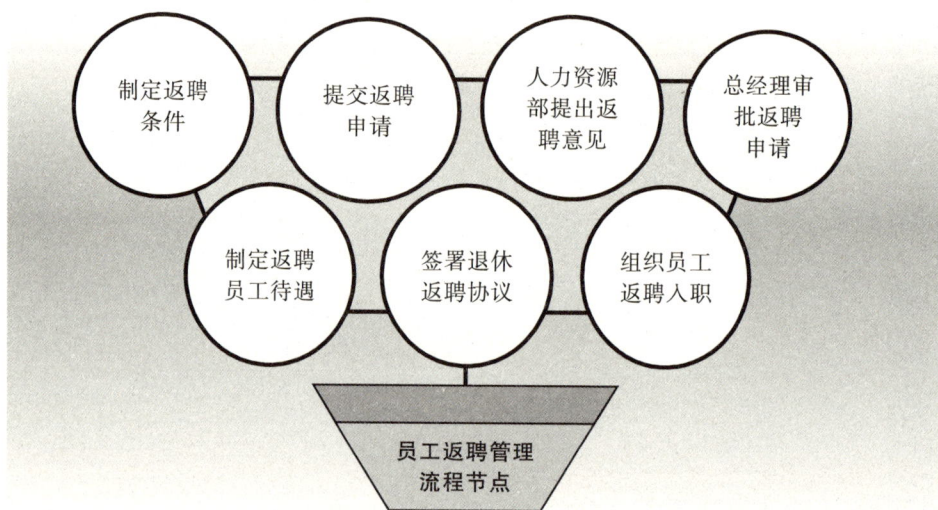

图 4-3 员工返聘管理流程节点

员工返聘管理流程节点说明如表 4-3 所示。

表 4-3 员工返聘管理流程节点说明

节点	节点名称	节点业务操作说明	时长	适用单位	责任人员
1	制定返聘条件	◆ 返聘部门根据工作计划及部门实际人员岗位情况，明确需返聘岗位，并提交至人力资源部门 ◆ 人力资源部根据返聘部门申请，制定员工返聘条件，如对职称要求、年龄要求等给出明确规定，交总经理审批	___个工作日	返聘部门、人力资源部	返聘部门主管、人力资源经理
2	提交返聘申请	◆ 退休员工根据自身情况及员工返聘条件规定，确定续聘的，填制"返聘申请"，并向返聘部门提交相关个人资料 ◆ 返聘部门对退休员工的"返聘申请"及其个人资料进行审核，对审核通过的交至人力资源部	___个工作日	返聘部门	退休员工、返聘部门经理

（续）

节点	节点名称	节点业务操作说明	时长	适用单位	责任人员
3	人力资源部提出返聘意见	◆ 人力资源部组织申请返聘的员工进行访谈，编制访谈记录，并提出相关续聘意见，上报总经理	___个工作日	人力资源部	人力资源部经理
4	总经理审批返聘申请	◆ 总经理根据返聘条件及人力资源部提交的访谈记录，对返聘申请进行审批	___个工作日	总经办	总经理
5	制定返聘员工待遇	◆ 人力资源部根据本企业的实际情况，按照公司相关规定，制定返聘员工待遇，员工待遇应说明薪资、福利等内容	___个工作日	人力资源部	人力资源部主管
6	签署退休返聘协议	◆ 明确返聘员工待遇后，人力资源部编写《退休返聘协议》，并组织员工签署 ◆ 返聘员工确认《退休返聘协议》无异议后，签署协议	___个工作日	人力资源部	人力资源部主管、返聘员工
7	组织员工返聘入职	◆ 双方签署返聘合同后，人力资源部组织员工入职 ◆ 人力资源部对返聘员工入职工作进行备案	___个工作日	返聘部门、人力资源部	人力资源专员、返聘员工

4.3.2　员工返聘管理流程设计示范

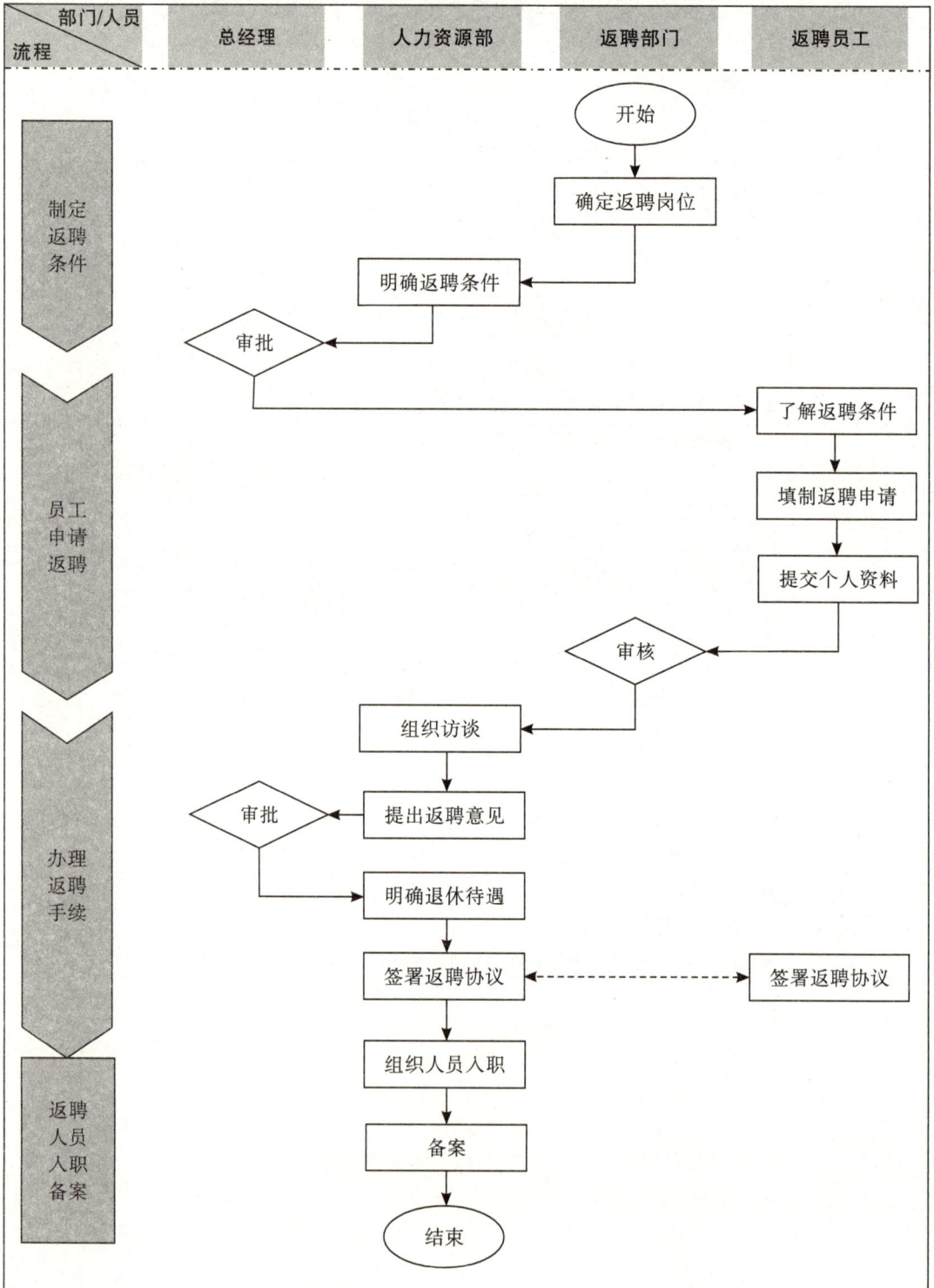

部门/人员 流程	总经理	人力资源部	返聘部门	返聘员工

制定返聘条件

开始 → 确定返聘岗位 → 明确返聘条件 → 审批

员工申请返聘

了解返聘条件 → 填制返聘申请 → 提交个人资料 → 审核

办理返聘手续

组织访谈 → 提出返聘意见 → 审批 → 明确退休待遇 → 签署返聘协议 ⇠⇢ 签署返聘协议

返聘人员入职备案

组织人员入职 → 备案 → 结束

第5章 员工离退预案设计

5.1 员工离职预案设计

5.1.1 员工离职预案主要内容

员工离职是指员工离开现有的职位。离职预案是人力资源部为了预防或减少员工离职给企业造成不必要的损失，根据员工工作状况对潜在的或可能发生的突发离职事件而制定的应急处理方案。在设计员工离职预案时，设计人员应保证预案中至少包括以下四项内容，具体如图5-1所示。

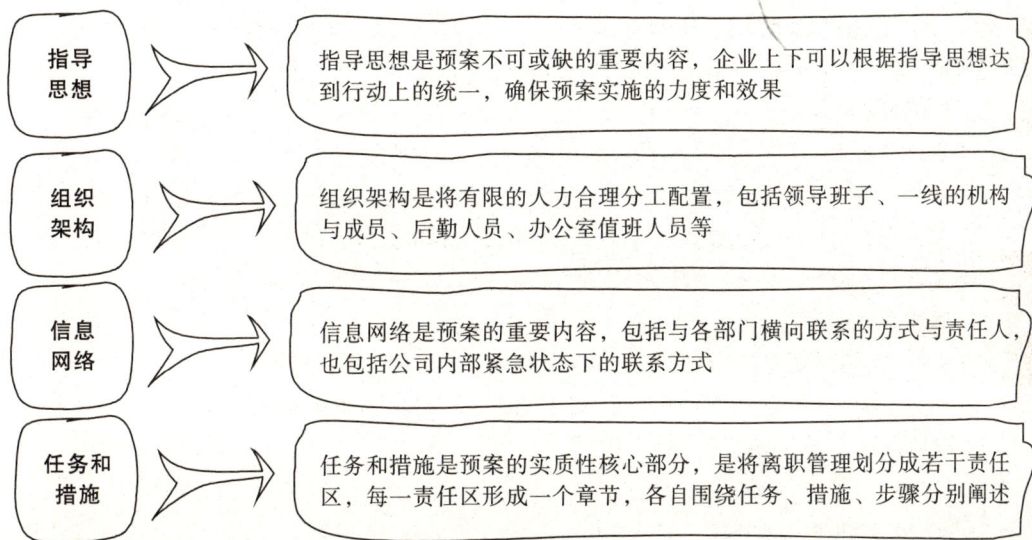

图5-1 员工离职预案主要内容

内容如下：

- **指导思想**：指导思想是预案不可或缺的重要内容，企业上下可以根据指导思想达到行动上的统一，确保预案实施的力度和效果
- **组织架构**：组织架构是将有限的人力合理分工配置，包括领导班子、一线的机构与成员、后勤人员、办公室值班人员等
- **信息网络**：信息网络是预案的重要内容，包括与各部门横向联系的方式与责任人，也包括公司内部紧急状态下的联系方式
- **任务和措施**：任务和措施是预案的实质性核心部分，是将离职管理划分成若干责任区，每一责任区形成一个章节，各自围绕任务、措施、步骤分别阐述

5.1.2 员工离职预案设计示范

预案名称	员工离职预案	编　号	
		受控状态	

一、目的

为防止员工离职率的升高，有效储备和挽留公司管理人才和关键技术人才，防止因员工离职造成公司生产量的降低等，特制定本预案。

（续）

二、适用范围

本预案适用于处理员工离职的相关管理工作，包括离职动向获知管理、离职挽留管理、离职预案启动管理等。

三、指导思想

员工离职预案的指导思想主要体现在以下四个方面。

（1）离职预案的各项政策与措施应以员工为出发点，以避免优秀员工的流失。

（2）公司应建立"统一领导、分级负责、联合处置"的管理模式，以提高离职员工管理工作的速度及效率。

（3）对员工的离职行为进行快速反应和科学评估，最大限度地保证员工队伍的稳定持续。

（4）采取有效措施合理预防和防治员工离职，降低核心员工的离职率。

四、管理责任

（1）公司人力资源部负责制定《员工离职预案》，并根据公司其他部门的意见及建议等对《员工离职预案》进行修订与完善。

（2）公司其他部门协助人力资源部制定《员工离职预案》，为员工提供预案制定所需的相关材料及信息等，为人力资源部制定离职预案提供可取的意见及建议等。

五、预案制定要求

人力资源部在制定《员工离职预案》时应遵循如下三方面要求。

（1）在制定离职预案时，要广泛收集资料和公司各部门员工的建议，以确保预案的可行性。

（2）要确保应急所需的各种资源（人、财、物）及时到位。

（3）根据内外情况的变化，对离职预案进行评估和修订，以保证预案的可执行性。

六、离职原因分析

员工离职率正常界限为10%～15%，离职原因基本包括工资待遇、福利保障、工作环境（包括软件环境和硬件环境）、个人发展平台及规划、企业发展规划愿景、人文关怀及其他等。

七、预案措施

（一）获取员工离职动向

1. 员工想要离职的行为特征

当员工出现以下四种行为时，公司应注意其可能要辞职：

（1）员工突然开始经常请假；

（2）对自己的工作失去往日的热情；

（3）开始收拾自己的私人物品；

（4）与同事之间的关系不像从前一样。

2. 离职调查与挽留

当出现以上四种行为时，人力资源部应组织员工所在部门的主要领导与该员工进行良性沟通，确认员工想要辞职的主要原因和次要原因等，并做好离职挽留工作。具体挽留方式如下：

（1）用员工与公司及公司其他同事的感情留人；

（续）

（2）用高薪酬和高福利留人； （3）用企业文化留人； （4）用企业制度留人。 3．离职挽留措施 成功挽留员工后，公司应采取以下措施进一步稳定员工的后续工作： （1）调整员工的薪资与福利； （2）为员工提供工作进修和培训的机会； （3）根据员工需要调整其工作岗位或工作职务； （4）改善员工的工作环境，主要是指与周边同事的环境。 （二）离职预防和改进 通过对员工离职动机的了解和把握，人力资源部应做好员工离职的预防工作，具体的预防和改进措施包括但不限于以下两个方面。 （1）定期分析员工流失的潜在危机，以对流失员工人数较多的岗位采用专门化的管理方式，降低人员流失率。 （2）对公司及本部门管理体制上存在的问题进行改进，根据员工对公司的管理建议对公司的管理方式及管理制度等进行调整和改进。

编制人员		审核人员		审批人员	
编制时间		审核时间		审批时间	

5.2 员工退休接班计划

在员工退休之际，退休员工应与企业处理好退休前所负责的工作的交接事宜。人力资源部应首先向退休人员说明退休工作交接的作用及积极作用，以提高退休员工对交接工作的积极性。

在开展员工退休接班工作时，人力资源部应与退休员工做好接班人遴选及接班人培养工作等。

5.2.1 接班人培养计划

接班人即为接替退休人员相关工作的员工，是企业员工退休后能保证所辖工作事项持续运作的基础性条件。但是，并不是所有的员工都能培养成为接班人，需要企业根据员工的工作能力及性格特点等制订培养计划，根据培养效果选择合适的接班人。

一般来说，接班人培养工作，需要人力资源部乃至企业全部高层管理人员有计划、有步骤地开展。以下是某企业接班人培养计划范例，供读者参考。

计划名称	接班人培养计划	执行部门	
		监督部门	

一、目的

为储备和有计划地为企业培养管理人才和关键技术人才，更好地规划员工的职业生涯，做好各部门接班人的储备工作，防止因重要人才异动（如离职、晋升、调动等）影响公司的正常运转，特制订本计划。

二、适用范围

本计划适用于各类管理岗位及关键技术岗位人员的培养计划工作。

三、术语解释

接班人是指初具上一级相关岗位之操守、知识、技能、态度要求，且公司能够创造机会让其历练高一层的工作，并产生绩效，一旦上一级主管离任后可由其接任职务。

四、培养原则

公司在培养接班人时，应遵循以下原则。

1．"系统管理"原则

该原则是指将接班人培养和人才培训与发展、职业发展、绩效管理、晋升和淘汰等有机结合，并推动人力资源管理的提升。

2．"内部培养为主，外部引进为辅"原则

该原则是指公司应采取"滚动进出"的方式对公司员工进行循环培养，以持续保持各个接班人队伍的生机与活力。

3．"核心能力标准"原则

该原则是指公司应努力培养具备各岗位胜任能力素质的人才，从提升员工工作能力和职业素养处进行。

五、接班人培养范围

公司内的管理岗位及关键技术岗位的接班人培养范围如下表所示。

接班人培养范围说明表

接班人培养部门	主要培养岗位	被培养人员	培养时间	培养负责人
人力资源部	人力资源主管			
生产部	生产进度主管、生产计划主管			
安全部	安全检查主管			
研发部	研发经理、研发主管			
企划部	创意主管、设计主管			

（续）

（续表）

接班人培养部门	主要培养岗位	被培养人员	培养时间	培养负责人
营销部	渠道主管、促销主管			
质量管理部	质量检验主管			
……				
备注				

六、接班人培养方式

对公司各岗位的接班人进行培养，公司可选择"岗位轮换"培养方式，也可以选择继续"教育培养"方式，同时也可根据岗位的特殊需求对接班人进行"实践"培训。公司应根据接班人的实际需求等确定合适的接班人培养方式。

1. 岗位轮换

岗位轮换主要分为部内轮岗和跨部门轮岗。

（1）部内轮岗是指接班人在本部内不同岗位间的轮换，这样可以促使接班人熟悉部内不同岗位的主要职责和不同岗位间的配合情况。公司可设定具体的轮岗周期（通常为三个月和六个月），但具体轮岗时间由各部主管根据实际情况确定。

（2）跨部门轮岗是指接班人在公司不同部门间的轮换培养，使其能够熟悉企业内不同部门的主要职责和不同部门间的配合情况。跨部门轮岗周期通常为一年，具体轮岗时间由部门一级主管根据实际情况确定。

2. 继续教育

继续教育是指公司鼓励接班人参加各种继续教育培训，包括公司外部各类培训机构组织的继续教育活动以及公司内部的培训课程等，以确保接班人不因为"离开本职工作学习"而使学习者蒙受任何间接的惩罚和损失。

3. 进行系统思考与实践

除了对接班人进行岗位轮换或继续教育外，公司还应该引导接班人学会思考，使其通过思考能从客户、供应商、竞争者、同事以及上级领导身上学到东西，并将所学到的东西用于实践，如让接班人实地模拟如何处理客户批评，独自举行报告会，让接班人经常参加一些他们通常不参加的会议等。

七、注意事项

为保证计划的顺利执行，公司在制订接班人培养计划时，应注意以下两方面事项。

（1）对公司的接班需求进行广泛调研，以确定需要培养接班人的岗位，便于集中优势资源对接班人、候选人进行合理培养。

（2）公司所制订的计划应切合企业实际，以保证计划的可执行性及接班人培养工作的效果。

5.2.2　接班人培养方案

在对接班人进行培养时，企业人力资源部应考虑各岗位的工作性质及工作范围等，并结合接班人培养计划确定适合本岗位的接班人培养方案。以下是某企业接班人培养方案范例，供读者参考。

方案名称	接班人培养方案	执行部门	
		监督部门	

一、目的

为有效地为公司培养出高潜能人才，利用有限的人力资源成本创造出优异的培养成绩，提高本公司的人才竞争优势，特制定本方案。

二、适用范围

本方案适用于各岗位接班人的培养的相关事宜。

三、接班人培养流程

1. 挑选与开发高潜能人才

在开发公司的高潜能人才时，人力资源部可按照以下三个阶段实施开发工作，具体说明如下图所示。

挑选高潜能人才	在该阶段，人力资源部应将那些学业上取得优异成绩或者是工作上有突出业绩表现的人员挑选出来
开发高潜能人才	在这一阶段，公司人力资源部通过制定竞赛模型，对高潜能人才的各项素质，如口头或书面表达能力，人际关系及领导能力等进行综合考核，确认高潜能人才是否符合企业发展实际等
试演领导角色	在这个阶段中，公司各部门领导分别给予本部门接班人一定的领导权力，让其根据自身的领导权力安排相关工作，以确定其培养效果等

高潜能人才开发的三个阶段

2. 与接班人进行面谈

人力资源部应协同各部门领导层人员与该部门各岗位的接班人等进行面谈，使其了解接班人的重要工作内容、工作职责及工作范围等。

3. 建立接班人培养体系

（1）公司接班人培养体系主要由四部分组成，是根据接班人的类别等进行划分的，具体说明如下图所示。

（续）

新入职员工培养	在该部分，人力资源部通过对有上进心、积极进取的新入职员工进行培养，使其逐步成为部门技术骨干或业务骨干
普通员工培养	在这一阶段，公司人力资源部主要是对公司入职满两年，且具有培养潜质的普通员工进行培养，使其逐步成为本部门的负责人
中层管理人员培养	在这个阶段中，人力资源部主要是针对具有进一步培养潜质的中层管理干部进行的培养，使其逐步成长为公司高级管理人才
高层管理人员培养	在这个阶段中，公司主要对现有高级管理人才或技术领军人物进行培养，使其逐步成长为全面的人才，为公司今后的战略扩张做好准备

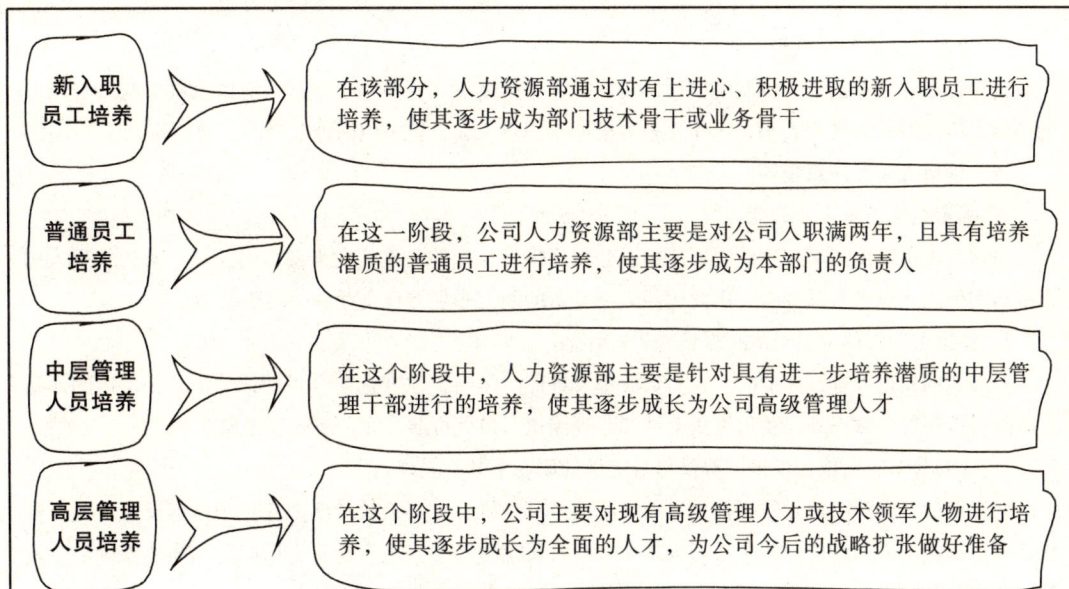

接班人培养体系的主要内容

（2）在实施培养体系的过程中，人力资源部应将各类人员的培养时间及培养办法等进行综合考虑，确保培养工作取得好的效果。

4. 试验接班的角色

（1）通过培养体系，各接班人所在部门的领导层要经常让接班人试验其接班的角色，以逐步提高接班人的领导管理等各方面的能力。

（2）在接班人进行领导试验过程中，各部门的领导层人员应做好接班人试验过程及试验结果的记录工作，必要时可编写评价报告，提交人力资源部审核。

5. 确定最佳接班人

通过各个接班人的评价报告，人力资源部应对培养效果进行评估，对不符合预期培养效果的进行重点分析，以改进培养策略及方向等。

四、接班人培养措施

1. 建立充分授权机制

充分授权，就是允许接班人根据特定的活动做出决策的权利。通过充分授权机制，公司将决策的部分权力移交给稍低一级的层次，让下属根据足够的权力去做出符合实际的决策。

2. 给予接班人充分的权限

公司在培养接班人的过程中，可以将接班人的工作表现、业绩与接班人直接上司的收入、考评直接挂钩，这样可以提高员工对工作的积极性和责任感，以更好地适应接班人的角色。

3. 推崇创新、允许犯错误

在培养接班人的过程中，公司要允许接班犯错误，以便接班人在犯错误的过程中吸取经验和教训，避免在以后的工作中出现类似错误。

（续）

> ### 4．要建立反馈控制机制
>
> 公司在建立培养接班人机制的同时，也应该确立控制机制，在给予接班人有效发挥的空间和场所的同时，应及时收集接班人对于工作等各方面的反馈意见，以更好地保障公司的正常运转。
>
> ### 五、接班人培养注意事项
>
> #### 1．确定组织需求人才的能力
>
> 公司首先应确定需求人才的主要能力。公司战略是组织的关键能力来源，而公司未来的领导人则是战略实施的组织者与领导者，因此领导人所具备的能力必须符合企业的战略要求。
>
> #### 2．注意运用评估工具对潜在候选人进行评估
>
> 对潜在的候选人进行评估时，人力资源部及各部门领导要注意选用合理的评估工具，常用的评估工具除绩效考核的数据外，还可运用个性和心理测试、角色扮演、评价中心等方式。
>
> #### 3．要为公司各岗位的接班人提供量身定做的职业生涯发展规划
>
> 通过评估工具对接班人的评估，人力资源部可以获得有关其绩效及能力评估的详细反馈。人力资源部应根据接班人的评估反馈及公司未来职位的素质模型等为接班人量身定做职业生涯发展规划，使其具备适合公司发展需要及胜任未来职位要求所需要的各种专业知识和能力。
>
> #### 4．关注职位空缺及候选人的接班人发展状况
>
> 公司接班人计划的最终目标是保证公司在适当的时候能为职位找到合适的人选。它关注与管理的对象是职位和接班人两个方面，协同把握职位空缺及候选人发展的动态情况。

5.2.3　接班人遴选方案

人力资源部及企业高层管理人员在遴选接班人时，首先需要确定接班人的遴选指标，然后根据候选人在遴选指标方面的具体表现，确定接班人的培养范围等。以下是某企业接班人遴选方案范例，供读者参考。

方案名称	接班人遴选方案	执行部门	
		监督部门	

> ### 一、目的
>
> 通过科学的测评，慎重地选拔出真正具有领导或专业潜质的接班人，以树立部门用人及人才晋升的理念，特制定本方案。
>
> ### 二、适用范围
>
> 本方案适用于接班人遴选工作，包括确定接班人范围、接班人甄选等。
>
> ### 三、甄选指标
>
> #### 1．知识经验和工作业绩
>
> 这一指标包括业务知识全面、经验丰富、业绩出色，且综合素质较强、能够服众。

（续）

2. 关键资质

这一指标为"接班人"遴选的最高重要指标，包含以下四个方面，具体内容如下图所示。

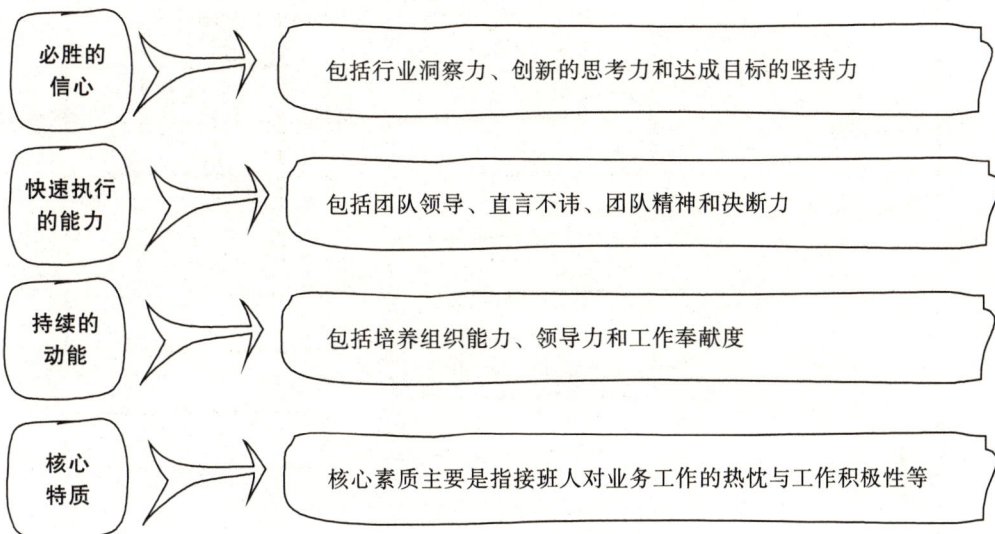

必胜的信心	包括行业洞察力、创新的思考力和达成目标的坚持力
快速执行的能力	包括团队领导、直言不讳、团队精神和决断力
持续的动能	包括培养组织能力、领导力和工作奉献度
核心特质	核心素质主要是指接班人对业务工作的热忱与工作积极性等

接班人关键资质指标说明示意图

四、甄选工具

在遴选接班人时，公司可借助以下工具对公司各岗位接班人进行甄选。

1. 基本条件

公司应通过"接班人"候选人的个人材料、"接班人"候选人日常工作表现以及接班人岗位说明书进行分析，以确定候选人是否具有接班人的基本条件。

2. 考核工具

公司可以设计接班人岗位的关键考核工具，如"绩效考核表""领导力评价表"等，对"接班人候选人"的工作能力、工作业绩进行考核，以便为公司甄选出合适的接班人。

五、甄选程序

1. 确定接班需求

公司根据自身的经营发展战略，明确公司相关岗位未来需要何种接班人员、各个层级接班人的人数等，在确定接班需求后制订接班人培养计划。

2. 盘点人才状况

确定接班需求后，公司应对公司的人才状况进行整体盘点，并按照下图所示的接班人的素质标准对接班人进行遴选。

（续）

很强的适应能力

很强的总结能力

很强的学习能力

很强的沟通能力

接班人的
素质标准

很强的决策能力

正确认识自我的能力

顾全大局的能力

实事求是

敢于承担风险、困难

勤奋、吃苦的能力

接班人的素质标准

3．制定遴选策略

在制定接班人遴选策略时，公司应根据人才状况的盘点结果以及各部门的人力资源结构合理确定遴选方案，以保证选择出的接班人符合企业发展的需要。

4．选择接班人

针对各岗位的接班人，公司可以单独或者结合使用情景模拟、性格测试、认知能力考评等方式，对公司员工进行知识、能力、经验、业绩、性格等方面的合理评估，以确定公司所要培养的接班人。

5．诊断发展机会

（1）接班人确定后，公司应对接班人的发展机会等进行诊断，让接班人参与到本人发展计划的制订及实施过程中，确定接班人的工作业绩、能力及个人潜质等。

（2）在诊断接班人的发展机会时，公司相关人员应与接班人做好沟通协调工作，以帮助接班人确定其发展目标，了解员工不能接收的培养事宜等。

6．培养接班人

确定了所遴选的接班人的发展机会后，公司应对接班人进行有步骤、有目的的培养，以提高接班人各方面的素质和能力，更好地使接班人适应各项工作。

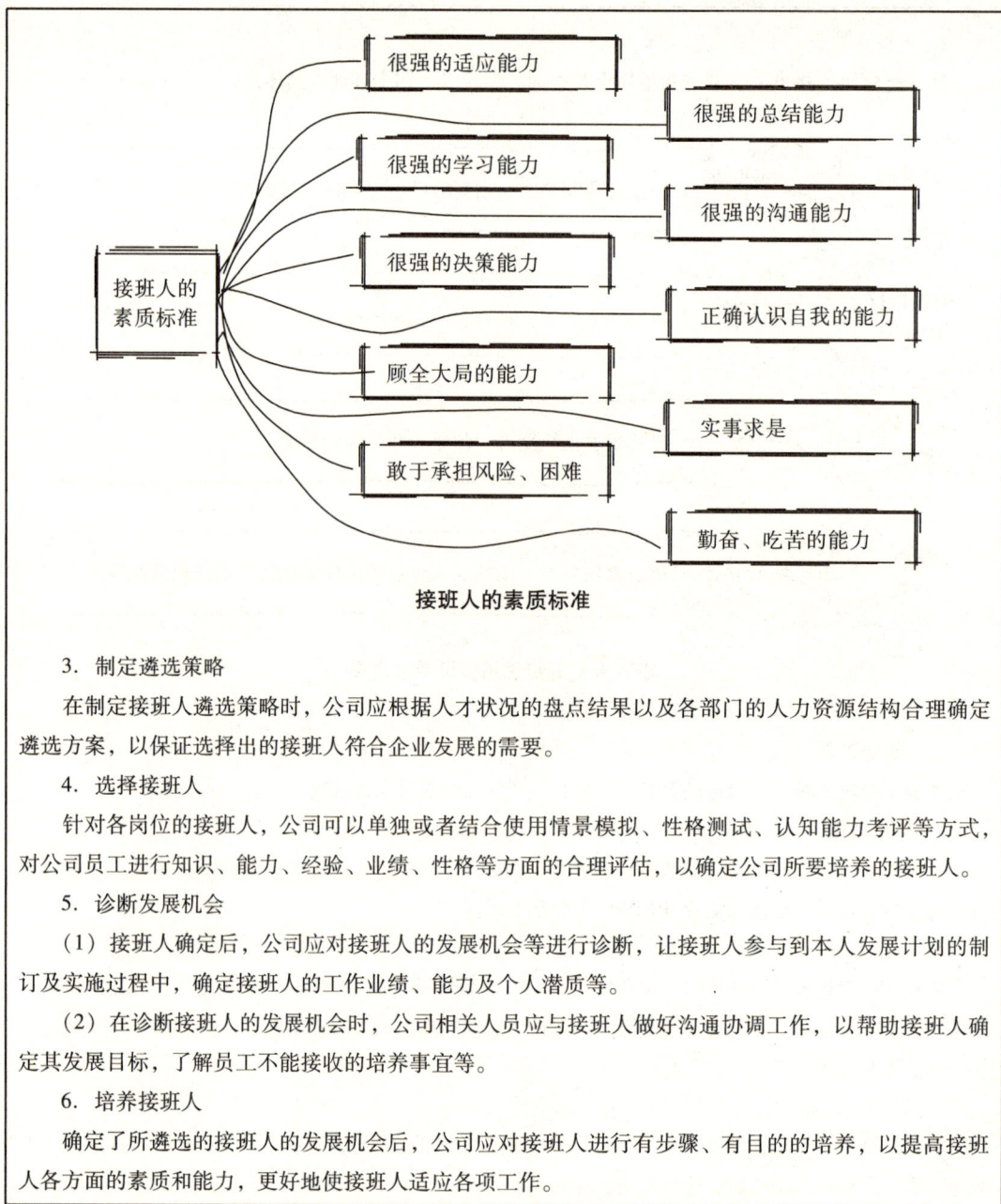

5.2.4　员工退休交接方案

企业开展退休交接工作，可以让接班的员工尽快了解需要进行交接的工作项目，并根据交接方案学会如何尽快掌握拟接手事项的工作方法等，以起到事半功倍的效果。

在编写员工退休交接方案时，人力资源部工作人员应将重点放在退休员工的工作交接的方法、步骤方面，同时要注意事先准备新老的交替事宜。以下是某企业员工退休交接方案范例，供读者参考。

方案名称	员工退休交接方案	执行部门	
		监督部门	

一、目的

为了加强对退休员工工作交接过程的管理，保证交接工作岗位的有效衔接，有效维护公司的正常运转，特制定本方案。

二、适用范围

本方案适用于公司退休员工的交接管理工作。

三、管理职责

1. 人力资源部负责对交接工作事项进行监督和把控，合理登记工作交接信息等，并将登记的信息下发至工作交接部门。

2. 退休员工所在的部门负责具体办理工作交接事项，将退休员工所交接工作事项交于具体的负责人员。

四、交接内容

1. 将在公司所领用的办公用品等上交到人力资源部。

2. 对因工作失误造成的物品未能上交的，退休员工应详细说明未上交原因，人力资源部根据办公用品的损失程度等确认是否需要赔偿。

五、交接要求

1. 在进行工作交接时，退休员工所在部门主管必须在交接现场进行监督，并在交接单的指定位置上签字确认，否则视为交接无效。

2. 在交接办公用品等物品时，人力资源部主管应在交接现场进行监督，确保交接后的账实相符。交接后，交接双方签字确认。

六、交接步骤

1. 列出工作交接范围。退休员工须列出自己在职所负责的主要工作任务和工作项目等，便于接班人理解今后工作中主要的工作业务范围等。

2. 说明交接注意事项。退休员工应向接班人详细说明处理上述工作任务及工作项目的相关注意事项，以保证其退休后各项工作任务及工作项目的顺利开展。

3. 辅助接班人。交接工作的重点及注意事项告知接班人后，退休员工应在一定时期内辅助接班人处理所交接的工作任务及工作项目等，以尽快提升接班人的工作能力，保证公司利益不受损害。

七、交接奖惩

1. 因未交接或工作交接失误造成的损失，由退休员工所在部门进行损失赔偿。

2. 接收交接工作的负责人，对接收工作负有保障和协助审核责任，以免遗漏工作交接事项。

3. 退休员工本人对所交出业务工作资料的完整性和准确性负主要责任，对因在交接过程中出现的重大遗漏负有事后保障义务。

4. 在交接工作中，因工作无误、延误或其他错误，造成工作交接未进行或未达到规定要求，给公司工作造成不良影响或经济损失的，将对主要业务接收人追究其工作质量责任及管理责任。

第 6 章 员工离退审计管理

6.1 员工离职审计管理

6.1.1 员工离职审计内容

离职审计主要是对离职员工的财务责任、管理责任和法纪责任等进行审查、监盘、分析和判定。企业离职审计可规范员工的行为，督促员工履行责任，有效维护法定代表人的合法权益和揭露非法行为。同时，企业通过离职审计，可以客观评价员工任职期间责任履行情况，为人力资源部正确、科学地考核和任用员工提供重要而具体的依据。

离职审计的内容主要取决于员工在企业经营管理中的地位及其应履行的职责。概括起来，企业员工离职审计的具体内容主要包括以下三项，如图 6-1 所示。

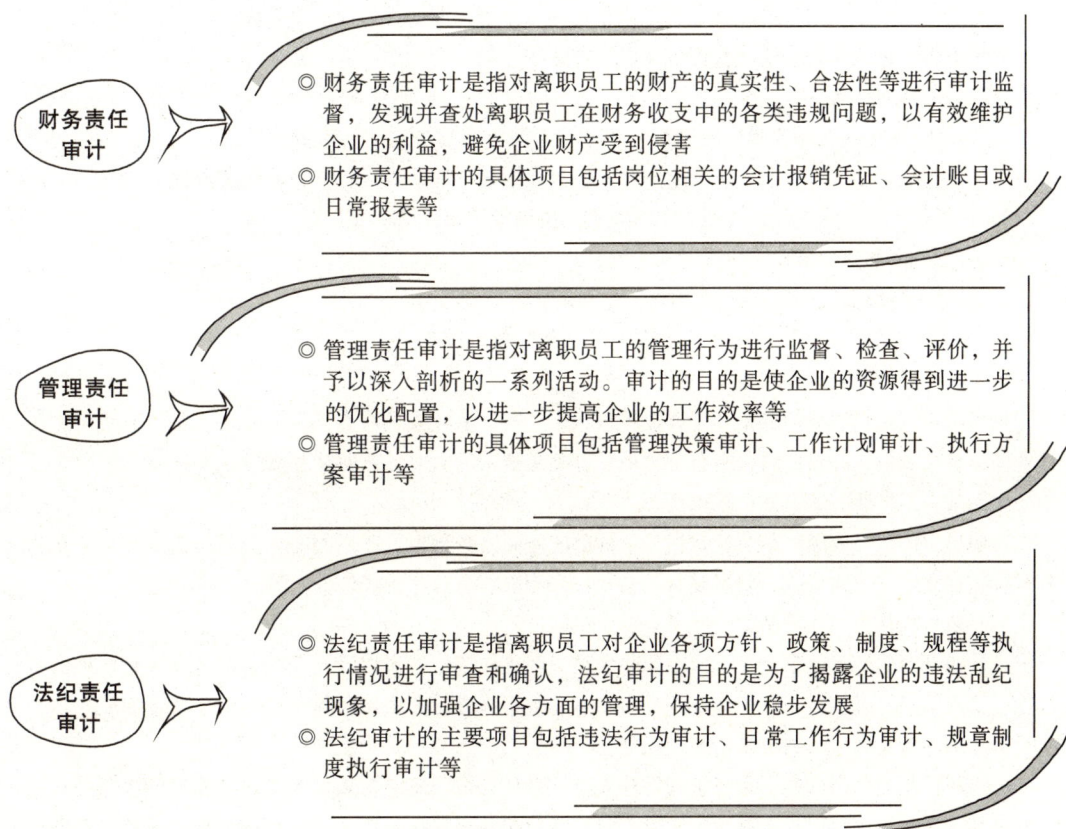

财务责任审计
◎ 财务责任审计是指对离职员工的财产的真实性、合法性等进行审计监督，发现并查处离职员工在财务收支中的各类违规问题，以有效维护企业的利益，避免企业财产受到侵害
◎ 财务责任审计的具体项目包括岗位相关的会计报销凭证、会计账目或日常报表等

管理责任审计
◎ 管理责任审计是指对离职员工的管理行为进行监督、检查、评价，并予以深入剖析的一系列活动。审计的目的是使企业的资源得到进一步的优化配置，以进一步提高企业的工作效率等
◎ 管理责任审计的具体项目包括管理决策审计、工作计划审计、执行方案审计等

法纪责任审计
◎ 法纪责任审计是指离职员工对企业各项方针、政策、制度、规程等执行情况进行审查和确认，法纪审计的目的是为了揭露企业的违法乱纪现象，以加强企业各方面的管理，保持企业稳步发展
◎ 法纪审计的主要项目包括违法行为审计、日常工作行为审计、规章制度执行审计等

图 6-1 员工离职审计的具体内容

6.1.2　员工离职审计制度

企业制定员工离职审计制度，可明确审计内容与审计责任，规范审计程序，规避企业的各类风险。通常，人力资源部在制定员工离职审计制度时应明确企业离职审计的内容，并规范离职审计程序，保证离职审计工作顺利进行。

以下是某企业员工离职审计制度范例，供读者参考。

制度名称	员工离职审计制度		编　号	
			受控状态	
执行部门		监督部门	编修部门	

第1章　总则

第1条　目的

为有效减少或防止因员工离职后公司信息资料丢失和转移的情况发生，确定员工在职期间有无侵吞公司财物、违反公司纪律的行为，保证企业的形象、信誉及利益等免受损失，现结合本公司的实际情况，特制定本制度。

第2条　适用范围

本制度适用于公司所有员工（包括已离职但尚未办理离职交接、离职手续和离职审计的员工）的审计管理工作，包括财务审计、管理审计以及法纪审计等。

第3条　管理权限

1. 审计部负责组织对离职员工进行离职审计，并组织财务部、人力资源部及员工所在部门对离职员工实施离职审计，具体包括审计方案制定、审计通知、审计执行、编制审计报告等。

2. 财务部、人力资源部、离职员工所在部门协助审计部开展审计工作。

3. 人力资源部负责审计决定的通知与执行。

4. 总经理负责员工离职审计报告的审核、审批。

第2章　离职审计内容

第4条　工作期间取得的主要成绩

在对离职员工在职期间取得的主要成绩进行审计时，审计人员应在离职员工所在部门收集员工工作业绩信息及资料，并对资料进行合理分析，以确定员工的主要工作业绩及成绩等。

第5条　工作期间的财务状况审计

离职员工的主要成绩经审核确认后，审计部应协同财务部对员工的财务收支状况进行审计，包括离职员工在职期间的财务收支状况是否与会计报表相同、是否存有账外资产等。

第6条　执行公司规章制度情况

审计该部分内容时，审计人员应主要收集员工的工作违纪信息以及对公司各项管理规章制度的贯彻执行情况信息，确认员工在工作期间是否存在违纪行为或对公司规章制度贯彻不力的行为等。

第7条　对重大事项的决策情况

若离职员工为公司的中层及以上的管理人员、审计人员，还应对离职人员在工作期间参与公司重大经济及管理决策的情况进行审计，明确离职员工的相关决策是否影响了公司的发展，或给公司造成了重大的形象及经济损害等。

（续）

第8条 个人履职情况

在对离职员工的个人履职情况进行审计时，审计人员应重点审计离职员工是否有效地完成了个人的工作目标及工作任务、计划等，或者其个人的工作目标及工作任务、计划等的完成情况是否影响了公司的正常运转等。

第3章 离职审计程序

第9条 员工提出离职申请

公司员工在提出离职申请时，应填写"离职申请表"，并详细说明离职原因等。"离职申请表"样式如下表所示。

离职申请表

姓名		部门		职务	
劳动合同有效期	____年__月__日—____年__月__日	拟离职时间		____年__月__日	
离职类型	□ 合同期满，公司要求解除劳动合同 □ 合同期未满，公司要求解除劳动合同 □ 试用期内，公司要求解除劳动合同		□ 合同期满，个人要求解除劳动合同 □ 合同期未满，个人要求解除劳动合同 □ 试用期内，个人要求解除劳动合同		
离职原因说明	签字：		日期：____年__月__日		
部门经理意见	签字：		日期：____年__月__日		
审计部意见	签字：		日期：____年__月__日		
财务部意见	签字：		日期：____年__月__日		
人力资源部意见	签字：		日期：____年__月__日		
总经办意见	签字：		日期：____年__月__日		
备注					

注：本表一式三份，一份留存本部门，一份存审计部，一份存人力资源部。

（续）

第 10 条　员工离职申请受理

员工"离职申请表"应按照本部门受理、人力资源部受理、审计部受理、总经办受理的顺序进行，以提高员工离职申请受理的工作效率。

第 11 条　制定审计方案

员工离职受理后，审计部、人力资源部、财务部以及离职员工所在部门应协同制定离职员工的审计方案。方案中应包含以下内容：审计组织与分工、审计目标、审计范围、审计内容与重点、审计工作要求等。

第 12 条　选择审计方法

审计部应根据员工的工作性质及业务确定合适的审计方法。审计方法通常包括检查、监盘、观察、查询、函证及计算等，具体说明如下所示。

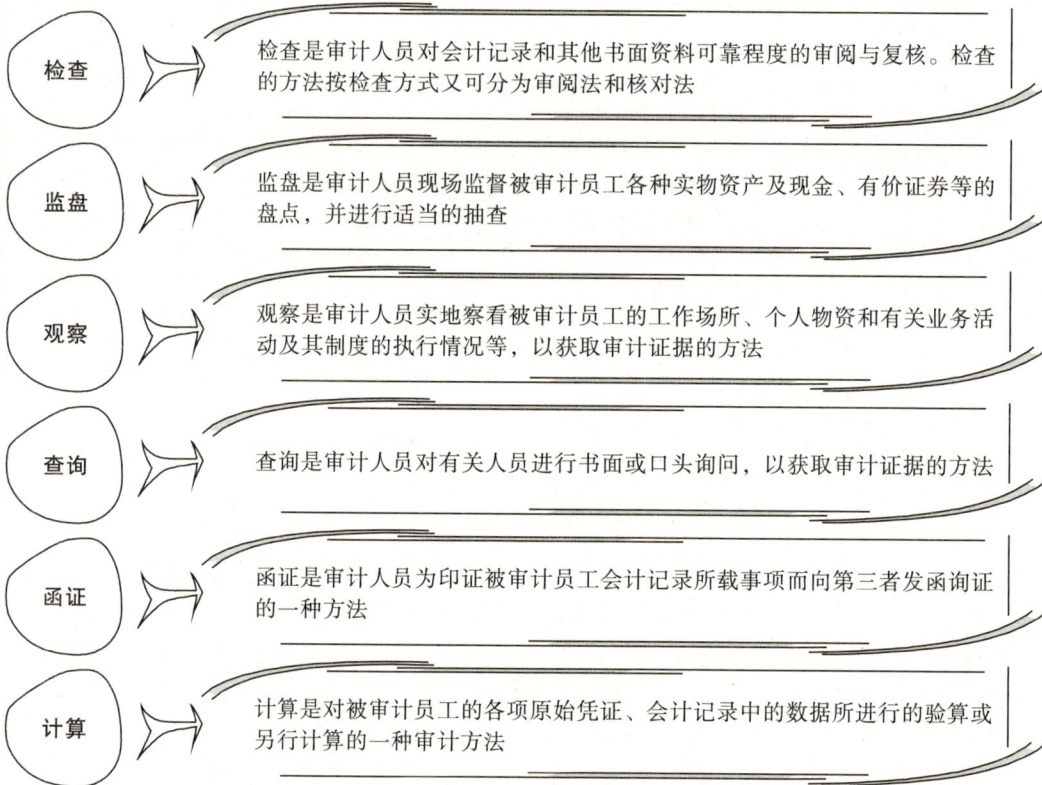

检查	检查是审计人员对会计记录和其他书面资料可靠程度的审阅与复核。检查的方法按检查方式又可分为审阅法和核对法
监盘	监盘是审计人员现场监督被审计员工各种实物资产及现金、有价证券等的盘点，并进行适当的抽查
观察	观察是审计人员实地察看被审计员工的工作场所、个人物资和有关业务活动及其制度的执行情况等，以获取审计证据的方法
查询	查询是审计人员对有关人员进行书面或口头询问，以获取审计证据的方法
函证	函证是审计人员为印证被审计员工会计记录所载事项而向第三者发函询证的一种方法
计算	计算是对被审计员工的各项原始凭证、会计记录中的数据所进行的验算或另行计算的一种审计方法

第 13 条　发出审计通知

审计部在开展审计工作前，应发出离职员工审计通知，通知的内容包括审计内容、审计期限、审计时间及审计工作所需要的相关材料等。

第 14 条　收取相关材料

发出审计通知后，审计人员组织员工所在部门及财务部、人力资源部等部门提供员工在岗期间的

（续）

主要功绩资料、财务收支相关资料、重大事项决策资料、制度规章执行情况资料及履职情况资料等，并对这些资料进行分类整理。

第 15 条　审计执行

审计部等部门在规定时间内，采用确定的审计方法对离职员工的各项资料及材料等进行审计，确认离职员工在职期间是否存有不利于公司运行的不良行为。

1. 审计员工应首先对员工的财务行为进行审计，包括审计员工在职期间的各类会计报表以及员工的账务明细表等。

2. 财务审计结束后，审计人员应对离职员工的管理行为进行审计，分析离职员工在职期间的主要管理行为及管理效率等。

3. 审计人员最后对员工的法纪行为进行审计，确认员工在职期间是否存有违反公司相关规定、制度或协议的行为等。

第 16 条　编写审计报告

1. 审计工作结束后，审计部负责编写离职员工的审计报告，审计报告应包括审计基本情况、被审计人员的主要工作及成绩、被审计人员任职期间的财务收支状况、被审计人员规章制度执行情况、审计评价、审计意见与建议等内容。

2. 审计部应将审计报告报总经理审核、审批。

第 17 条　出具审计决定书

公司总经理对审计报告进行审批后，审计部应根据总经理的审批意见编制审计决定书，交由人力资源部具体执行。

第 4 章　附则

第 18 条　本制度由公司审计部负责制定和修改。

第 19 条　本制度自公司总经理审批通过后执行。

编制日期		审核日期		批准日期	
修改标记		修改处数		修改日期	

6.1.3 员工离职审计流程

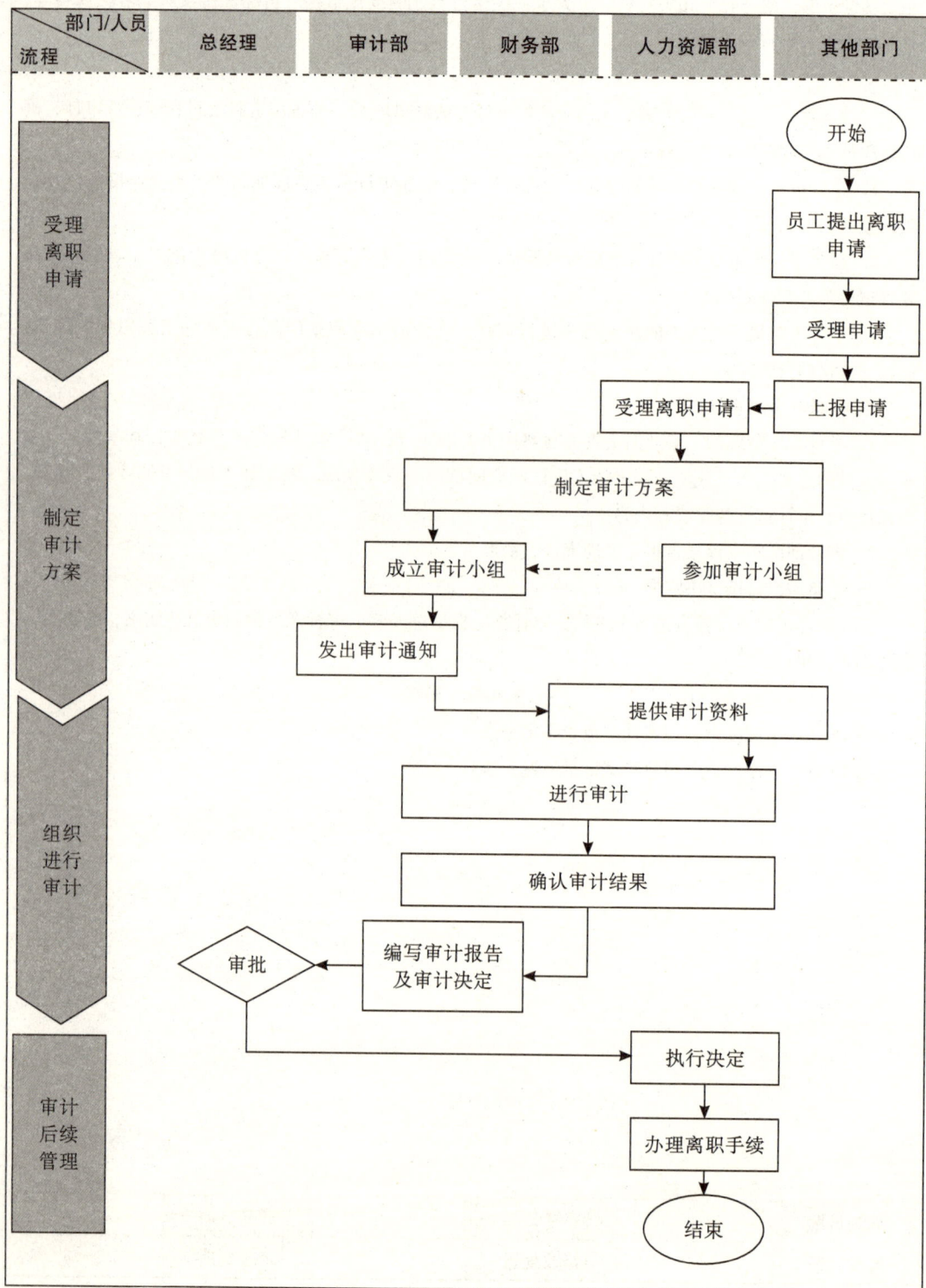

部门/人员 流程	总经理	审计部	财务部	人力资源部	其他部门

受理离职申请 → 制定审计方案 → 组织进行审计 → 审计后续管理

- 开始
- 员工提出离职申请
- 受理申请
- 上报申请
- 受理离职申请
- 制定审计方案
- 成立审计小组 ← 参加审计小组
- 发出审计通知
- 提供审计资料
- 进行审计
- 确认审计结果
- 编写审计报告及审计决定
- 审批
- 执行决定
- 办理离职手续
- 结束

6.1.4　员工离职审计问题处理

为保证离职审计结果的真实性，审计工作结束后，企业应及时对离职审计问题进行总结与分析。企业常见的离职审计问题主要有"财务责任审计问题""管理责任审计问题""法纪责任审计问题"等，具体问题说明如图6-2所示。

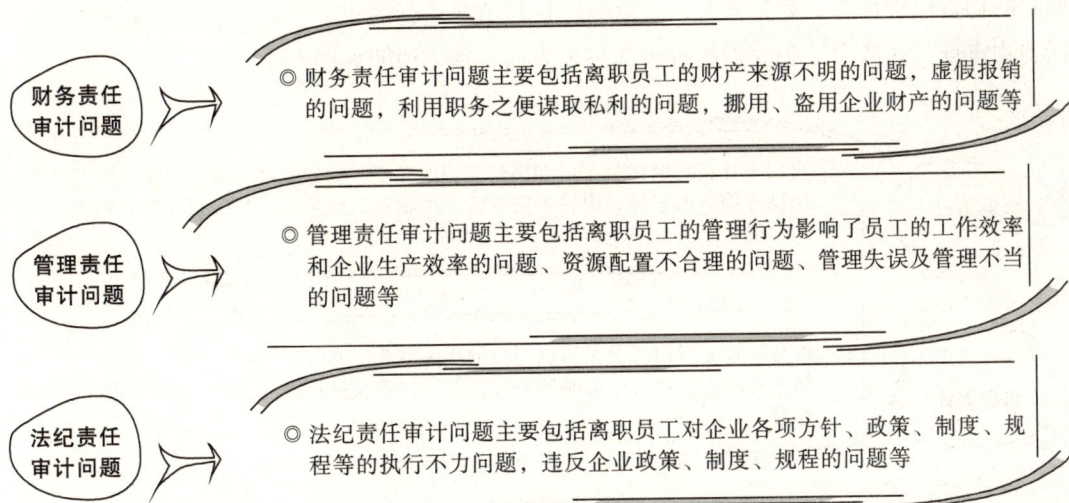

財务责任审计问题　➤　◎ 财务责任审计问题主要包括离职员工的财产来源不明的问题，虚假报销的问题，利用职务之便谋取私利的问题，挪用、盗用企业财产的问题等

管理责任审计问题　➤　◎ 管理责任审计问题主要包括离职员工的管理行为影响了员工的工作效率和企业生产效率的问题、资源配置不合理的问题、管理失误及管理不当的问题等

法纪责任审计问题　➤　◎ 法纪责任审计问题主要包括离职员工对企业各项方针、政策、制度、规程等的执行不力问题，违反企业政策、制度、规程的问题等

图6-2　员工离职审计的问题说明

针对以上离职审计问题，企业可参照以下方法处理各类审计问题，进一步加强企业的管理，实现企业的良性运作。具体的问题处理方法如图6-3所示。

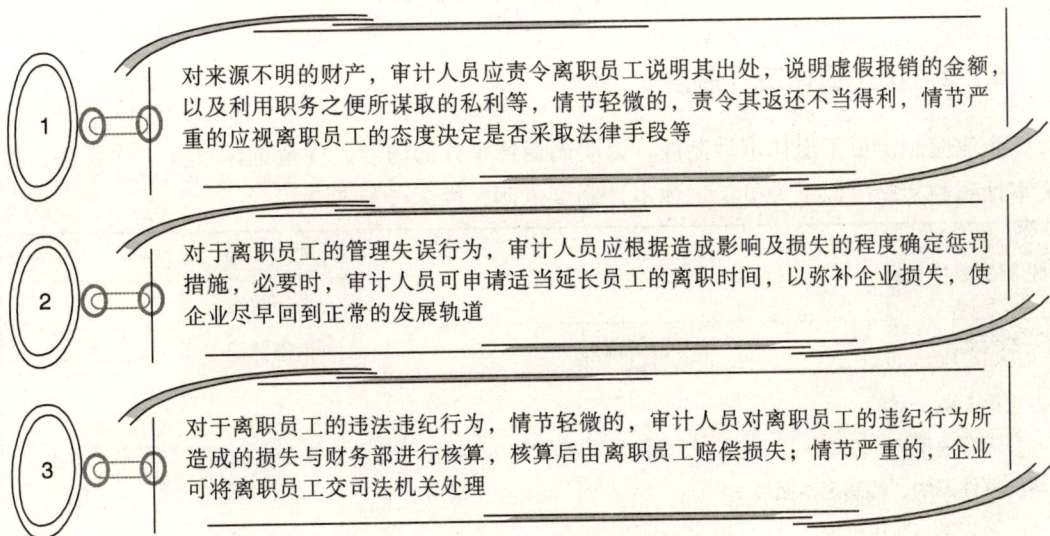

1　对来源不明的财产，审计人员应责令离职员工说明其出处，说明虚假报销的金额，以及利用职务之便所谋取的私利等，情节轻微的，责令其返还不当得利，情节严重的应视离职员工的态度决定是否采取法律手段等

2　对于离职员工的管理失误行为，审计人员应根据造成影响及损失的程度确定惩罚措施，必要时，审计人员可申请适当延长员工的离职时间，以弥补企业损失，使企业尽早回到正常的发展轨道

3　对于离职员工的违法违纪行为，情节轻微的，审计人员对离职员工的违纪行为所造成的损失与财务部进行核算，核算后由离职员工赔偿损失；情节严重的，企业可将离职员工交司法机关处理

图6-3　员工离职审计问题的处理方法

6.2 员工退休审计管理

6.2.1 员工退休审计内容

员工退休审计是在员工提出退休申请后，企业人力资源部组织开展的对退休员工在职期间的物资保管情况、账务情况、规章制度执行情况进行的审计，其内容概括起来主要包括实物审计、账务审计和规则执行审计三个方面，具体说明如图6-4所示。

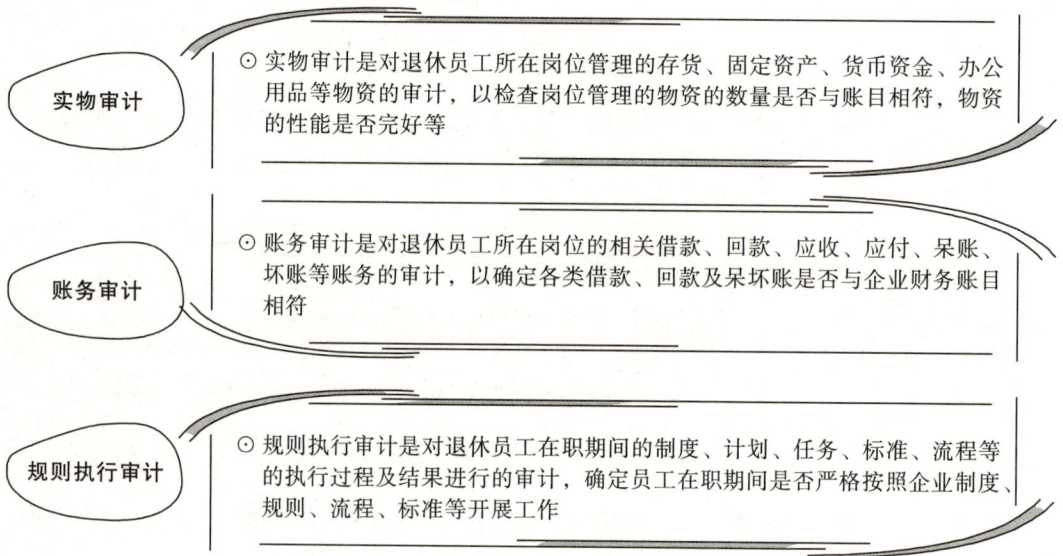

实物审计
⊙ 实物审计是对退休员工所在岗位管理的存货、固定资产、货币资金、办公用品等物资的审计，以检查岗位管理的物资的数量是否与账目相符，物资的性能是否完好等

账务审计
⊙ 账务审计是对退休员工所在岗位的相关借款、回款、应收、应付、呆账、坏账等账务的审计，以确定各类借款、回款及呆坏账是否与企业财务账目相符

规则执行审计
⊙ 规则执行审计是对退休员工在职期间的制度、计划、任务、标准、流程等的执行过程及结果进行的审计，确定员工在职期间是否严格按照企业制度、规则、流程、标准等开展工作

图6-4 员工退休审计内容说明

6.2.2 员工退休审计制度

企业应制定员工退休审计制度，以明确退休审计的内容，规范退休审计工作程序，保证审计顺利实施。以下为员工退休审计制度范例，供读者参考。

制度名称	员工退休审计制度		编　　号	
			受控状态	
执行部门		监督部门	编修部门	

第1条　目的

为有效保证企业的平稳发展，创造和谐的经营环境，防止因员工退休造成公司信息资料丢失和转移的事件发生，特制定本制度。

第2条　适用范围

本制度适用于本公司所有员工，包括已退休但尚未办理退休手续及退休交接和退休审计的员工。

（续）

第3条　管理权限

1. 审计部负责组织财务部、员工所在部门、人力资源部等部门成立退休审计小组，全面负责退休审计工作。

2. 人力资源部负责执行审计结果并对审计资料进行存档。

3. 总经理负责审计方案、审计报告的审核、审批。

第4条　审计原则

对退休员工进行退休审计时，审计部应坚持以下原则。

1. 尊重客观事实，不得任意篡改审计资料及信息等。

2. 与审计相关部门及退休员工做好沟通工作，避免因沟通不良造成审计错误。

3. 注重实效，少做无用功，以提高审计工作的效率。

第5条　审计要求

公司审计部应按照以下要求开展审计工作。

1. 对审计过程中发现的重大问题，须及时上报公司有关领导，对发现的内部控制管理漏洞，及时提出改进建议，同时下发限期整改通知。

2. 及时做好审计资料的备案工作，防止因重要审计资料的遗失而造成审计工作的困难或延误审计工作等。

第6条　审计程序

1. 成立审计小组。审计部组织公司财务部、人力资源部以及退休员工的所在部门成立"员工退休审计小组"，全面负责退休员工的审计事宜。

2. 制定审计方案。审计小组成立后，应在员工退休前一个月根据退休人员的岗位职责制定退休审计方案，并将其报总经理审核、审批。审计方案应包括审计目标、审计内容、审计要求、审计流程、审计方法等。

3. 发出审计通知。审计方案制定后，审计小组应下发审计通知，以便退休人员、退休人员所在部门、财务部相关人员、人力资源部相关人员准备审计资料。审计通知应包括审计时间、审计地点、审计流程、须提交的审计资料等内容。

4. 审计执行。审计通知发出后，审计小组应根据收集的审计资料进行退休审计。

（1）实物审计。审计小组首先应对退休员工在职期间保管与使用的存货、固定资产、办公用品等物资进行清点、检查、试用等，保证其数量与账目相符，性能良好；同时，应对保管的货币资金等进行清点、核查，确保账实相符。

（2）账务审计。实物审查后，审计小组应对退休员工所在岗位相关的借款、回款、坏账等账务进行查询、核对，确认员工在职期间的借款是否归还、回款是否已追回、坏账的发生率及其具体处理是否得当以及各类账务与财务账目是否相符等。

（3）规则执行审计。账务审计后，审计小组应对退休员工在职期间的各项工作行为进行检查、确认、评价等，包括制度、标准、流程的执行情况，岗位计划、任务的完成情况等。

（续）

5. 审计沟通。具体的审计工作结束后，审计部可以采取书面、座谈等形式就退休审计中的有关问题与退休员工及其所在部门进行沟通。

6. 编制审计报告。审计工作结束后，审计小组应对审计资料进行整理分析，并编制审计报告，对退休员工在职期间的工作、表现等进行客观、公正、准确的描述与评价，给出审计建议，并将其报总经理审核审批，由总经理确定审计结果。

7. 审计结果执行。人力资源部应将审计结果告知被审计人员，并根据审计结果执行审计意见。

8. 审计资料存档。审计小组应将审计报告及审计相关资料移交人力资源部存档保存。

第 7 条 审计奖惩

1. 公司应对认真履行岗位职责、审计义务，并作出显著成绩的审计人员予以奖励。

2. 退休员工在审计期间有下列行为之一的，公司应按国家法律法规及公司的规章制度等予以处罚。

（1）拒绝提供会计账簿、会计凭证、财务报表等资料的。

（2）毁弃、转移、隐匿、篡改有关审计资料或提供虚假审计资料的。

（3）拒绝、妨碍审计人员开展审计工作，对审计工作不配合的。

（4）报复、陷害公司审计人员、提供资料人员、检举人、证人的。

（5）其他违反国家审计法规和公司制度的行为。

第 8 条 本制度由公司审计部负责制定和修改。

第 9 条 本制度自＿＿年＿月＿日起执行。

编制日期		审核日期		批准日期	
修改标记		修改处数		修改日期	

6.2.3　员工退休审计流程

部门/人员 流程	总经理	审计部	人力资源部	审计小组	其他部门

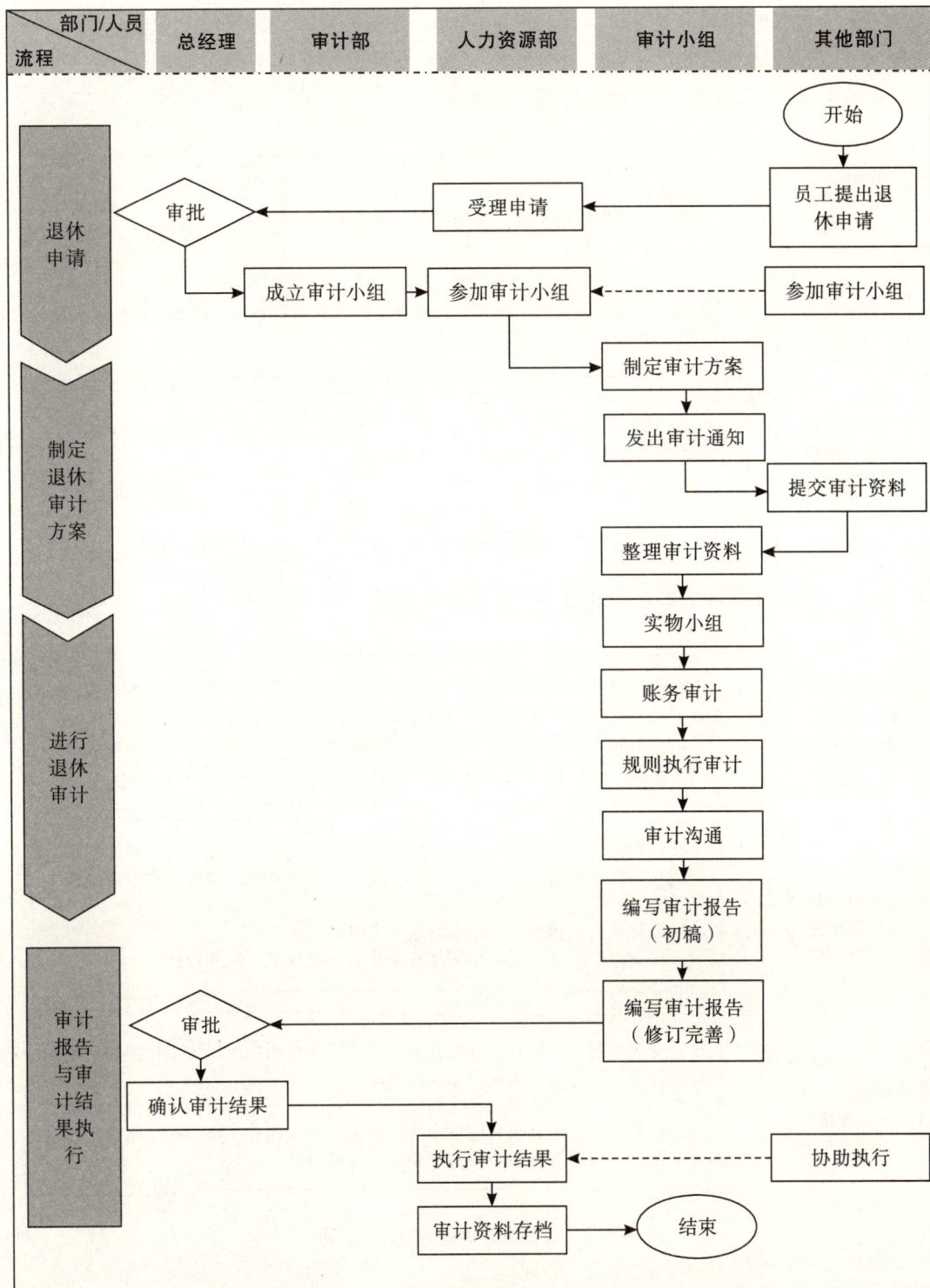

6.2.4 员工退休审计问题处理

为保证企业财务安全及经济权益，保证审计结果的真实性，减少员工违纪行为，企业管理人员应积极地对退休审计工作进行分析，及时发现退休审计中的问题，并及时处理问题。企业常见的员工退休审计问题如图6-5所示。

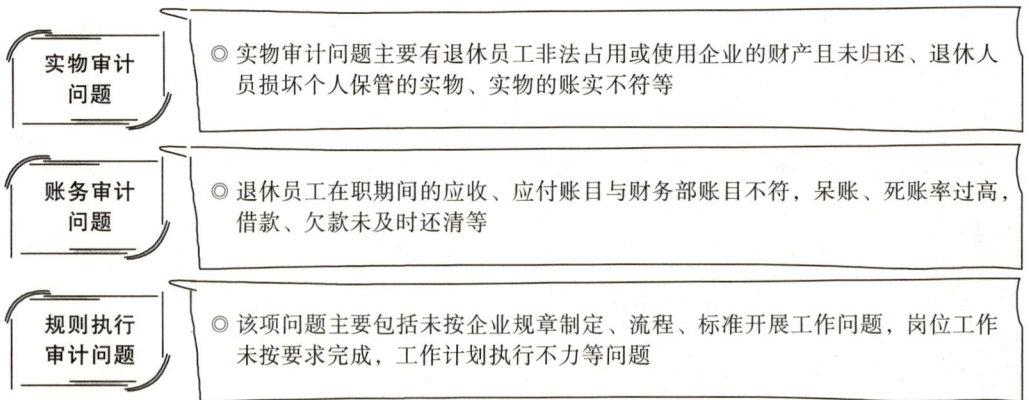

实物审计问题	◎ 实物审计问题主要有退休员工非法占用或使用企业的财产且未归还、退休人员损坏个人保管的实物、实物的账实不符等
账务审计问题	◎ 退休员工在职期间的应收、应付账目与财务部账目不符，呆账、死账率过高，借款、欠款未及时还清等
规则执行审计问题	◎ 该项问题主要包括未按企业规章制定、流程、标准开展工作问题，岗位工作未按要求完成，工作计划执行不力等问题

图6-5 企业常见的员工退休审计问题

针对以上退休审计问题，企业可采用以下处理措施，如图6-6所示。

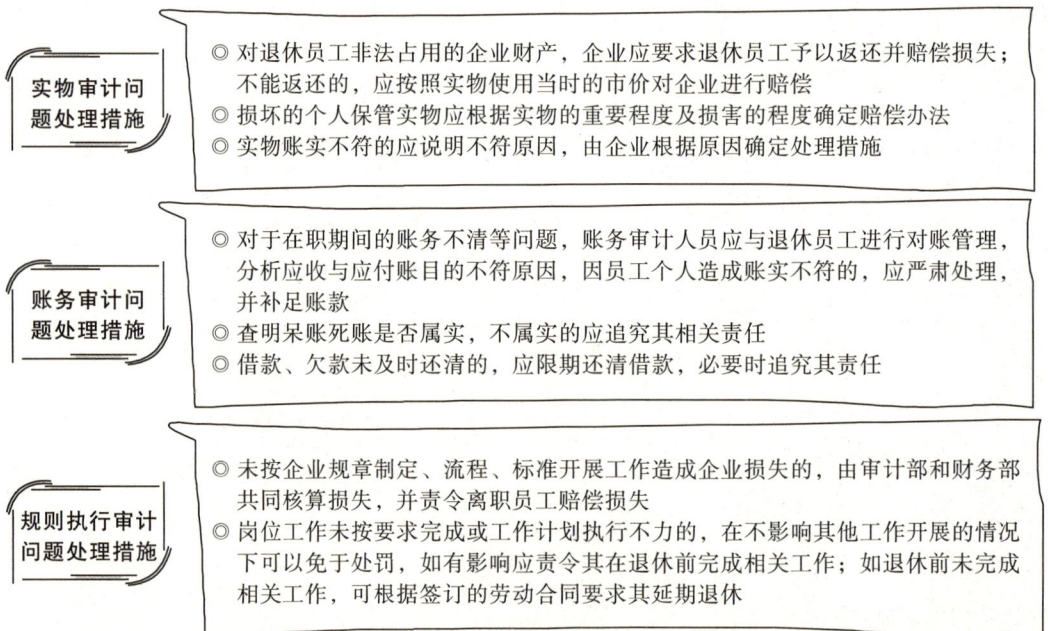

实物审计问题处理措施	◎ 对退休员工非法占用的企业财产，企业应要求退休员工予以返还并赔偿损失；不能返还的，应按照实物使用当时的市价对企业进行赔偿 ◎ 损坏的个人保管实物应根据实物的重要程度及损害的程度确定赔偿办法 ◎ 实物账实不符的应说明不符原因，由企业根据原因确定处理措施
账务审计问题处理措施	◎ 对于在职期间的账务不清等问题，账务审计人员应与退休员工进行对账管理，分析应收与应付账目的不符原因，因员工个人造成账实不符的，应严肃处理，并补足账款 ◎ 查明呆账死账是否属实，不属实的应追究其相关责任 ◎ 借款、欠款未及时还清的，应限期还清借款，必要时追究其责任
规则执行审计问题处理措施	◎ 未按企业规章制定、流程、标准开展工作造成企业损失的，由审计部和财务部共同核算损失，并责令离职员工赔偿损失 ◎ 岗位工作未按要求完成或工作计划执行不力的，在不影响其他工作开展的情况下可以免于处罚，如有影响应责令其在退休前完成相关工作；如退休前未完成相关工作，可根据签订的劳动合同要求其延期退休

图6-6 员工退休审计问题处理说明

第7章 员工离职原因分析

7.1 员工离职因素分析

7.1.1 员工离职的显性因素

员工离职这种现象，在劳动力市场化的今天已经屡见不鲜，使得招聘工作成为许多企业人力资源部占用精力与时间最多的事务性工作。

员工离职现象常常会给企业的生产经营带来很严重的负面影响，因此所有企业必须重视员工的离职并对该现象进行系统性的研究。员工离职的显性因素主要如图7-1所示。

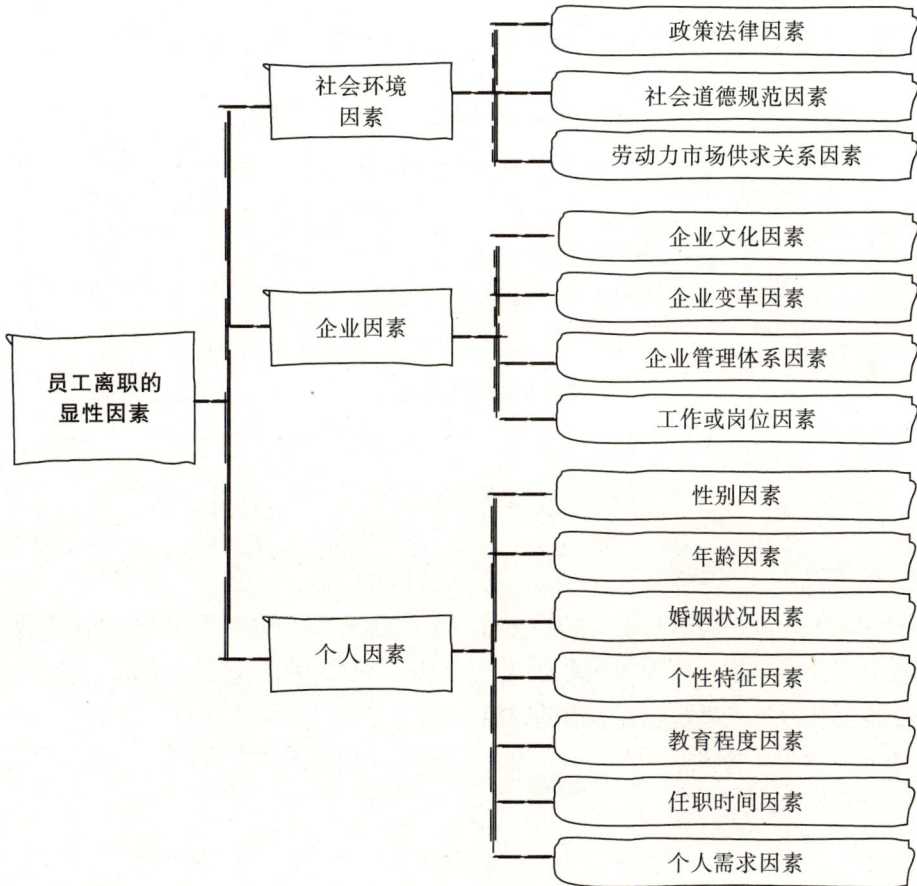

图 7-1 员工离职的显性因素

7.1.2 员工离职的隐性因素

招聘优秀员工难，用好优秀员工难，而要留住优秀员工却更难。我们知道，员工离开企业，必然有员工的理由，但是员工提出的问题真的是导致其离职的真正原因吗？因此，为了弄清员工离职的真正原因，从而能对症下药，避免重蹈覆辙，企业人力资源管理者必须加强对员工离职隐性因素的挖掘。

大部分员工通常会将薪酬、个人发展等因素作为自己离职的理由，但通过调查我们发现，造成员工离职的真正原因是员工对其主管领导的工作能力、领导风格等不满，我们将其称之为造成员工离职的"主管因素"。

1. "主管因素"的主要内容

"主管因素"的内容主要体现在以下四个方面，具体如图7-2所示。

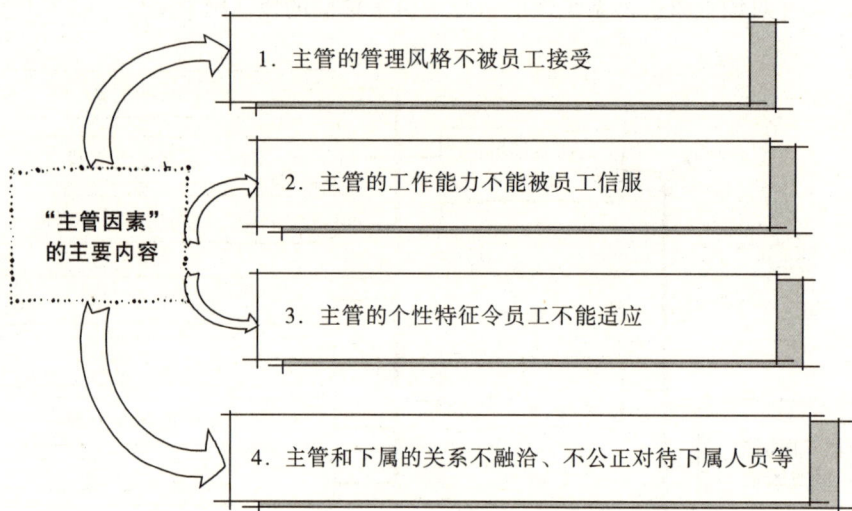

图7-2 "主管因素"的主要内容

- "主管因素"的主要内容
  1. 主管的管理风格不被员工接受
  2. 主管的工作能力不能被员工信服
  3. 主管的个性特征令员工不能适应
  4. 主管和下属的关系不融洽、不公正对待下属人员等

2. "主管因素"的挖掘

一般情况下，员工离职时很少将"主管因素"作为书面的离职理由，这就造成了导致员工离职的"主管因素"很难被企业管理者发现。因此，为了及时发现员工离职的真正原因，企业应加强对员工离职隐性因素的挖掘。

常用的挖掘"主管因素"的方法主要有三种，具体如图7-3所示。

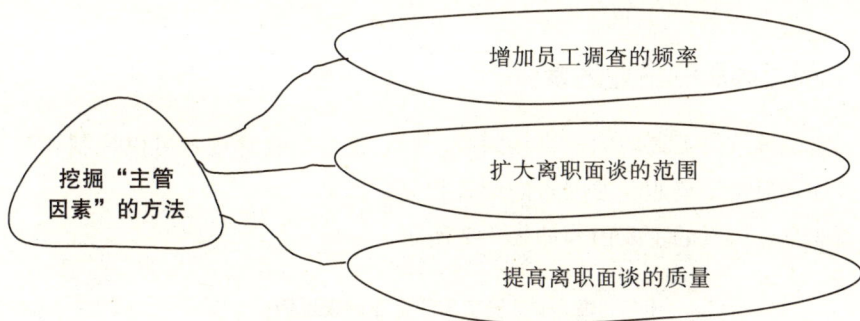

图7-3　挖掘"主管因素"的方法

7.1.3　员工离职的个人因素

因个人因素而提出辞职是员工最常使用的理由之一，具体包括年龄、婚姻状况等。员工因个人因素而离职是企业无法控制的，但在实际中，员工往往会用个人因素掩盖其真实的离职原因，因此企业管理者应加强对员工真实离职原因的挖掘，以及时发现企业管理中存在的问题。

员工离职个人因素的内容及其具体说明如表7-1所示。

表7-1　员工离职个人因素说明

个人因素内容	具体说明
性别因素	☞性别与员工的离职并没有很直接的关系，具体应根据员工所从事的工作、所属行业等因素进行分析 ☞具体包括员工所从事工作与其性别不符等
年龄因素	☞一般来说，年龄与员工的离职成负相关关系，即员工的年龄越大，其离职概率越低
婚姻状况因素	☞员工的婚姻状况与其离职与否有很大的关系，通过调查发现，已婚的员工比未婚员工的离职率要低
个性特征因素	☞个性特征是员工的独特表现，若员工的个性特征与其所从事的工作相符，则其离职率较低；反之，员工离职的可能性就会加大
教育程度因素	☞员工的教育程度不同，其思考问题的角度及可选择工作的范围就不同，因此，教育程度也是造成员工离职的一大因素
任职时间因素	☞和年龄一样，任职时间也和员工离职成负相关关系，时间越长，员工对企业的认同感和归属感就越强，其离职率也越低
个人需求因素	☞需求与员工的离职有直接关系，每个员工的需求都不同，若员工的需求在企业中能得到满足，其离职的可能性就小，反之则加大 ☞具体包括员工的薪资要求、晋升要求得不到满足等

7.1.4 员工离职的企业因素

企业因素是导致员工离职的最直接因素，但它也是企业管理者可以控制和改善的。因此，企业应加强对员工离职企业因素的调查和分析。

员工离职企业因素的主要内容如表7-2所示。

表7-2 员工离职企业因素说明

企业因素内容	具体说明
企业文化因素	☞企业文化是一个企业由其价值观、信念、符号、处事方式等组成的其特有的文化形象，是企业的灵魂，也是推动企业不断发展的动力 ☞企业文化对员工的行为有着潜移默化的影响，若一个企业的企业文化能得到员工的认同，那么其离职率就会降低 ☞具体包括企业文化缺失、企业文化不适当等
企业变革因素	☞在高速发展的现代社会中，为了保证企业在竞争市场中的优势，企业的变革已经屡见不鲜，而变革也存在着不稳定，这就造成了员工离职率的提高，因此企业在变革时期必须做好员工的稳定工作 ☞具体包括企业规模调整、企业转型等
企业管理体系因素	☞企业管理体系的水平与员工的离职率呈负相关关系，企业的管理体系越科学、完善，员工的离职率越低 ☞企业管理体系包括企业的战略目标、经营理念、组织结构、权责分配、各项流程与制度规范等，企业应不断对其进行改进、完善，使其适应市场发展趋势，并能保证员工的薪酬福利及发展，这样才能实现企业的不断进步 ☞具体包括企业管理不规范、运作方式存在严重问题等
工作因素	☞工作因素是员工在企业中价值体现的最终载体，它对员工的离职有着最直接的影响 ☞造成员工离职的工作因素包括员工所在岗位的工作时间、工作内容、工作强度和工作环境等 ☞具体包括工作没有挑战性、工作环境恶劣等

7.2 各类员工离职原因分析

7.2.1 年度员工离职原因分析

每到年末，总是让企业的人力资源管理者提心吊胆，这时候，总有一大批优秀的员工离职，留下众多的岗位空缺，让企业的发展受到严重影响。为了避免这种情况，企业管理者必须对员工的离职原因进行系统分析，从而及时发现企业管理中存在的问题并解决。

1. 明确离职原因分析的目的

企业进行年度员工离职原因分析的主要目的如图7-4所示。

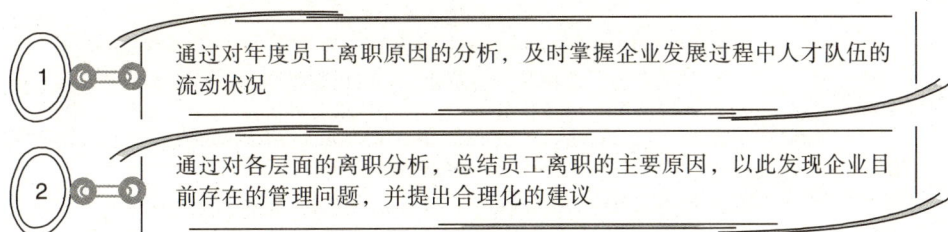

1 通过对年度员工离职原因的分析，及时掌握企业发展过程中人才队伍的流动状况

2 通过对各层面的离职分析，总结员工离职的主要原因，以此发现企业目前存在的管理问题，并提出合理化的建议

图7-4 企业进行年度员工离职原因分析的主要目的

2. 年度员工离职的主要原因

经调查分析，企业年度员工离职的主要原因有以下四点，具体如图7-5所示。

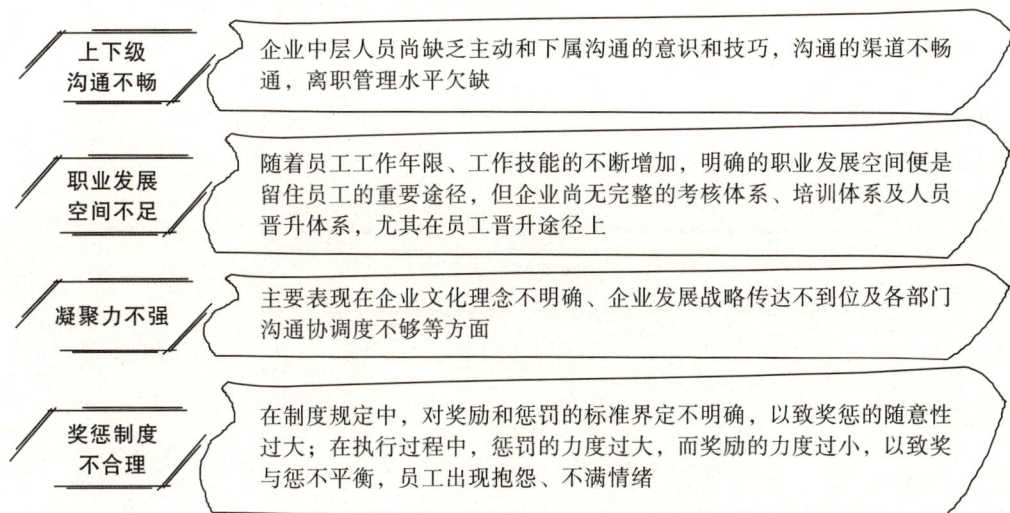

上下级沟通不畅：企业中层人员尚缺乏主动和下属沟通的意识和技巧，沟通的渠道不畅通，离职管理水平欠缺

职业发展空间不足：随着员工工作年限、工作技能的不断增加，明确的职业发展空间便是留住员工的重要途径，但企业尚无完整的考核体系、培训体系及人员晋升体系，尤其在员工晋升途径上

凝聚力不强：主要表现在企业文化理念不明确、企业发展战略传达不到位及各部门沟通协调度不够等方面

奖惩制度不合理：在制度规定中，对奖励和惩罚的标准界定不明确，以致奖惩的随意性过大；在执行过程中，惩罚的力度过大，而奖励的力度过小，以致奖与惩不平衡，员工出现抱怨、不满情绪

图7-5 年度员工离职的主要原因

101

7.2.2　一线员工离职原因分析

在企业中，适当的员工离职流动是必须的，但过高的员工离职率会给企业带来很大的消极影响。

一线员工是企业各项经营决策的直接执行者，其工作质量决定着企业的经营目标是否能实现。而相对于企业的其他员工来说，一线员工的离职率又是比较高的。因此，如何合理有效地降低一线员工的离职率成了企业人力资源管理者需要重点关注和思考的问题。

1. 一线员工离职原因的调查

为了解员工离职的真实原因，企业人力资源管理者应做好离职员工的访谈调查工作，以为员工离职原因的分析提供依据。但在进行访谈调查时，企业应注意以下事项，如图7-6所示。

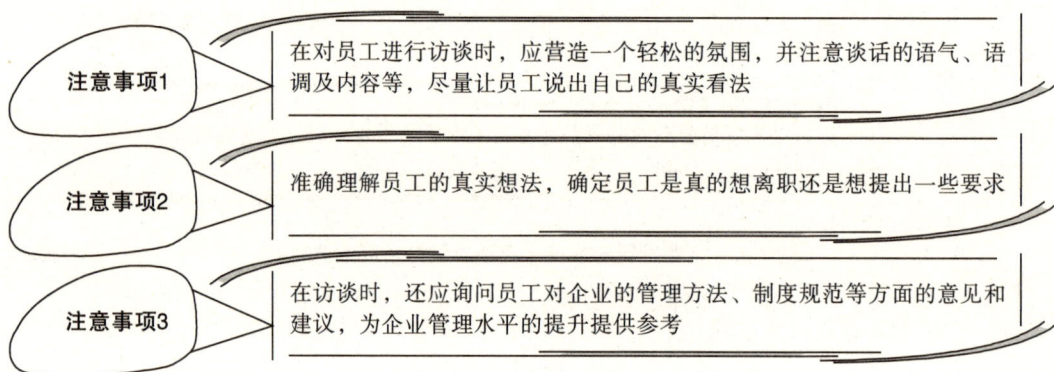

注意事项1	在对员工进行访谈时，应营造一个轻松的氛围，并注意谈话的语气、语调及内容等，尽量让员工说出自己的真实看法
注意事项2	准确理解员工的真实想法，确定员工是真的想离职还是想提出一些要求
注意事项3	在访谈时，还应询问员工对企业的管理方法、制度规范等方面的意见和建议，为企业管理水平的提升提供参考

图7-6　调查一线员工离职原因的三个注意事项

2. 一线员工离职的主要原因

通过对离职一线员工的调查，我们发现，一线员工离职的原因主要有五个方面，具体如图7-7所示。

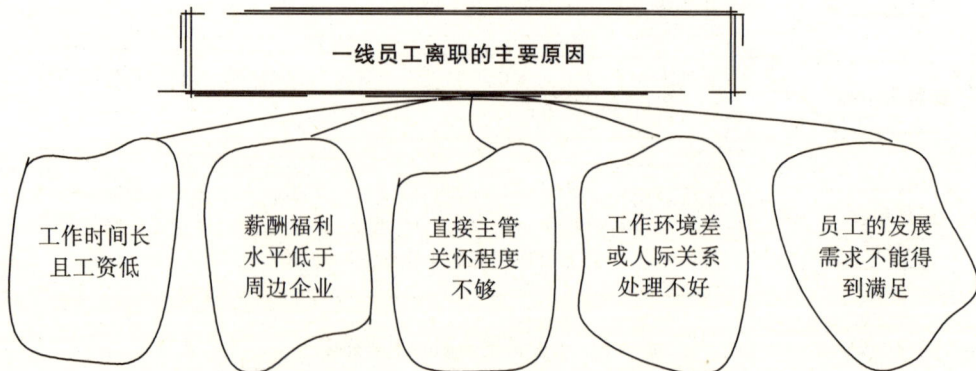

图7-7　一线员工离职的主要原因

（一线员工离职的主要原因：工作时间长且工资低；薪酬福利水平低于周边企业；直接主管关怀程度不够；工作环境差或人际关系处理不好；员工的发展需求不能得到满足）

7.2.3　技术人员离职原因分析

随着社会的不断进步，市场间的竞争将更加激烈，企业必须不断提升自身的竞争力才能在市场中存活下去。企业间的竞争，归根到底是人才的竞争，技术人员作为企业的核心人才，企业管理者必须加强对其离职的管理。

一般来说，技术人员离职的主要原因有以下七项内容，如图7-8所示。

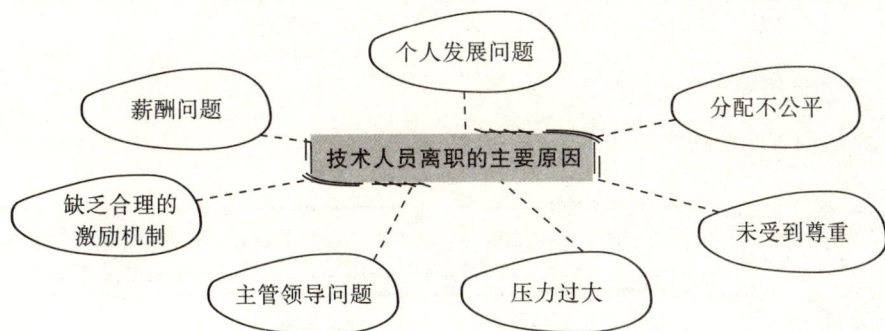

图7-8　技术人员离职的主要原因

7.2.4　管理人员离职原因分析

管理人员是指在企业中行使管理职能、指挥或协调他人完成具体任务的人，其工作质量的好坏直接关系着企业的战略目标能否顺利实现。

管理人员的离职会给企业造成严重影响，如提高人力资源成本、造成工作停滞、引起其他员工的心理恐慌等。经调查，企业管理人员的离职原因包括内部原因和外部原因两种，具体如图7-9所示。

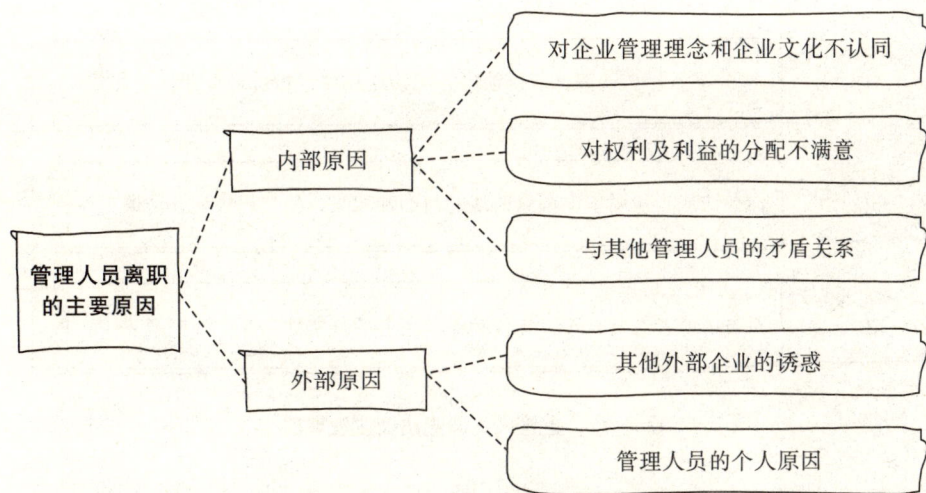

图7-9　管理人员离职的主要原因

7.3 员工离职调查访谈分析

7.3.1 主管人员调查访谈

主管人员是离职员工的直接领导，对离职员工的工作表现、心理状态等都有一个全面的理解，因此，企业管理者可对离职员工的主管人员进行调查访谈，以准确掌握员工的状态。

1. 主管人员调查访谈的内容

主管人员调查访谈的内容如图 7-10 所示。

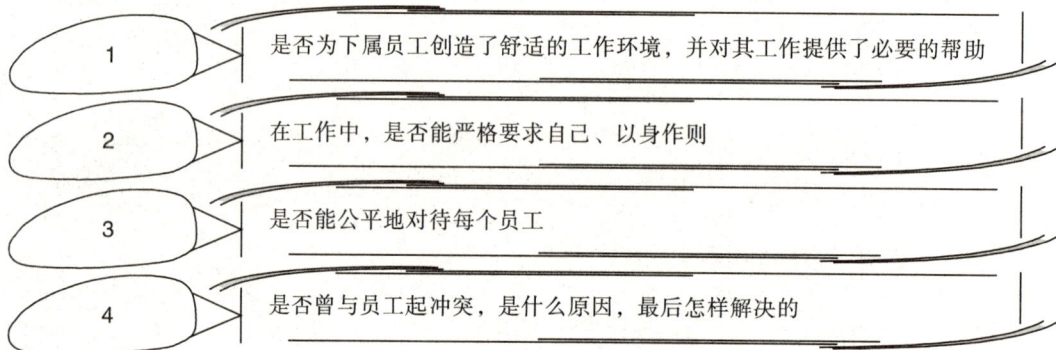

图 7-10 主管人员调查访谈的内容

2. 主管人员调查访谈注意事项

在对主管人员进行调查访谈时，应注意以下三项内容，如图 7-11 所示。

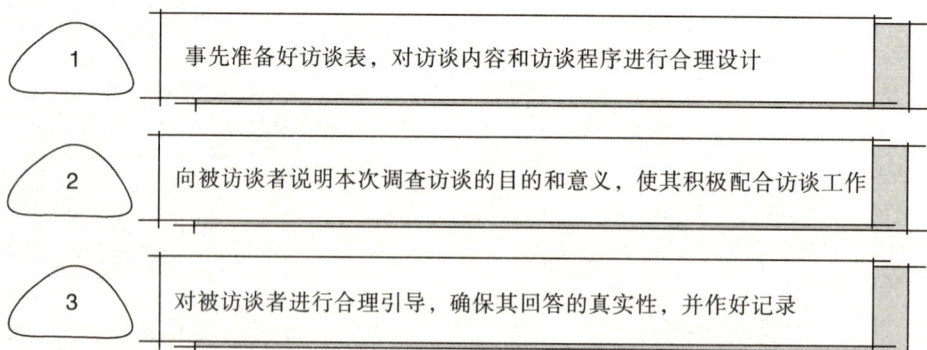

图 7-11 主管人员调查访谈注意事项

7.3.2　相关同事调查访谈

要了解员工离职的真正原因，企业可对离职员工周围的同事，特别是离职员工在企业最要好的朋友进行调查访谈，因为通常情况下员工会在朋友面前透露出其离职前内心的真实想法，而这些人员的防范心理相对要差一些，在实施访谈时，他们通常会很配合地吐露出离职员工离职的真正原因。

1. 调查访谈的运用过程

企业在对离职员工周围的同事进行调查访谈时，应遵循以下程序，具体如图 7-12 所示。

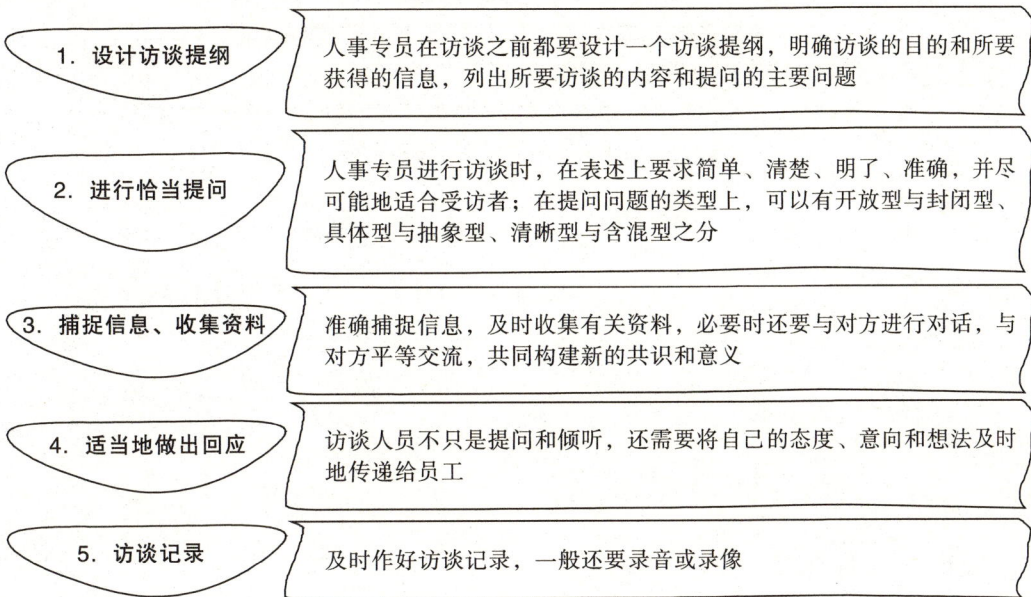

1. 设计访谈提纲	人事专员在访谈之前都要设计一个访谈提纲，明确访谈的目的和所要获得的信息，列出所要访谈的内容和提问的主要问题
2. 进行恰当提问	人事专员进行访谈时，在表述上要求简单、清楚、明了、准确，并尽可能地适合受访者；在提问问题的类型上，可以有开放型与封闭型、具体型与抽象型、清晰型与含混型之分
3. 捕捉信息、收集资料	准确捕捉信息，及时收集有关资料，必要时还要与对方进行对话，与对方平等交流，共同构建新的共识和意义
4. 适当地做出回应	访谈人员不只是提问和倾听，还需要将自己的态度、意向和想法及时地传递给员工
5. 访谈记录	及时作好访谈记录，一般还要录音或录像

图 7-12　调查访谈应遵循的程序

2. 调查访谈的注意事项

企业人力资源管理者在实施离职人员相关同事调查访谈时，应注意的事项如图 7-13 所示。

1. 事先应对访谈对象有所了解

2. 做好充分的准备工作，避免谈话跑题，有时还需要适当的调节和控制

3. 访谈的问题应该由浅入深、由简入繁，而且要自然过渡

4. 无论是提问还是追问，问的方式、内容都要适合受访者

5. 在回应中避免随意评论，并特别注意在访谈中的非言语行为

6. 在访谈中，应避免引起受访者的心理恐慌或反感

7. 应对访谈内容保密，鼓励其说出自己的真实感受

图 7-13　相关同事调查访谈的注意事项

第8章 员工离退面谈管理

8.1 员工离职面谈管理

8.1.1 离职面谈内容

离职面谈作为一种企业管理者与员工直接沟通的有效方式，有助于企业了解员工离职的原因，从而对症下药，促进企业的不断进步。

为了使面谈效果更佳，面谈实施者应着重了解以下八个方面的内容，具体如图 8-1 所示。

1	员工离职的真实原因及导致离职的主要事件
2	员工本身对离职原因的解释以及是否有避免离职的方法
3	员工期望离岗的时间
4	离职员工对企业当前管理文化的评价
5	离职员工对企业当前工作环境及企业内部人际关系的看法
6	离职员工对所在部门或企业层面需要改进的合理化建议
7	离职员工对本岗位以后工作开展的建议以及个人的发展规划
8	员工离职后须保密的相关内容及其他企业须明确的内容

图 8-1 离职面谈的内容

另外，对于因不同情形离职的员工，离职面谈的重点有所不同，具体内容如表 8-1 所示。

表8-1　不同情形的离职面谈内容

离职情形	面谈内容
主动离职	对于主动离职的员工，面谈实施者通过沟通，可了解员工离职的原因，同时诚恳地邀请其就本企业目前的生产、经营、管理等方方面面，提出他认为有必要改进的建议
被动离职	对于被动离职的员工，面谈实施者通过离职沟通，可以向其提供适合其个人特点的个人职业发展的建议，避免其带着怨恨离开

　　针对以上离职面谈涉及的内容，企业应设计合理的面谈问题，以最大程度地获取员工离职的真实信息，通常问题形式及内容如下所示。

　　1. 是什么原因促使您申请离职？

　　2. 您当初选择加入本公司的原因是什么？

　　3. 您喜欢目前这份工作吗？工作开心吗？为什么？

　　4. 您觉得公司提供给您的现在的职位是否合理？为什么？

　　5. 您认为现在的职位与您的能力相当吗？如果不是，请给出具体说明。

　　6. 对于您所在的岗位，您面临的最大的困难和挑战是什么？

　　7. 您对本公司招聘该岗位的任职者有什么建议？

　　8. 您认为应该被给予相应的培训吗？希望得到哪方面的培训？培训时间在什么时候？

　　9. 您觉得在公司是否得到了公平的对待？哪些方面不公平？

　　10. 您觉得在本公司工作对您的能力提升有帮助吗？表现在哪些方面？

　　11. 目前的工作环境是不是您所期望的？如果不是，您希望本公司应该怎样改善工作环境？

　　12. 您对公司的薪资福利满意吗？您期望的标准是什么？

　　13. 公司的相关政策、制度与程序能让您充分了解吗？如果不是，为什么？

　　14. 您觉得促使您离职的哪些原因公司是可以改进的？

　　15. 您认为公司应该采取哪些措施能更加有效地吸引和留住人才？

　　16. 您选择工作最看重的是什么？

　　17. 您最喜欢本公司的哪些方面？最不喜欢本公司的哪些方面？

　　18. 您心目中理想的上司是什么样的？

　　19. 您对您的上司反映的关于您的问题有不满吗？他是否令您满意地解决了这些问题？

　　20. 您觉得您的上司和您在工作方面的沟通是否顺利？具体表现在哪些方面？

　　21. 您觉得您所在部门的氛围是不是您所期望的？您所期望的是什么样的？在工作中您与同事合作得怎么样？

　　22. 公司可以做些什么，您愿意重新考虑您的离职决定吗？

　　23. 您愿意在今后条件成熟的时候返回公司，继续为公司效力吗？为什么？

　　24. 您可以留下离职后的联系方式吗？愿和我们保持联系吗？

　　25. 您对公司的最后留言或建议是什么？

8.1.2　离职面谈设计

离职面谈是企业实行"以人为本"的管理理念的一种体现,通过对离职员工的面谈,不仅可以融洽企业与离职员工的关系,挽留核心员工,并可以起到维护企业形象的作用,因此离职面谈对企业来说有着重大的意义。为了达到面谈的目的,企业在实施面谈前必须做好面谈时机、面谈地点等相关事项的设计。

1. 离职面谈时机设计

在接到员工的离职申请后,人力资源部应及时对员工的表现进行调查,并根据调查结果及时安排面谈。若想挽留该员工,那么在一接到其离职申请时就应尽快安排对其进行离职面谈,否则离职面谈一般应安排在其离职的前一天进行。

对于企业来说,离职面谈的真正目的是获取员工离职的真正原因和进行必要的离职挽留,从而完善企业今后的人事管理工作。因此,倘若面谈实施人员发现离职员工不太配合离职面谈工作,也不要过于强硬地要求其参与,而应该尊重离职员工的决定,在其离开后选择合适的时间与其进一步沟通当初选择离职的具体原因。

2. 离职面谈地点设计

为了做好离职面谈,企业应将离职面谈的地点安排在一个宽敞、明亮且能够很好地维护离职人员个人隐私的空间里,并营造一个轻松、愉快的氛围,以免造成员工的心理负担。

3. 离职面谈实施人员设计

面谈实施人通常包括人力资源部工作人员、员工直接主管和员工平级同事。具体说明如图 8-2 所示。

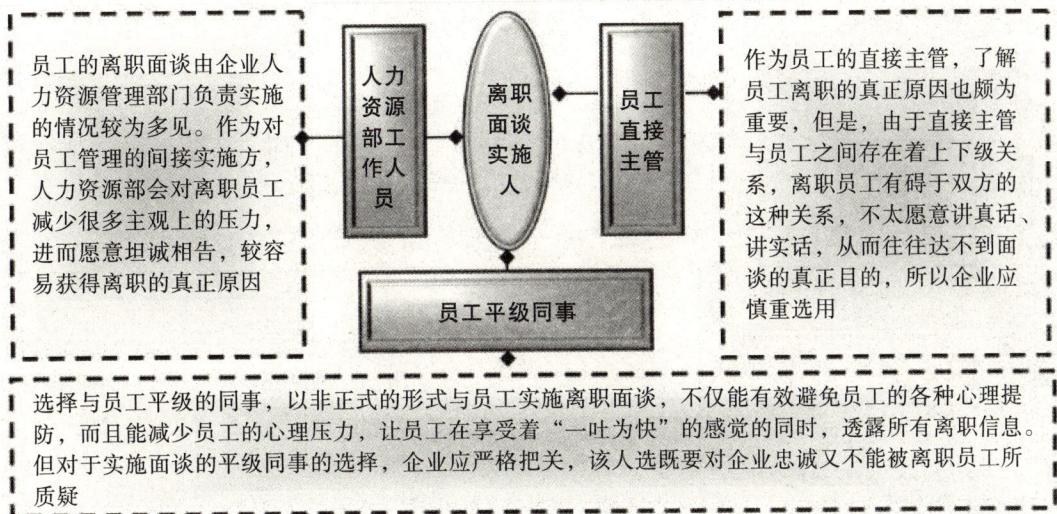

图 8-2　离职面谈实施人

无论选择什么关系的人员参与离职面谈，面谈人均需要对离职面谈工作进行成熟管理，熟练控制，并善于对离职者察言观色，能够掌握和发现更多的离职信息。

4. 离职面谈的形式设计

为了便于面谈双方沟通和理解离职面谈的具体内容，离职面谈最好采用面对面的形式实施。面对面的沟通同时也便于更好地发现和从根本上消除离职员工的敏感及抵触情绪。如果无法实现面对面的面谈，那么可以采用邮寄离职调查问卷或电子邮件的方式进行面谈。

5. 离职面谈技巧设计

离职面谈作为一种管理者与员工直接沟通的有效方式，有利于融洽员工之间的关系，以促进企业的不断进步。为了使离职面谈顺利进行，企业在实际工作中应注意应用以下七大技巧，如图8-3所示。

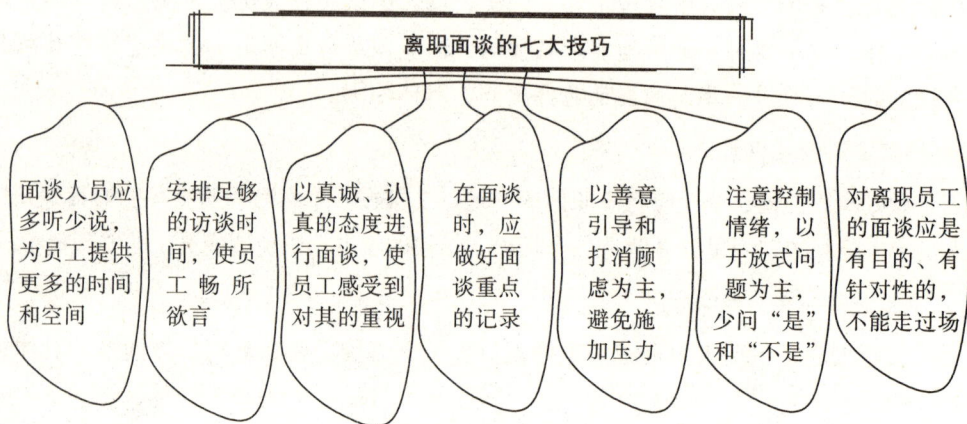

离职面谈的七大技巧

| 面谈人员应多听少说，为员工提供更多的时间和空间 | 安排足够的访谈时间，使员工畅所欲言 | 以真诚、认真的态度进行面谈，使员工感受到对其的重视 | 在面谈时，应做好面谈重点的记录 | 以善意引导和打消顾虑为主，避免施加压力 | 注意控制情绪，以开放式问题为主，少问"是"和"不是" | 对离职员工的面谈应是有目的、有针对性的，不能走过场 |

图8-3　离职面谈的七大技巧

6. 离职面谈流程设计

为了确保面谈目标的顺利实现，企业在对离职员工进行离职面谈时，流程如图8-4所示。

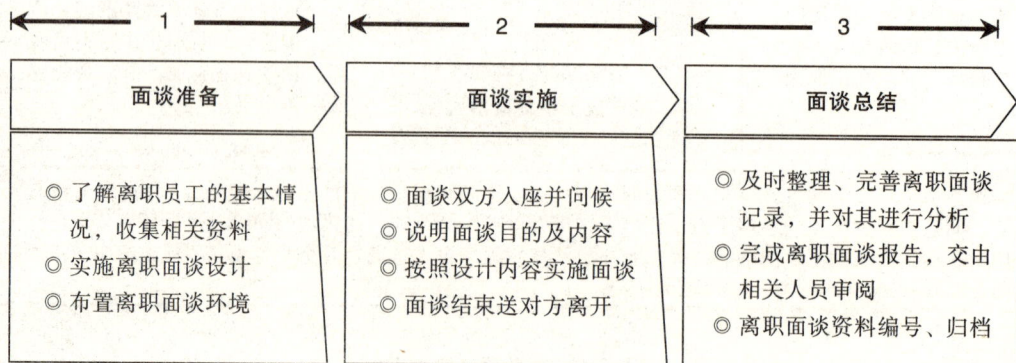

1 面谈准备	2 面谈实施	3 面谈总结
◎ 了解离职员工的基本情况，收集相关资料 ◎ 实施离职面谈设计 ◎ 布置离职面谈环境	◎ 面谈双方入座并问候 ◎ 说明面谈目的及内容 ◎ 按照设计内容实施面谈 ◎ 面谈结束送对方离开	◎ 及时整理、完善离职面谈记录，并对其进行分析 ◎ 完成离职面谈报告，交由相关人员审阅 ◎ 离职面谈资料编号、归档

图8-4　离职面谈实施流程

7. 离职面谈工具设计

企业在实施离职面谈时，可借助特定的表单，具体格式及内容可参考表8-2进行。

表8-2　员工离职面谈表

编号：　　　　　　　　　　　　　　　　　　　　　日期：＿＿年＿月＿日

离职人员姓名		所在部门	
担任职位		职位编号	
入职日期		离职日期	
面谈者		职位	
1. 请指出员工离职最主要的原因（请在恰当处加√号），并加以说明	□ 薪金　　□ 工作性质　　□ 工作环境　　□ 工作时间　　□ 健康因素 □ 福利　　□ 晋升机会　　□ 工作量　　□ 加班 □ 与公司关系或人际关系　　□ 其他，请说明		
2. 你认为公司在以下哪些方面需要改善（可多选）	□ 公司政策及工作程序　　□ 部门之间沟通　　□ 上层管理能力 □ 工作环境及设施　　□ 员工发展机会　　□ 工资与福利 □ 教育培训与发展机会　　□ 团队合作精神　　□ 其他，请说明		
3. 当初是什么原因促使你选择本公司的			
4. 在你决定离职时，你发现公司在哪些方面与你的想象和期望差距较大			
5. 你最喜欢和最不喜欢本公司的哪些方面			
6. 在现任岗位上，你面临的最大的困难和挑战是什么			
7. 你对公司招聘该岗位的任职者有什么建议			
8. 你认为公司应该采取哪些措施来更有效地吸引和留住人才			
9. 你是否愿意在今后条件成熟的时候再返回公司，继续为公司效力，并简单陈述理由			

8.1.3 离职面谈分析

离职面谈的目的是发现并改进企业管理中存在的问题，因此在对员工进行面谈后，企业必须做好离职面谈的分析工作。

1. 离职面谈分析的内容

员工离职面谈分析的内容如图 8-5 所示。

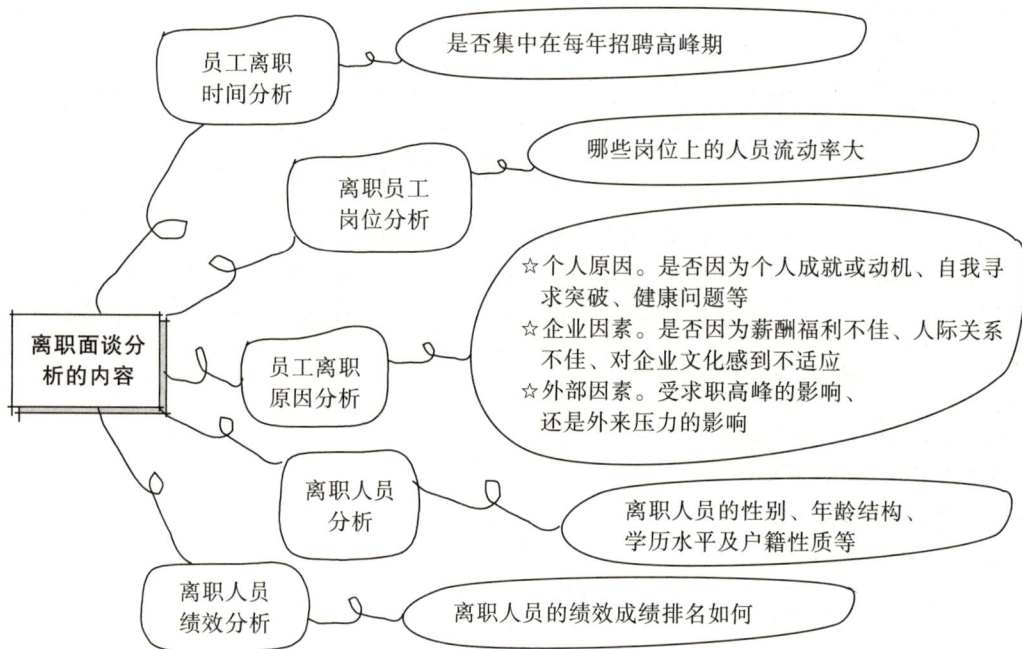

图 8-5 离职面谈分析的内容

2. 离职面谈分析工具

为了便于对离职面谈内容进行分析，企业人力资源管理人员可以借助一定的工具，包括表单、关系图等，通过表单发现离职信息之间存在的关系。

例如，设计离职调查问卷或离职面谈表格，作为用于离职面谈分析的文档，便于将问题转化成"可计分的"或多项选择的格式。比起大篇幅的书面观点，大大简化了针对面谈结果的分析。

3. 离职面谈分析的步骤

离职面谈分析的步骤如图 8-6 所示。

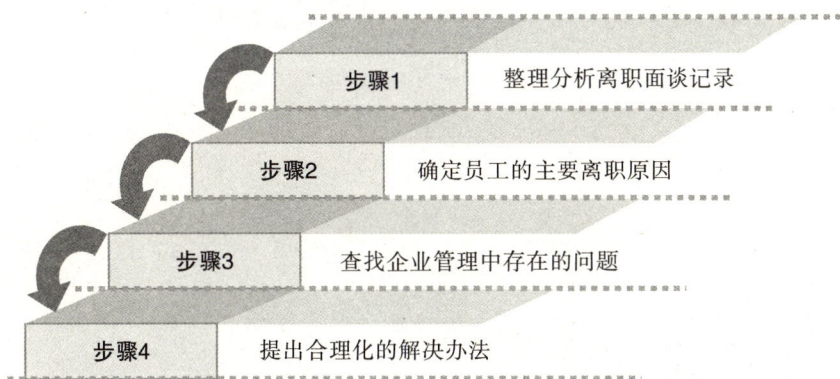

图 8-6　离职面谈分析的步骤

8.1.4　离职面谈备案

离职面谈结束之后，并不意味着企业的整个离职管理工作已经完毕，而是应该做好离职面谈的备案工作，为企业相关管理决策提供事实依据。

离职面谈的备案工作主要包括检验面谈信息真伪及提炼信息输出报表两项工作，具体如下所示。

1. 检验面谈信息真伪

面谈结束后，面谈人员负责对员工在离职面谈中所反映出来的一些有价值的信息，用其个人基本资料、培训及考核记录等资料进行验证，必要时还应对其周围同事进行求证。验证完成后，面谈人员应将面谈记录及验证结果整理成书面的文件反馈给人力资源部主管。

2. 提炼信息输出报表

人力资源部主管应组织相关人员以季度或年度等为周期，将离职面谈时所获取的信息、数据进行综合分析，查找出企业管理中存在的问题，提出有针对性的解决建议，并形成员工离职情况分析统计报表，交由相关领导审阅后登记、存档。

8.2　员工退休建议管理

为了充分发挥员工的创新能力，提高员工的积极性，不断提高企业员工退休工作的管理水平，企业人力资源部必须做好员工退休建议的管理工作。

员工退休建议管理的内容如图 8-7 所示。

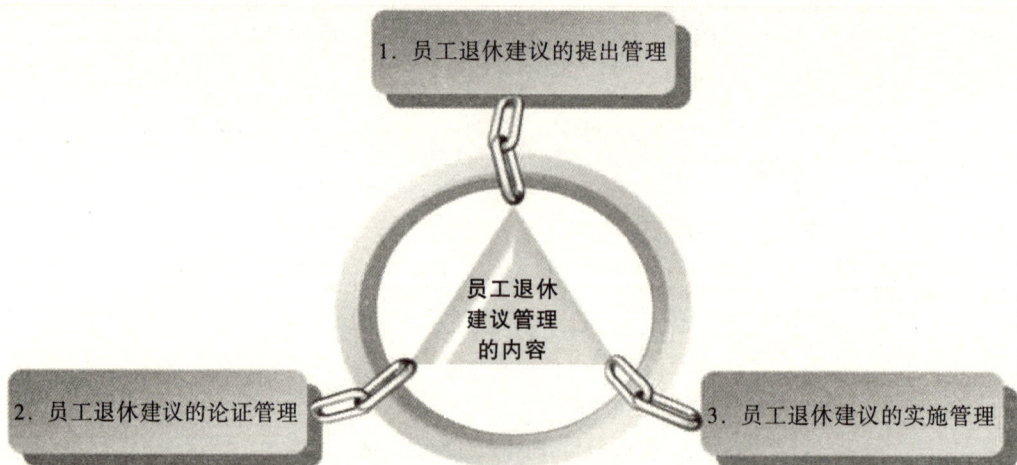

图8-7　员工退休建议管理的内容

8.2.1　员工退休建议提出

企业鼓励所有的员工为企业的员工退休工作提出合理化的建议，以不断地提升员工退休工作的管理水平。

员工在提出退休建议时，可以通过填写"企业员工退休建议表"以个人的名义，或者以团体的名义提出，但均须按规定清晰、完整地填好"企业员工退休建议表"，并及时上交其主管领导。需要注意的是，若员工提出的退休建议在图8-8所示的范围内，则企业不予受理。

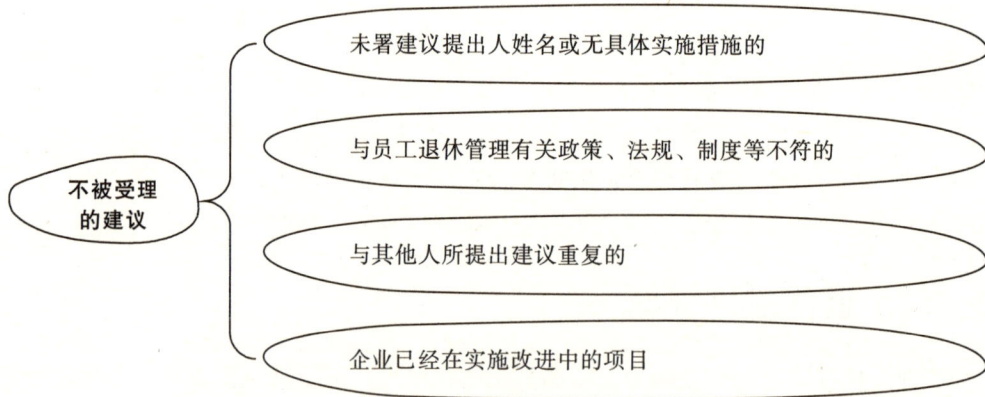

图8-8　不被受理的建议

8.2.2　员工退休建议论证

企业管理者在收到员工的退休建议时，应及时论证，判断其是否具有可行性及实用性。企业在开展员工退休建议论证工作时，可参照以下步骤进行，如图8-9所示。

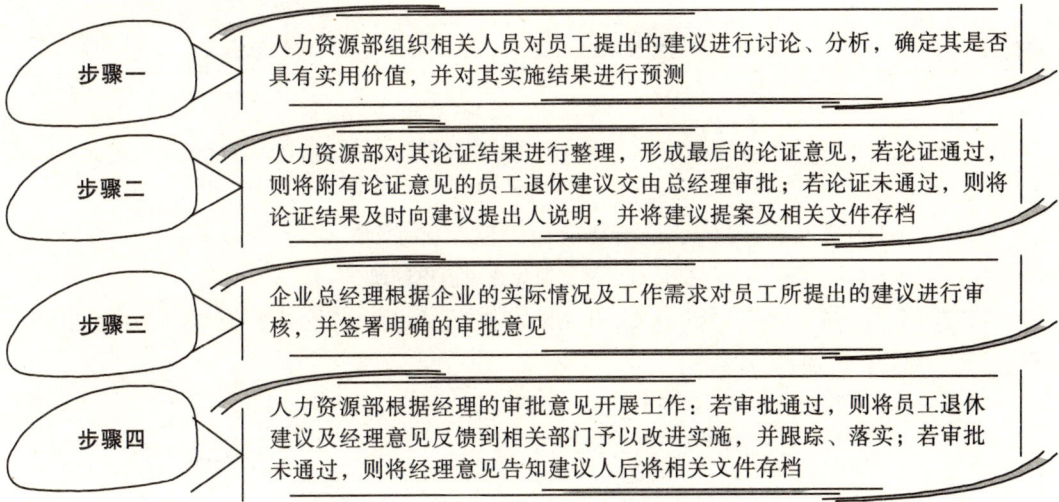

图8-9　员工退休建议论证工作的实施步骤

8.2.3　员工退休建议实施

退休建议实施是员工退休建议管理工作的重点，其关系到员工所提出的退休建议是否能落到实处，是退休建议顺利实施的关键。

企业在实施员工退休建议时，可参考以下程序进行，如图8-10所示。

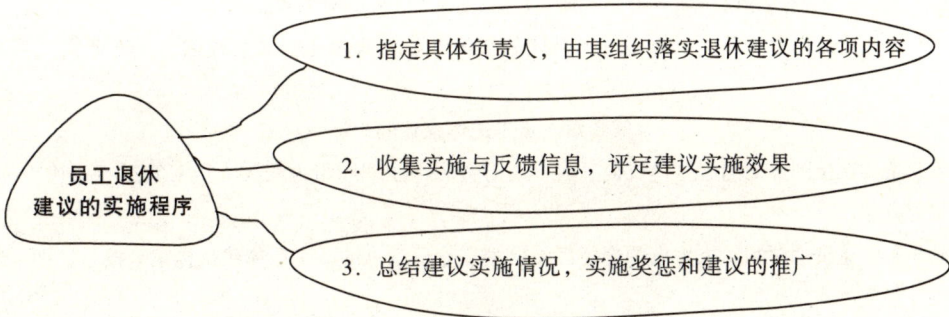

图8-10　员工退休建议的实施程序

8.2.4　员工退休建议管理制度

以下是某企业的员工退休建议管理制度范例，供读者参考。

制度名称	员工退休建议管理制度		编　号	
			受控状态	
执行部门		监督部门	编修部门	

第1章　总则

第1条　为了规范员工退休建议管理工作，充分发挥广大员工的创造性，保证建议的质量，特制定本制度。

第2条　本制度适用于公司对员工退休建议工作相关事项的管控。

第2章　员工退休建议提出管理

第3条　公司的员工都可以提出有关退休工作的建议，并将自己的想法进行整理，形成员工退休建议提案，提交给人力资源部。

第4条　员工提交的退休建议提案中至少应包括以下所示的几项内容。

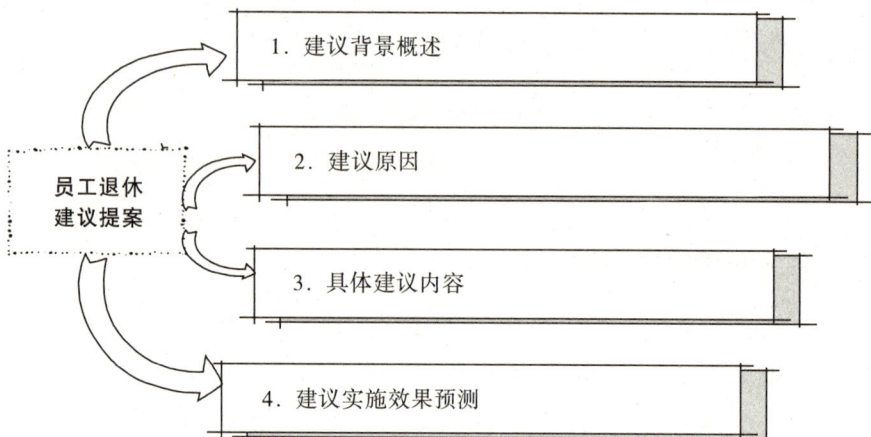

```
员工退休          →   1. 建议背景概述
建议提案          →   2. 建议原因
                  →   3. 具体建议内容
                  →   4. 建议实施效果预测
```

第5条　员工退休建议必须以书面的提案形式提出，口头申报无效。

第6条　建议内容如偏于批评，或无具体的实施办法，或未注明真实姓名者，不能提交到总经理处。

第3章　员工退休建议的论证

第7条　在接到员工的退休建议提案后，人力资源部经理应组织相关人员对其进行讨论、分析，判断其可行性。

第8条　论证通过后，人力资源部经理将已签署论证意见的员工退休建议提案呈报总经理，经总经理批准签字后实施。

第9条　对于论证不成立或总经理审批未通过的员工退休建议提案，人力资源部应及时通知提议人，并向其说明未通过缘由。

第10条　人力资源部应定期将员工提交的退休建议提案进行汇总、归类，并编号、存档。

第4章　员工退休建议的实施

第11条　员工退休建议提案批准后，人力资源部经理应指定具体的负责人，由其组织开展建议的具体实施工作。

（续）

第 12 条　员工退休建议提案实施完成后，提案负责人应及时编制《员工退休建议实施效果报告》，并将报告及时交由人力资源部经理审阅，通过后报总经理审批。

第 13 条　总经理应在收到《员工退休建议实施效果报告》后的 10 日内完成对建议实施成果鉴定的评定工作，即通过考量建议实施的作用大小、难易、创新程度、实用价值等因素，给予其客观、公正的评定，并确定相应的奖励等级。

第 14 条　人力资源部根据总经理的签署意见对提案人进行奖励，并将建议实施管理的相关资料归档。

第 5 章　附则

第 15 条　本制度由人力资源部负责制定，人力资源部保留对本制度的解释权和修订权。

第 16 条　本制度自＿＿＿年＿月＿日起生效。

编制日期		审核日期		批准日期	
修改标记		修改处数		修改日期	

第9章 员工离职挽留管理

9.1 员工离职挽留机制

9.1.1 员工离职挽留管理制度

企业制定《员工离职挽留管理制度》可规范员工离职挽留工作，对离职的优秀员工、核心员工进行有效挽留，避免员工掌握的技术或资源落入竞争对手手中，避免企业技术或管理的关键岗位工作中断，减少企业的损失。

通常，人力资源管理人员制定员工离职挽留管理制度前应明确企业常见的离职挽留方式，并规范离职挽留工作程序，保证离职挽留工作的效率。

制度名称	员工离职挽留管理制度		编　号	
			受控状态	
执行部门		监督部门	编修部门	

第1章　总则

第1条　目的

为留住企业人才，保持员工队伍的稳定性，保障企业生产经营顺利进行，结合本公司的实际情况，特制定本制度。

第2条　适用范围

本制度适用于本公司技术或管理关键岗位，被部门经理认为优秀、有潜力，及重点培养的员工的离职挽留管理。

第3条　管理职责

1. 离职员工直接上级负责与离职员工进行第一次面谈。

2. 人力资源部经理负责调查员工离职的原因，制定并实施员工离职挽留方案。

3. 总经理负责对企业部门经理级及以上岗位员工进行离职挽留，负责离职挽留方案的审批。

第2章　员工离职挽留方式

第4条　加薪挽留

如员工因工资低、对待遇不满意等原因而提出离职，企业可根据其工作表现及岗位工作的重要程度，批准其加薪，加薪幅度一般为＿＿＿％，加薪项目为基本工资。

第5条　晋升或调岗

1. 晋升。如员工认为自己的能力较强，现有岗位工作不能很好地体现其能力价值，企业可为其提供内部竞聘的平台，提供晋升机会。

（续）

2. 调岗。如员工对现有岗位工作不满意，或与其他同事或直接上级相处不融洽，或期望转行，企业可根据现有岗位设置及岗位空缺情况，为其调岗。

第 6 条　提供培训机会

如员工认为其能力欠佳，不能很好地胜任现有工作而提出离职，但其主管领导认为其较有潜力，则企业可免费为其提供培训或进修的机会。

第 7 条　分公司挽留

如员工因工作地点或与直接上级不和而提出离职，则企业可根据分公司分布、员工居住地、分公司岗位空缺情况等，将其调往适合的分公司。

第 8 条　其他挽留方式

1. 制度挽留。公平、公正地执行相关制度。

2. 企业文化挽留。重视企业文化宣传，让员工能感受到家的温暖。

3. 事业挽留。向员工灌输工作是一种快乐和享受的思想。

4. 情感挽留。关心员工的工作和生活，及时赞扬员工。

第 3 章　员工离职挽留程序

第 9 条　与离职员工面谈

1. 员工提出离职后，其直接上级应立即停下手中的工作，在 5 ~ 10 分钟内及时与员工面谈，向员工表明其重要程度，表示不希望其离职，暂不接受离职申请，并向其探究离职原因。

2. 直接上级面谈后，如员工仍坚决离职，则离职员工的直接上级应通知人力资源部安排面谈。人力资源部应在员工提出离职____日内安排面谈，面谈中应根据谈话内容分析员工离职原因，并根据员工特点，判断员工是否可以挽留。

3. 人力资源部面谈后，如员工仍坚决离职，则人力资源部经理应根据申请离职的员工的岗位重要程度及招聘的难易程度等，决定是否将离职信息上报总经理（一般部门经理级及以上岗位员工离职应上报总经理）。如上报总经理，人力资源部应在____日内上报，以便总经理及时安排面谈。

第 10 条　调查员工离职的真正原因

1. 人力资源部经理可通过与该员工谈话或间接通过其他人了解员工离职的原因，填写"员工离职调查表"。

2. 人力资源部经理应根据调查表，对员工离职原因和对工作的影响进行分析，并将原因填写在"员工离职调查表"中。员工离职原因一般是由推力性因素和拉力性因素两个方面导致的，具体如下所述。

（1）推力性因素。由企业本身的因素所造成的，推力性因素包括企业的工作环境、待遇、人际关系、工作节奏、企业或个人的发展前景和机会等，当员工感觉没有这种推力时，会选择放弃现有的工作。

（2）拉力性因素。员工自身的原因造成的，拉力性因素包括不能更好地照顾家庭、感到力不从心，希望继续求学充电等。当员工感到外在压力很强时，就很有可能想从压力中解脱出来，从而提出离职。

（续）

第 11 条　制定挽留方案

了解员工离职的真正原因后，人力资源部经理应根据员工离职的真正原因，在本企业政策和资源许可的范围内制定一个挽留方案，并将挽留方案报总经理审核审批。

第 12 条　实施挽留方案

总经理审核审批后，人力资源部经理应着手实施挽留方案，具体事项如下所述。

1. 人力资源部经理应站在员工的角度，切实帮助员工分析其自身的优、缺点，并给予其中肯的职业建议，帮助员工更好地认识自我，更正确地做出职业选择。

2. 人力资源部经理应客观地分析企业的现状，帮助员工正确地认识企业与岗位工作。

3. 人力资源部经理应针对员工离职的真正原因，根据挽留方案确定的挽留方式，对员工进行承诺，满足员工部分或全部合理要求，留住员工。

第 4 章　附则

第 13 条　本制度由公司人力资源部负责制定和修改。

第 14 条　本制度自公司总经理审批通过后执行。

编制日期		审核日期		批准日期	
修改标记		修改处数		修改日期	

9.1.2　员工离职挽留管理流程

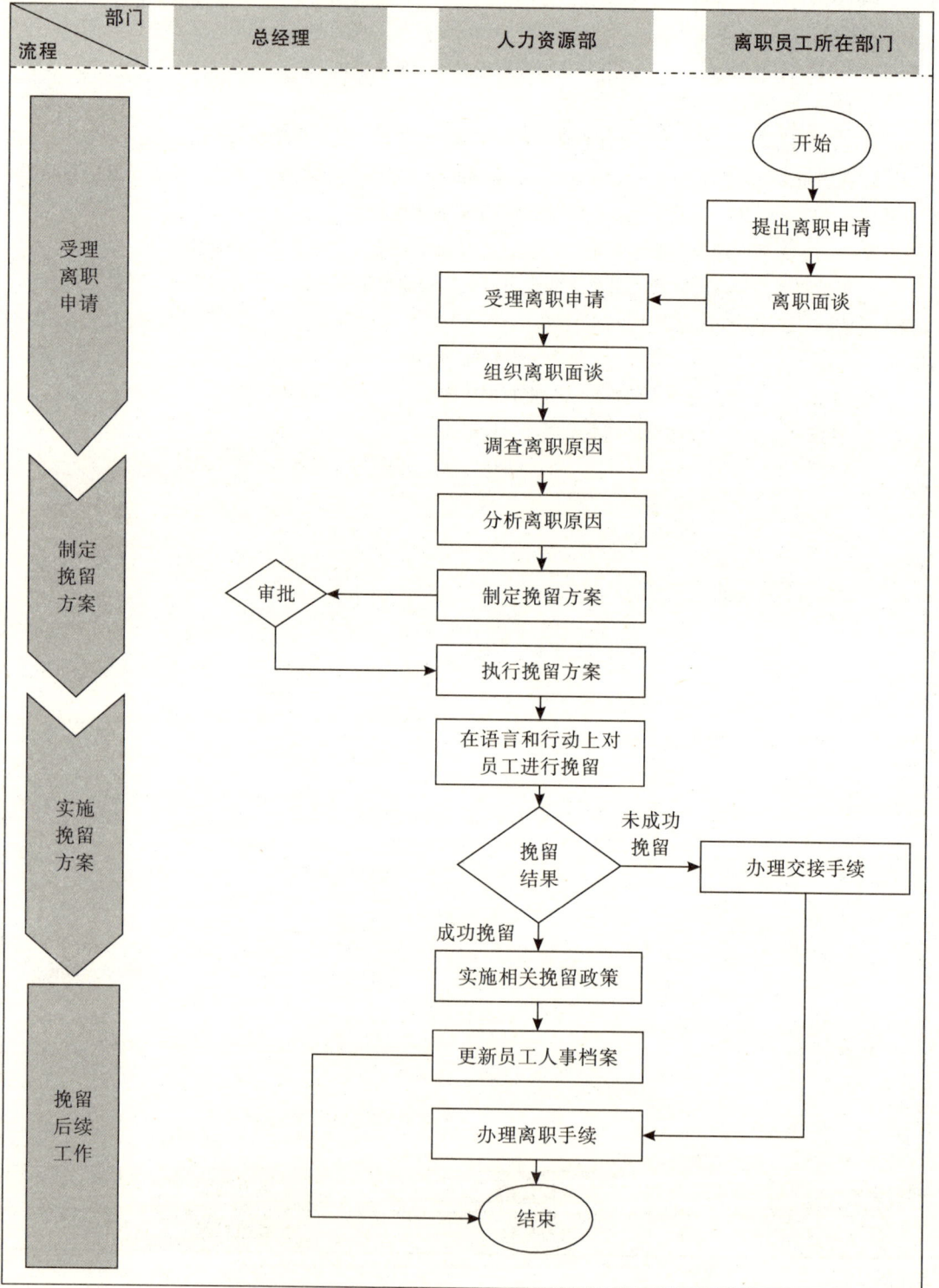

部门流程	总经理	人力资源部	离职员工所在部门

```
                                                          ( 开始 )
                                                             │
                                                     ┌───────────────┐
                                                     │ 提出离职申请   │
                                                     └───────────────┘
                                                             │
受理                          ┌───────────────┐     ┌───────────────┐
离职                          │ 受理离职申请   │◀────│ 离职面谈       │
申请                          └───────────────┘     └───────────────┘
                                      │
                              ┌───────────────┐
                              │ 组织离职面谈   │
                              └───────────────┘
                                      │
                              ┌───────────────┐
                              │ 调查离职原因   │
                              └───────────────┘
                                      │
                              ┌───────────────┐
                              │ 分析离职原因   │
制定                          └───────────────┘
挽留          ◇审批◇◀──────── ┌───────────────┐
方案            │             │ 制定挽留方案   │
                │             └───────────────┘
                │             ┌───────────────┐
                └───────────▶ │ 执行挽留方案   │
                              └───────────────┘
                                      │
                              ┌───────────────┐
                              │ 在语言和行动上对│
                              │ 员工进行挽留   │
实施                          └───────────────┘
挽留                                  │           未成功挽留
方案                            ◇挽留结果◇──────────▶┌───────────────┐
                                      │              │ 办理交接手续   │
                                 成功挽留            └───────────────┘
                              ┌───────────────┐
                              │ 实施相关挽留政策│
                              └───────────────┘
                                      │
                              ┌───────────────┐
挽留                          │ 更新员工人事档案│
后续                          └───────────────┘
工作                                  │
                              ┌───────────────┐
                              │ 办理离职手续   │◀────────
                              └───────────────┘
                                      │
                                  ( 结束 )
```

9.2　员工离职挽留实施

9.2.1　离职员工挽留判断

　　一般来说，每一位离职者都会与人力资源部主管人员直接接触，这对人力资源部来说是一个非常好的挽留员工的机会。在离职的员工中，有些员工是很容易挽留的，而有些员工挽留起来会非常困难。如果人力资源管理人员能够判断出哪些员工容易挽留，并有的放矢地进行重点挽留，就可以大大地降低本企业的人才流失率，降低挽留成本。

　　员工挽留的难易取决于员工自己的意图和价值取向及引发离职的具体原因。我们可以根据员工挽留难易的影响因素将离职的员工分为表9-1所示的六类，人力资源管理人员可根据员工的类型，对员工离职挽留工作做出判断。

表9-1　离职员工挽留判断

员工类型	挽留判断说明
喜欢追求工作的成就感，独立性较强	◆ 这类员工非常渴望成功、晋升和物质的富有，喜欢开创自己的事业 ◆ 企业的薪酬水平、发展环境、工作缺乏挑战性等都可能成为他们离职的原因。对于这类离职者，不容易挽留
喜欢安稳的工作环境，不太喜欢频繁的跳槽	◆ 这类员工喜欢做例行的事务性工作，对薪酬、工作绩效、晋升等没有太高的要求，但他们特别注意与同事的人际关系，希望与同事们友好地相处 ◆ 这类员工离职的原因多半为家庭原因，或者在工作中受到了委屈。如果原因是后者，这类员工容易挽留
行动和思想的独立性都很强，能够坦诚直言	◆ 这类员工非常重视自己的学习或专业经验的积累，善于钻研专业知识，希望自己在行业中有所建树 ◆ 这类员工离职主要是因为他们在公司无法发挥自己的才能，或没有机会得到更大的发展，或上级对其工作干涉过多。给予适当的条件后，这类员工容易挽留
个人主义色彩比较强烈	◆ 这类员工喜欢冒险，喜欢有难度的工作，他们会经常对上级提出意见，或者对上级及公司的管理不满 ◆ 这类员工离职往往是因为与上级关系不融洽，或者对公司管理现状不满，这类员工不容易挽留
情感丰富，同时也比较情绪化	◆ 这类员工非常注重工作中的和谐，强调工作中的合作关系，易感情用事 ◆ 这类员工离职可能是因为在工作中受到了委屈，较容易挽留

员工类型	挽留判断说明
具有较强的工作意识	◆ 这类员工对公司和工作都表现得非常忠诚，有强烈的团队认同感。这类员工能够经常为公司着想，遵守工作的规章制度和工作流程 ◆ 这类员工一旦做出离职的决定，很难挽留

离职的员工到底属于哪一种类型，有时并不好判断，人力资源管理人员可能需要借助自己的一些经验和感觉进行判断。

9.2.2 离职员工挽留技巧

企业人力资源管理人员应用一定的方法与技巧对离职员工进行挽留，可有效留住经营所需的员工，或拖延员工离职时间，以便企业利用这段时间寻求继任者或进行工作交接，减少离职的影响或损失。常见的离职员工挽留技巧主要有以下六种。

1. 即刻反应

人力资源管理人员在收到员工尤其是企业不希望流走的关键员工的离职报告后，应在最短时间（建议 5 ~ 10 分钟）内做出反应（如中止会议及手头的日常工作和事务等）。任何延误将会使员工离职的决心加强，企业挽回的可能性减少。即刻向离职员工做出反应可以达到图 9-1 所示的两个目的。

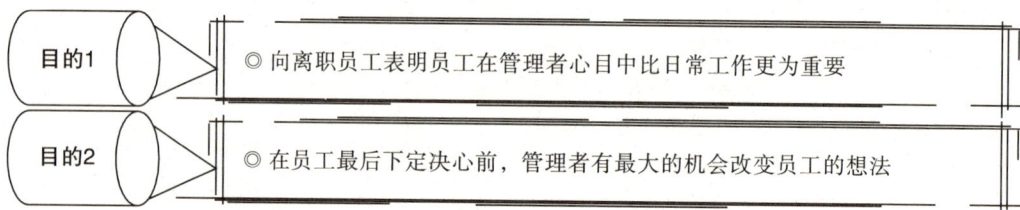

图 9-1　即刻向离职员工做出反应的目的

目的1 ◎ 向离职员工表明员工在管理者心目中比日常工作更为重要

目的2 ◎ 在员工最后下定决心前，管理者有最大的机会改变员工的想法

与离职员工接触后，人力资源管理人员可以参考以下三种说法，从语言上明确表达挽留的意愿。

（1）"你这个岗位十分重要，我代表公司郑重希望你能留下来。"

（2）"你的能力在公司是无可替代的，我希望你能慎重考虑。"

（3）"公司正在考虑一项和你有密切关系的改革，我真诚地希望你把离职信先收起来，观察一段时间可能你就不会做这样的决定了，你再考虑一下好吗？"

从语言上明确表达挽留的意愿后，人力资源管理人员要从行动上立即制定和执行挽留方案。同时，如离职员工为高级管理人员，人力资源管理人员还应立即通知相关领导者，以便相关领导者及时与离职员工交谈，找出员工离职的真正原因。

2. 迅速收集员工相关信息

知己知彼方能百战百胜，留住员工的前提是了解员工的内心想法。人力资源管理人员应在最短的时间内尽可能掌握员工的相关资讯，这样既能对员工有一个全面的认识，从而有可能发现员工离职的真实原因；也可以迅速判断同类人才的紧缺状况以及缺位对企业造成的影响，从而为决策提供参考。

一般来说，人力资源管理人员应对图 9-2 所示的四项信息进行收集，以便对员工离职进行分析。

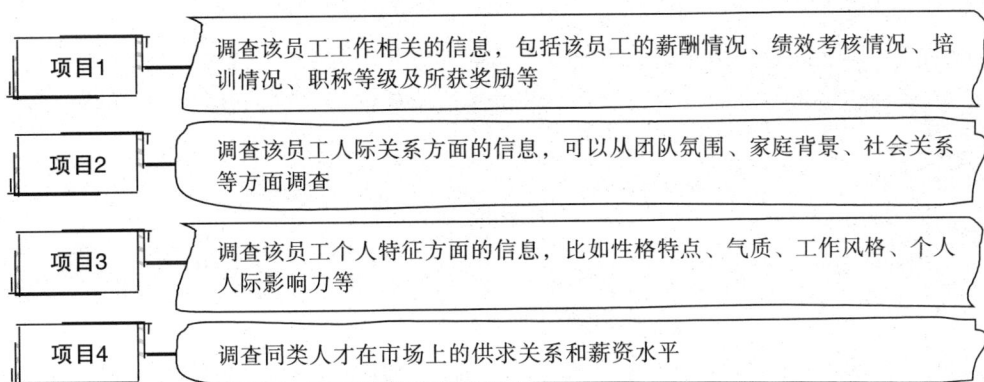

项目1	调查该员工工作相关的信息，包括该员工的薪酬情况、绩效考核情况、培训情况、职称等级及所获奖励等
项目2	调查该员工人际关系方面的信息，可以从团队氛围、家庭背景、社会关系等方面调查
项目3	调查该员工个人特征方面的信息，比如性格特点、气质、工作风格、个人人际影响力等
项目4	调查同类人才在市场上的供求关系和薪资水平

图 9-2　员工信息的收集项目

3. 倾听员工的心声

倾听是获取员工真实信息最有效的方法之一。通过倾听，人力资源管理人员可以了解员工的想法，了解其对周围的人和事的看法。因此，人力资源管理人员在接到员工离职信息后，应迅速创造条件和员工进行沟通，倾听员工的心声。

一般来说，通过倾听员工的心声，可以实现以下三个目的：

① 倾听对员工是一种很好的心理辅导，可以使员工心中积累的对企业的不满得到宣泄；

② 通过倾听，人力资源管理人员可以了解员工离职的真正原因，从而判断是工作环境、薪酬待遇、工作节奏的问题，还是员工对职业的看法发生了根本性的改变；

③ 通过倾听，人力资源管理人员可以获得员工对供职岗位和环境的客观评价，获得其对公司管理和今后发展的合理化建议。

4. 离职信息保密

对员工离职信息保密，对员工和企业来说都是必要的，具体说明如图 9-3 所示。

| 对员工来说 | ◎ 离职信息保密可促使员工改变离职主意，继续留在企业消除心理障碍。如果其他人毫不知情，员工就不必面对公开反悔的尴尬处境 |
| 对企业来说 | ◎ 对企业来说，消息没有公开，不会在员工中造成不利影响，也能给挽留工作留下充分的回旋余地 |

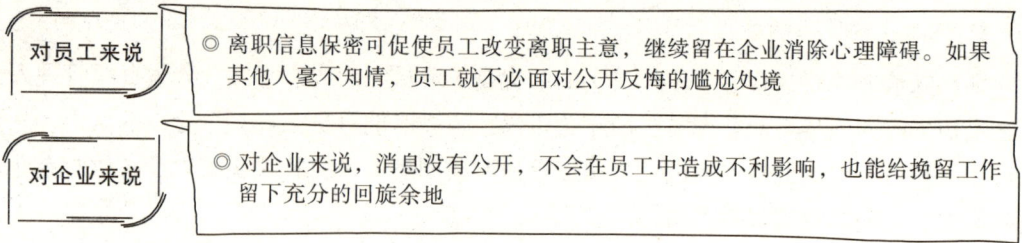

图 9-3　员工离职信息保密的必要性

5. 帮助员工解决问题

帮助员工解决问题是指帮助员工重新审视公司，重新评价公司的优势和弱势，重新认识自我，从而使员工在全面了解自己及企业的情况下做出最有利的选择。具体内容说明如表 9-2 所示。

表 9-2　帮助员工解决问题

项目	具体说明
帮助员工认识自己	◆ 员工不一定全面了解自己的优势和弱势 ◆ 人力资源管理人员可以从员工的角度出发，全面分析员工的技术水平、知识结构、个性特征、社会活动能力等因素，帮助员工认识自己，做出全面准确的判断
帮助员工认识企业	◆ 一般来说，由于一些心理效应的存在，员工往往看不到工作很久的企业的优点，并放大了它的缺点；而对没有切身体会过的事务，则充满了期待 ◆ 人力资源管理人员可以帮助员工发现自己认识上的误区，与员工一起重新评价本企业的优劣势，使员工重新认识公司，这样不但可以留住员工，还可以促进员工进一步成长
帮助员工做最有利于职业生涯发展的选择	◆ 帮助员工解决问题，最重要的是帮助员工解决职业生涯发展的问题 ◆ 人力资源管理人员可以从员工的个人特征和企业的战略、管理方面给予职业匹配，提出员工在本企业的发展规划和实现发展目标的路径选择，这样员工会重新思考自己的选择

6. 解决员工的其他障碍

人力资源管理人员在帮助员工解决最关键问题的同时也不能忽视其他的障碍。人力资源管理人员应根据离职员工调查结果及离职员工访谈情况，找出可能存在的障碍，调动一切资源予以清除，这样既能留住员工，又能增加员工工作的积极性。

例如，当得知员工离职的原因是因为家里不支持时，人力资源管理人员可以安排企业高管进行家访，在家访过程中给员工充分的肯定，并感谢家属对企业的支持，或安排工作时间之外的聚餐以示感谢等。

9.2.3 离职员工挽留方式

人力资源管理人员选择合适的离职员工挽留方式对员工进行挽留，可有效留住员工，并有利于提高员工工作的积极性与主动性。企业常见的离职员工挽留方式主要有加薪挽留、平台挽留、创业挽留、分公司挽留四种，人力资源管理人员应根据员工类型、员工提出离职的真实原因、企业资源现状、企业政策等，选择合适的离职员工挽留方式挽留员工。

离职员工挽留方式的具体说明如图9-4所示。

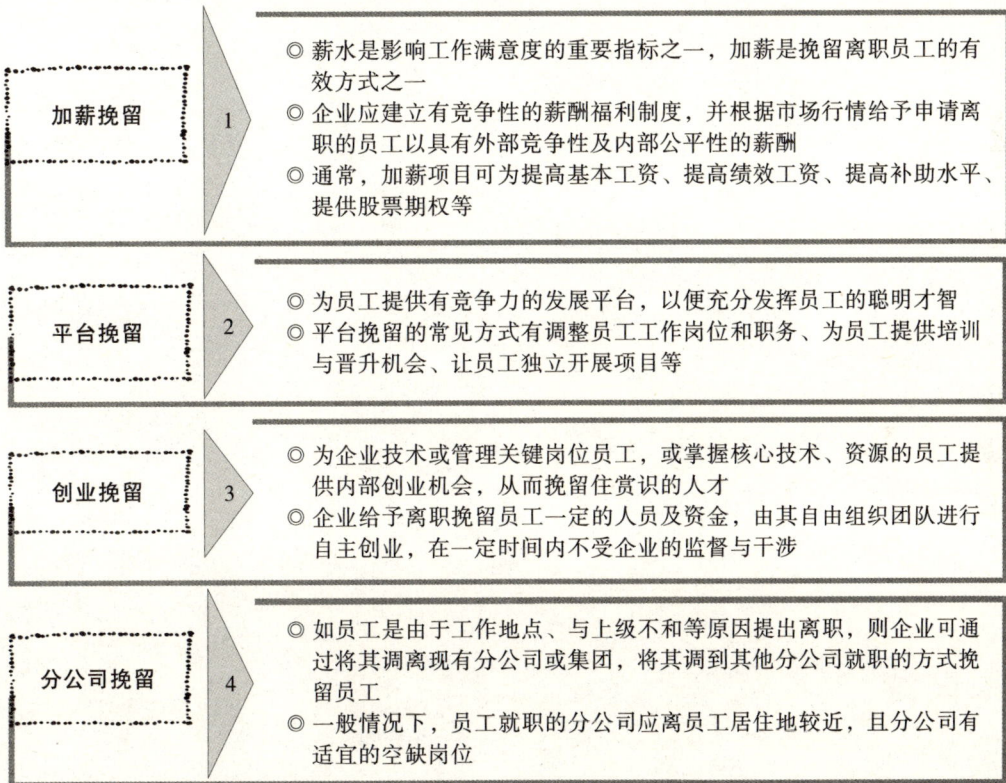

加薪挽留 1	◎ 薪水是影响工作满意度的重要指标之一，加薪是挽留离职员工的有效方式之一 ◎ 企业应建立有竞争性的薪酬福利制度，并根据市场行情给予申请离职的员工以具有外部竞争性及内部公平性的薪酬 ◎ 通常，加薪项目可为提高基本工资、提高绩效工资、提高补助水平、提供股票期权等
平台挽留 2	◎ 为员工提供有竞争力的发展平台，以便充分发挥员工的聪明才智 ◎ 平台挽留的常见方式有调整员工工作岗位和职务、为员工提供培训与晋升机会、让员工独立开展项目等
创业挽留 3	◎ 为企业技术或管理关键岗位员工，或掌握核心技术、资源的员工提供内部创业机会，从而挽留住赏识的人才 ◎ 企业给予离职挽留员工一定的人员及资金，由其自由组织团队进行自主创业，在一定时间内不受企业的监督与干涉
分公司挽留 4	◎ 如员工是由于工作地点、与上级不和等原因提出离职，则企业可通过将其调离现有分公司或集团，将其调到其他分公司就职的方式挽留员工 ◎ 一般情况下，员工就职的分公司应离员工居住地较近，且分公司有适宜的空缺岗位

图9-4 离职员工挽留方式的具体说明

第10章 员工离退交接管理

10.1 员工离退交接机制

10.1.1 员工离职交接制度

离职交接是离职手续办理的重要内容之一。企业通过离职交接，可以保证离职岗位工作的连续性，保证离职岗位工作有条不紊地进行，使企业少受或不受人员变动的影响。

企业在员工离职交接管理方面，应制定员工离职交接制度，明确交接内容与交接责任，规范交接实施，保证交接工作规范、顺利进行，确保重要事项有效交接。以下是某企业员工离职交接制度范例，供读者参考。

制度名称	员工离职交接制度		编　号	
			受控状态	
执行部门		监督部门	编修部门	

第1章　总则

第1条　目的

为明确交接事项与交接责任，规范交接程序，减少企业交接风险与交接损失，现结合本公司的实际情况，特制定本制度。

第2条　适用范围

本制度适用于本公司主动离职及被辞退的员工的离职交接管理。

第2章　责任划分

第3条　交接人责任

交接人要认真整理管理范围内的各种资产、文档资料，保证其完整性和真实性，同时梳理工作流程和工作关系，按照交接清单逐项进行移交。

第4条　接收人责任

接收人必须认真填写交接清单，认真检查交接人的各种物资，保证物资账实相符；对于特别重要的文件、资料及资产与实物等，接收人应确保其真实无误或性能良好，同时应尽快熟悉工作的各项流程和各种工作关系。

第5条　监交人责任

监交人必须认真审核交接的物资及各项工作，发现问题应协同交接人和接收人拟订处理方案上报主管部门；监交人离职或者临时因病不能工作，需要接替或代理的，必须由上级主管部门指定人员接替或者代理，执行监交工作。

（续）

第3章　离职交接内容

第6条　工作交接

工作交接是对岗位日常业务的交接，一般在本部门进行。工作交接内容主要包括以下几项：

（1）交代清楚岗位业务处理流程、部门间工作的衔接、对外客户联络等事项；

（2）岗位工作开展情况及工作完成情况；

（3）待办事项及遗留问题；

（4）工作注意事项。

第7条　物资交接

1. 本部门交接

离职员工应将保管的纸质、电子资料及工作相关工具进行交接。

（1）文件资料，包括设计文件、技术资料、图样、客户资料、图书、档案及其他重要业务资料等。

（2）实物，包括固定资产、工具、器材、零件、工作服、印章及图章等。

2. 与行政部交接

与行政部交接内容主要为办公用品与办公家具，包括办公室钥匙、储物柜钥匙、未用的纸笔、电话机、工作证及名片等。

第8条　财务事项交接

本公司财务事项交接内容主要包括以下两项。

（1）财务费用情况，包括欠款、借款、应收、应付、个人报销情况等事项。

（2）财务结算，包括赔偿金、违约金、工资等的结算，社会保险费、公积金、档案保管费的停缴等事项。

第4章　离职交接实施

第9条　离职交接程序

1. 填写"员工离职交接表"

离职申请审批后，人力资源专员应提醒离职人员办理离职交接，要求与指导离职人员填写"员工离职交接表"。

2. 指定接收人

离职申请审批后，离职人员的直接上级应根据岗位工作情况及人员情况等指定接收人。离职员工直接上级通常为监交人。

3. 部门交接

（1）交接人应根据工作交接内容进行工作交接，使接收人明确工作开展流程、工作联络事项、待办事项等。交接过程中，监交人应对工作交接事项进行监督。

（2）工作事项交接清楚后，交接人应在监交人的监督下将岗位工作相关的文件、资料、工具、器具等交与接收人，并给接收人讲解文件使用与存档相关事宜，为接收人演示工具、器具的使用方法等。

（3）接收人、监交人在交接过程中应对文件、资料进行清点、核对等，确保无误后签字。

（4）接收人还应对工具、器具的使用进行实操，确保能够正确使用相关工具、器具等。

（续）

4. 行政部交接

部门交接后，交接人应到行政部办理办公用品及办公家具的交接手续，将文件柜钥匙、办公室钥匙、电话机、未用的纸笔等交与行政专员，行政专员应对交接的物品进行清点或试用，确保数量无误、性能完好并签字确认。

5. 人力资源部交接

行政部交接后，交接人应到人力资源部确认考勤、工作发放、社会保险停缴日期、公积金停缴日期、档案保管费停缴日期、赔偿金数额、违约金数额等信息，人力资源专员与交接人确认无误后由双方签字确认。

6. 财务部交接

人力资源部确认相关人事信息后，交接人应到财务部办理相关交接手续，财务部应对员工应收、应付、借款、还款等信息进行核查与确认，如有应收、应付项目，应写清楚相关项目的数额，如有借款信息，应要求其还清相关款项。只有还清相关费用后方可签字确认，办理相关手续。

7. 办理离职手续

财务部签字确认后，交接人应将交接相关表格交人力资源部，由人力资源专员办理离职手续。

第10条　离职交接注意事项

（1）离职员工直接上级应于接到员工离职通知两个工作日内拟订交接计划，确定交接内容、时间、地点以及后续工作安排等事宜。

（2）离职人员逾期不办理交接或未按程序交接，其直接上级应及时告知人力资源部；若存在违规违法情况，公司将报司法机关处理。

（3）员工因伤亡、失踪、潜逃等行为离职的，由离职员工直接上级办理交接手续。

（4）离职人员严禁拷贝、复印公司一切文件资料，违者承担法律责任。

（5）相关的交接人员须确保离职员工将与工作相关的一切账号及密码一并交接清楚，员工离职后发现此项有漏交情况的，由监交人和接收人共同承担责任。

第11条　离职交接问题处理

（1）针对交接过程中存在的问题，当期可以处理的，由交接人处理完毕后交接；没有及时处理的，由交接人承担全部责任。

（2）对于交接过程中发现的问题，短时间内不能处理完毕的，监交人应会同交接人及接收人拟订处理意见，并及时上报主管部门和相关领导。

（3）如果交接人故意隐瞒问题，则其必须承担全部责任。

（4）交接不完整，交接人离任后发现问题的，由三方共同承担责任。

第5章　附则

第12条　本制度由公司人力资源部负责制定和修改。

第13条　本制度自总经理审批通过后执行。

编制日期		审核日期		批准日期	
修改标记		修改处数		修改日期	

10.1.2 员工退休交接制度

员工退休前一个月应进行退休交接，以保证退休岗位工作在员工退休后仍能有序、高效地进行，减少员工退休对企业的影响。

在退休交接管理中，为规范退休交接工作，人力资源部应制定员工退休交接制度，明确退休交接内容、要求、程序等，使退休交接工作按要求顺利进行。以下是某企业员工退休交接制度范例，供读者参考。

制度名称	员工退休交接制度		编　号	
			受控状态	
执行部门		监督部门	编修部门	

第1章　总则

第1条　目的

为明确退休交接事项，规范退休交接的实施，保证退休人员及时交接，特制定本制度。

第2条　适用范围

本制度适用于本公司正常退休、病退、伤退人员的工作及物品交接管理。

第3条　职责分工

（1）退休人员负责对工作、物品等进行整理，并做好交接工作。

（2）退休人员的直接上级负责指定接收人并为监交人，负责监督退休人员工作、物品的交接情况。

（3）接收人负责接收相关物品，接任相关工作。

（4）行政部负责对办公用具、器具进行接收。

（5）财务部负责相关财务事项的核查与确认工作。

（6）人力资源部负责退休人员考勤及养老金的确认及工资的核算工作。

第2章　工作交接

第4条　日常工作梳理

（1）退休人员退休年龄到达之日前30天，应提出退休申请，并将其报人力资源部审核。

（2）人力资源部应将退休申请报总经理审批，总经理审批后，人力资源部应通知退休员工办理退休手续，并发放"退休员工工作/物品交接单"。

（3）退休人员应根据"退休员工工作/物品交接单"对日常工作进行梳理，确定哪些工作未完成，哪些工作须交接等，并将须交接事项报上级审核审批。

第5条　进行工作交接

（1）退休人员应根据工作梳理及上级的审批情况，与接收人进行交接，详细说明工作流程、工作待办事项、工作遗留问题、工作要求及工作注意事项等。

（2）接收人确保明确接收的事项后，由交接双方在交接单上签字确认。

（3）退休人员的直接上级作为监交人，应对整个工作交接过程进行监督，确认无误后签字。

第3章　物资交接

第6条　资料交接

1. 资料整理

部门负责人或人力资源部经理在与退休人员进行退休面谈时，应明确资料交接包括的内容及重点，

（续）

并指导退休人员在办理退休审批的同时，做好对其交接资料的整理工作。交接内容应包含各类文档资料的纸质版和电子版等。

2. 交接存档

资料整理完毕后，退休人员应填写"××岗位交接资料清单一览表"，并注明资料的存储方式及存放地，一并交接给接收人。接收人及退休人员的直接上级应负责对提交资料的全面性和准确性进行审核，并签字确认。

3. 备份

接收人应将通过审核的纸质资料存档，电子资料备份。

第7条　实物交接

1. 本部门交接

退休人员应将岗位保管与使用的固定资产、工具、器材、零件、印章等在"××岗位交接实物清单一览表"上填写清楚，并与接收人进行交接。接收人应仔细清点清单相关实物的数量，并对有关工具进行试用，确保实物数量相符，并在性能完好的情况下签字确认。

2. 行政部交接

退休人员应将岗位保管或使用的办公用具、工作证、名片等与行政专员进行交接。行政专员应对办公用品的数量及完好性进行检查，检查无误后签字确认。

3. 责任说明

交接过程中，监交人应对交接过程进行监督。如员工离职后发现工具、用品损坏，数量不符等情况，其责任由接收人、监交人共同承担。

第4章　财务事项交接

第8条　财务费用事项交接

退休人员将工作、物资等交接完毕后，应到财务部办理交接事项，由会计人员核查其欠款、借款及报账情况，如退休人员有欠款或借款未还清的情况，应通知其在____日内还清；如退休日期满后仍未还清，公司将在其工资中扣除相关费用，或延长其退休时间，直至还清后办理退休手续。

第9条　相关资金结算

（1）退休人员应到人力资源部确认考勤信息、社会保险停缴日期、公积金停缴日期、档案保管费停缴日期等信息，确认无误后签字确认。

（2）人力资源专员应为退休人员核算工资，核算无误后交财务部发放工资。

（3）人力资源专员应根据员工退休情况，为其计算每月退休金数额，并由退休人员签字确认；同时，人力资源专员应提醒退休人员，其档案已转交社保机构管理。

第5章　附则

第10条　本制度由人力资源部制定与解释。

第11条　本制度自____年__月__日起执行。

编制日期		审核日期		批准日期	
修改标记		修改处数		修改日期	

10.1.3 员工离职交接流程

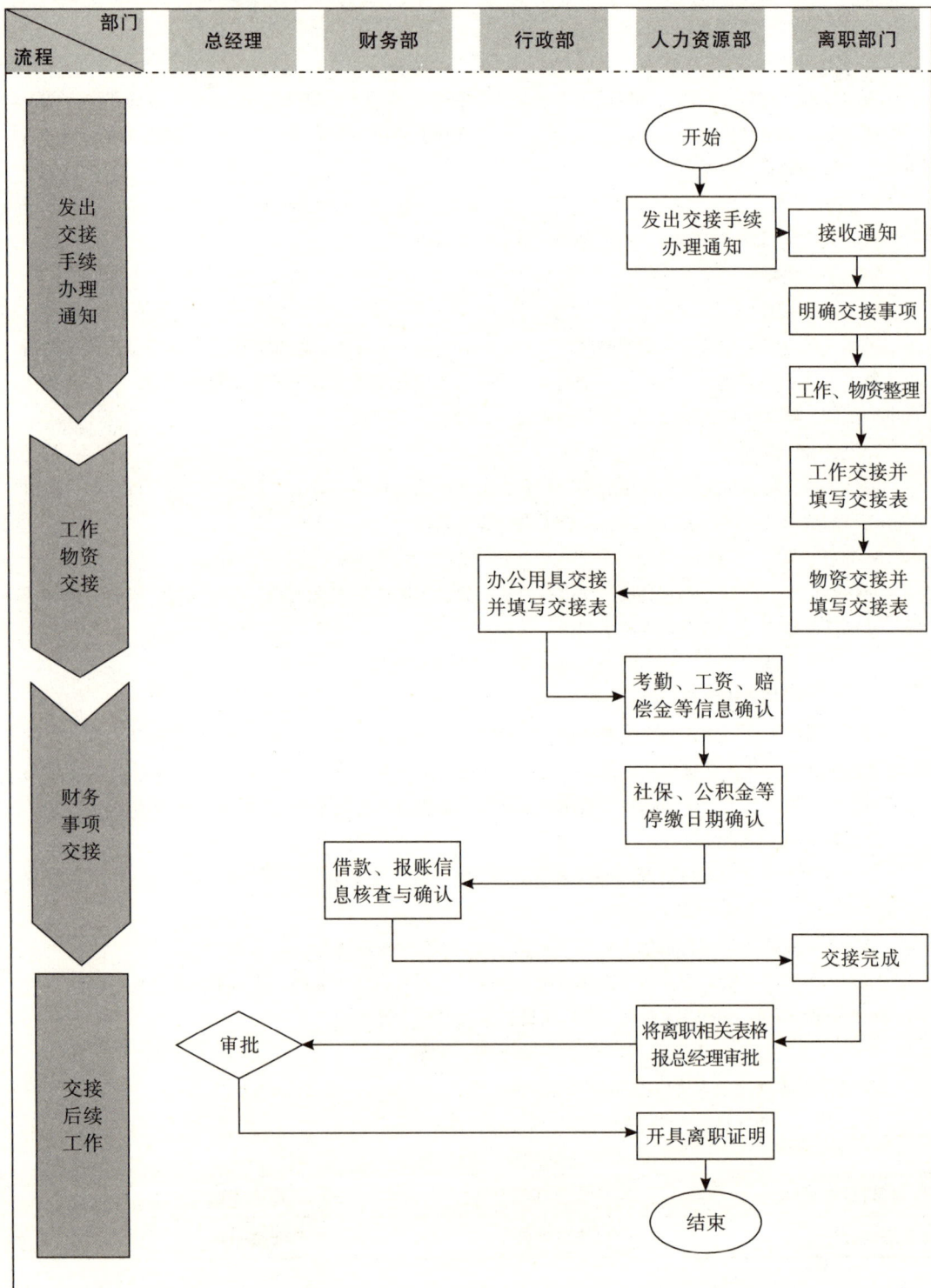

流程 ＼ 部门	总经理	财务部	行政部	人力资源部	离职部门
发出交接手续办理通知				开始 → 发出交接手续办理通知	接收通知 → 明确交接事项 → 工作、物资整理 → 工作交接并填写交接表 → 物资交接并填写交接表
工作物资交接			办公用具交接并填写交接表		
财务事项交接		考勤、工资、赔偿金等信息确认 → 社保、公积金等停缴日期确认 → 借款、报账信息核查与确认			交接完成
交接后续工作	审批			将离职相关表格报总经理审批 → 开具离职证明 → 结束	

10.1.4 员工退休交接流程

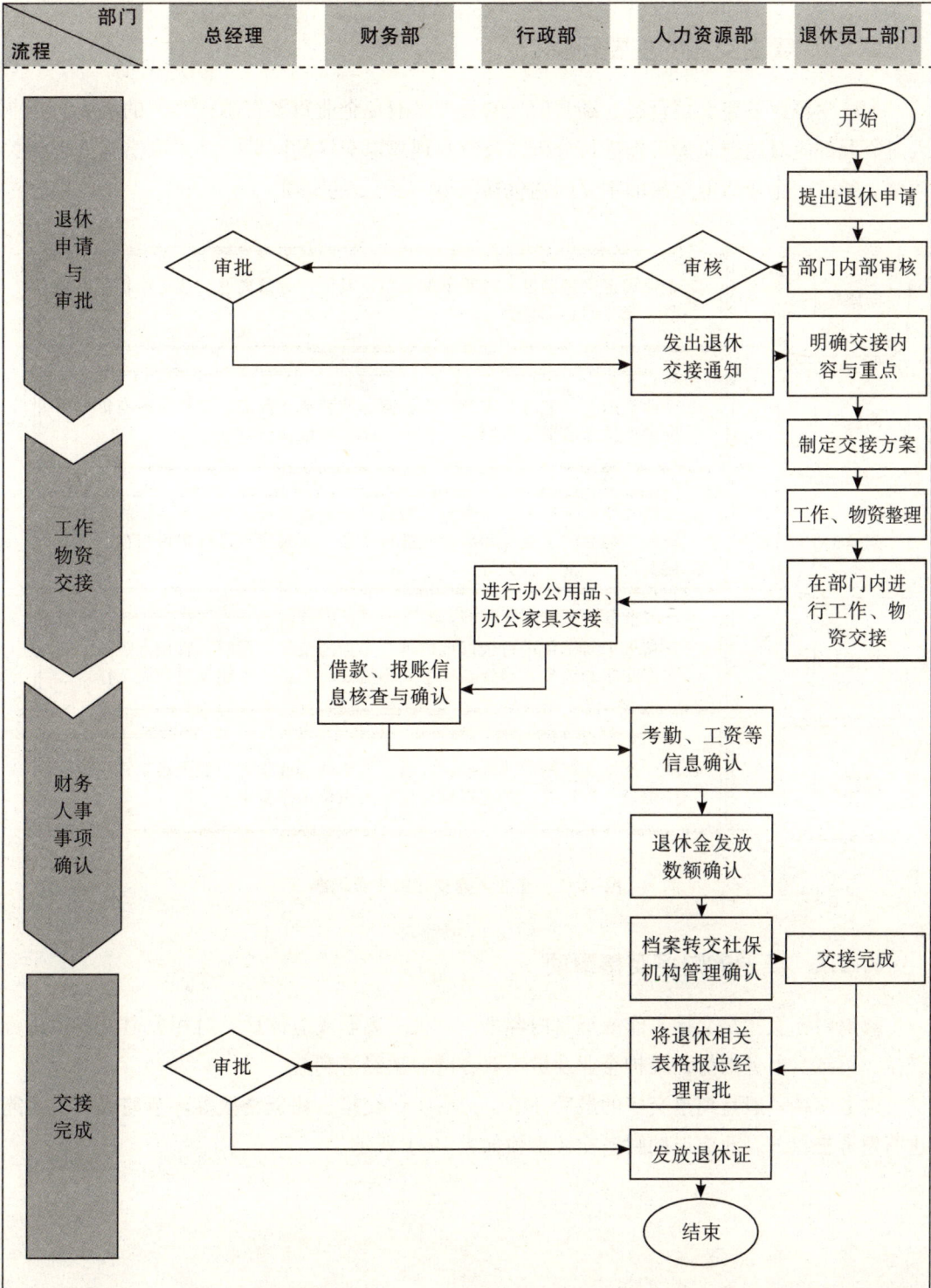

部门 流程	总经理	财务部	行政部	人力资源部	退休员工部门
退休申请与审批	审批		发出退休交接通知	审核	开始 提出退休申请 部门内部审核 明确交接内容与重点 制定交接方案 工作、物资整理
工作物资交接		借款、报账信息核查与确认	进行办公用品、办公家具交接		在部门内进行工作、物资交接
财务人事事项确认				考勤、工资等信息确认 退休金发放数额确认 档案转交社保机构管理确认	交接完成
交接完成	审批			将退休相关表格报总经理审批 发放退休证 结束	

10.2　员工离退交接实务

10.2.1　离退交接的主要问题

为减少企业重要文档资料、经营信息的丢失，避免企业重要资源或客户的流失，企业人力资源部应对离退交接工作进行分析，及时发现离退交接的问题，并采取措施处理相关问题。通常，企业离退交接的主要问题包括图 10-1 所示的五项。

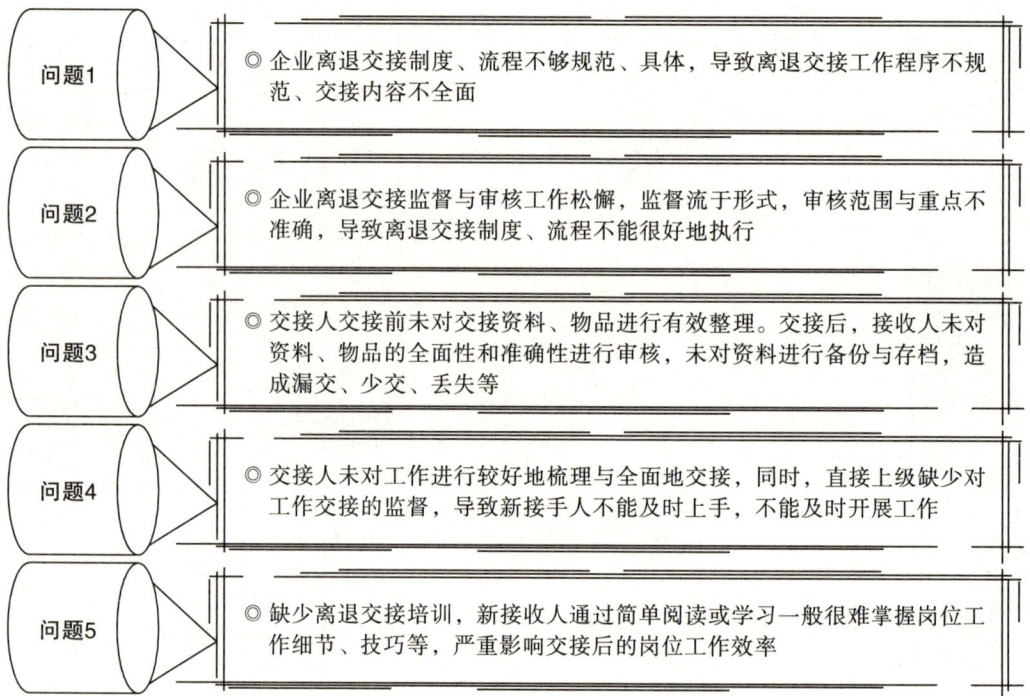

问题1	◎ 企业离退交接制度、流程不够规范、具体，导致离退交接工作程序不规范、交接内容不全面
问题2	◎ 企业离退交接监督与审核工作松懈，监督流于形式，审核范围与重点不准确，导致离退交接制度、流程不能很好地执行
问题3	◎ 交接人交接前未对交接资料、物品进行有效整理。交接后，接收人未对资料、物品的全面性和准确性进行审核，未对资料进行备份与存档，造成漏交、少交、丢失等
问题4	◎ 交接人未对工作进行较好地梳理与全面地交接，同时，直接上级缺少对工作交接的监督，导致新接手人不能及时上手，不能及时开展工作
问题5	◎ 缺少离退交接培训，新接收人通过简单阅读或学习一般很难掌握岗位工作细节、技巧等，严重影响交接后的岗位工作效率

图 10-1　企业离退交接的主要问题

10.2.2　离退的财务交接事项

离退财务交接是交接工作的重要内容之一。员工离职或退休后，对相关财务事项进行交接，可减少财务纠纷，维护企业及员工双方的合法经济利益。

财务交接一般是离退交接的最后环节，只有工作交接、物资交接等环节完成后，才能进行财务交接。企业离退的财务交接事项如表 10-1 所示。

表 10-1　企业离退的财务交接事项

项目	具体说明
离职财务交接事项	◆ 员工主动离职且存在违约行为的，人力资源部和财务部应按照合同违约条款，对违约金、赔偿金等进行核算；员工办理离职交接时，应对违约金、赔偿金等进行签字确认 ◆ 企业不合法辞退员工的，人力资源部和财务部应按照法律要求计算企业应支付员工的经济补偿金数额；员工办理离职交接时，应对经济补偿金的数额及相关信息进行签字确认 ◆ 员工离职前，应对档案保管费、社会保险费、住房公积金的停缴进行确认，对工资发放数额进行确认，确认无误后签字 ◆ 财务部应对离职员工的欠款、借款、应收、应付、报销情况等进行核查，如有账目不符和欠款情况，应要求离职人员赔偿或还清相关款项
退休财务交接事项	◆ 员工正常退休与提前退休核发的养老金数额不同，其数额以社保机构发放的真实数额为准，退休员工应对退休后养老金核发信息进行签字确认 ◆ 员工退休当月的工资按实际上班天数计算，退休人员确认无误后签字 ◆ 员工退休前应进行保险费、住房公积金的停缴确认 ◆ 财务部应对退休员工的欠款、借款、报销情况等进行核查与确认，如有账目不符或欠款情形，须及时通知人力资源部记入最终的结算事项中

10.2.3　交接记录与确认问题

交接事项经双方协商无异议后，交接双方应认真填写交接记录，并对交接相关问题进行确认，对交接情况进行书面的记录、说明和备案。

1. 交接记录

交接记录是证明交接工作的纸质文件，工作、物资交接后，均应填写交接记录。员工离退交接记录表一般应写明交接日期、交接内容、交接人、接收人、监交人、接收情况等信息，具体如表10-2所示。

表 10-2　员工离退交接记录表

填报日期：＿＿年＿月＿日

交接人		部门		职位		交接原因	□ 离职
接收人		部门		职位			□ 退休
交接分类	交接具体工作			交接情况		交接人签字	接收人签字
尚未完成的工作交接							
文件资料交接							
物品交接							
其他事项							
交接人签字及日期				监交人签字及日期			
备注							

2. 交接问题确认

如交接过程中发现问题，监交人应及时与交接人分析问题、确认问题，并协助交接人着手解决问题。问题解决后，接收人、监交人才可签字确认。如问题性质较严重或监交人不确定是否存在问题，监交人应及时将问题上报相关主管领导，由其确认问题或指导解决相关问题。企业常见的离退交接问题如图 10-2 所示。

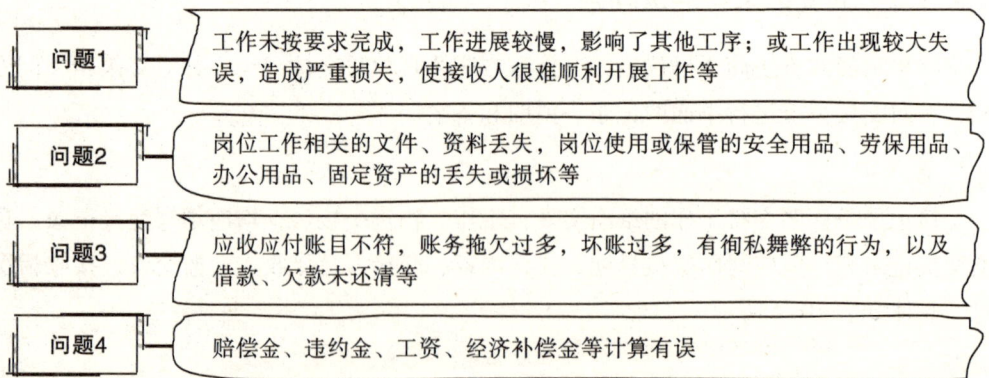

问题1　工作未按要求完成，工作进展较慢，影响了其他工序；或工作出现较大失误，造成严重损失，使接收人很难顺利开展工作等

问题2　岗位工作相关的文件、资料丢失，岗位使用或保管的安全用品、劳保用品、办公用品、固定资产的丢失或损坏等

问题3　应收应付账目不符，账务拖欠过多，坏账过多，有徇私舞弊的行为，以及借款、欠款未还清等

问题4　赔偿金、违约金、工资、经济补偿金等计算有误

图 10-2　企业常见的离退交接问题

10.2.4 离退交接的备份管理

企业有很多重要的文件、文档等，对企业来说都至关重要，因为一时不慎而丢失企业信息，会给企业造成损失，严重的会影响企业的正常运作。通常情况下，离退交接的备份主要是对交接的重要电子文件进行备份，具体备份管理流程如图10-3所示。

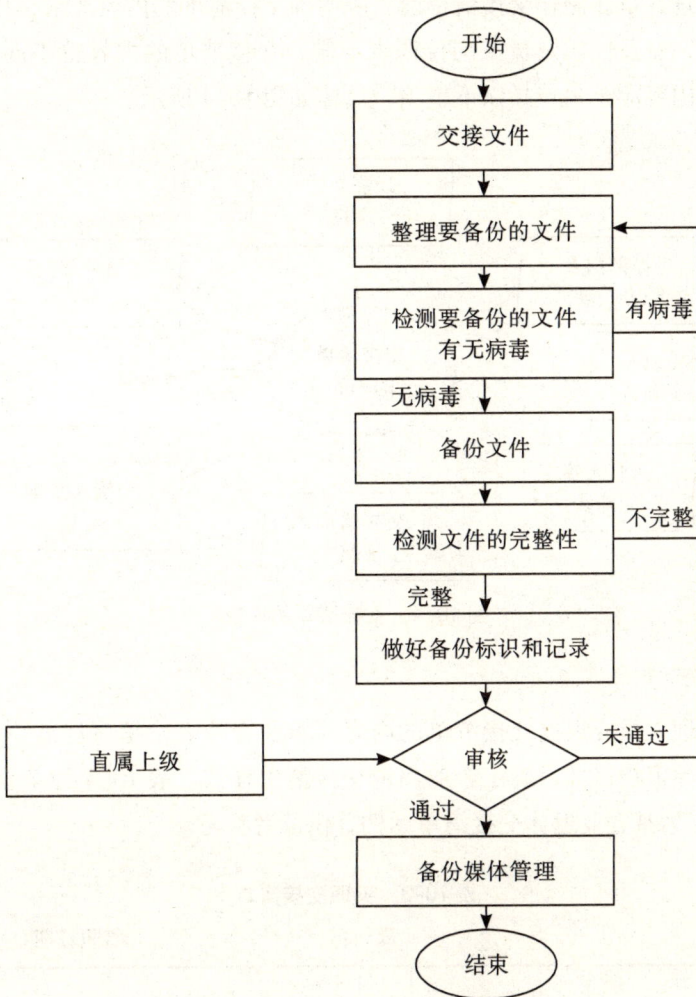

图10-3　离退交接文件备份管理流程

有时，为了加强对文件资料的管理，企业人力资源部还可以细化规定，例如：对于一定级别以上或者本企业核心关键岗位的文档资料，除使用部门必须备份外，人力资源部或信息管理部门还应进行双重备份等。

10.2.5 离退交接清单的制作

人力资源部应根据离退岗位涉及的业务范围及交接要求等，编制离退交接清单，以便交接人员按交接清单事项进行交接。离退交接清单制作程序如下。

1. 明确交接清单的内容要求

人力资源管理人员在制作交接清单前，应明确交接清单的内容要求，以便按内容要求设计清单。通常，企业性质及员工岗位职责不同，交接清单的内容也不同，但总结起来，员工交接清单的内容应至少包括以下事项，具体如图 10-4 所示。

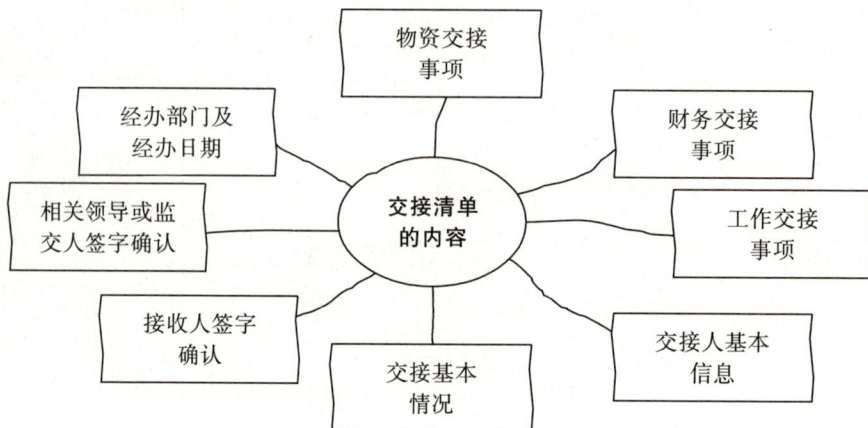

图 10-4　交接清单的内容

2. 编制交接清单

人力资源管理人员应根据交接清单的内容要求及企业表格编写规范等设计交接清单，并将其报主管领导审核审批，确定企业离退交接清单样式。表 10-3 为某企业离职交接清单示例、表 10-4 为某企业退休交接清单示例，供读者参考。

表 10-3　离职交接清单

姓名：　　　　　　　　　　部门：　　　　　　　　离职日期：＿＿＿年＿＿月＿＿日

序号	经办部门	交接事项	交接情况	交接人签字	接收人签字	监交人或部门经理签字
1	本部门内部	（1）工作交接				
		（2）文档资料交接				
		（3）部门内部调配物品				
		（4）非损耗办公用品交接				
		（5）删除或停用相关账号				
		（6）其他事项				

（续表）

序号	经办部门	交接事项	交接情况	交接人签字	接收人签字	监交人或部门经理签字
2	财务部	（1）有无欠款				
		（2）其他未结款项				
3	行政部	（1）固定资产回收（计算机）				
		（2）办公家具回收				
		（3）门禁卡回收				
		（4）其他（工牌）				
4	人力资源部	（1）档案存档__月__日停止缴费	交接人签字确认：		人事专员签字：	
		（2）违约金缴纳情况				
		（3）社会保险__月__日停止缴费				
		（4）住房公积金__月__日停止缴费				
		（5）工资结算至__月__日				
		（6）其他				

表10-4　退休交接清单

日期：＿＿年__月__日

退休人姓名		所在部门	
职务		出生日期	
交接事项			
一、日常工作交接			
工作内容	相关报表	完成时间	上交部门

（续表）

交接事项		
二、文件交接		

名称	数量	存放／存储位置

三、实物交接

名称	数量	单价	用途

四、财务交接

欠款／借款	
应收／应付	
报销完成情况	
其他	

五、人事信息确认

退休金数额		工资发放停止日期	
社会保险停缴日期		公积金停缴日期	
档案保管费停缴日期		其他	

六、其他事项

交接人		接收人		监交人	
交接日期		接收日期		监交日期	

第11章 员工离职风险管理

11.1 员工离职风险分析

11.1.1 员工离职风险要素

员工离职风险要素主要包括风险因素、风险事故、风险损失三部分，具体内容如下所示。

1. 风险因素

员工离职风险因素是指造成离职风险损失发生的潜在原因，具体内容如图 11-1 所示。

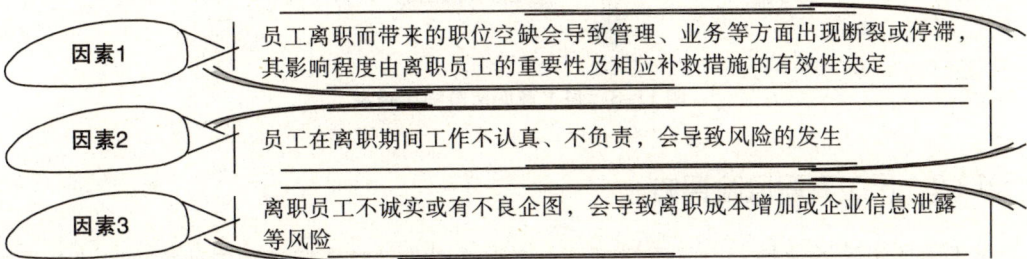

因素1	员工离职而带来的职位空缺会导致管理、业务等方面出现断裂或停滞，其影响程度由离职员工的重要性及相应补救措施的有效性决定
因素2	员工在离职期间工作不认真、不负责，会导致风险的发生
因素3	离职员工不诚实或有不良企图，会导致离职成本增加或企业信息泄露等风险

图 11-1 员工离职风险因素

2. 风险事故

员工离职风险事故是因员工离职事件而发生的具体风险，是造成员工离职风险损失的直接原因。一般而言，员工离职风险事故包括但不限于如图 11-2 所示的五种。

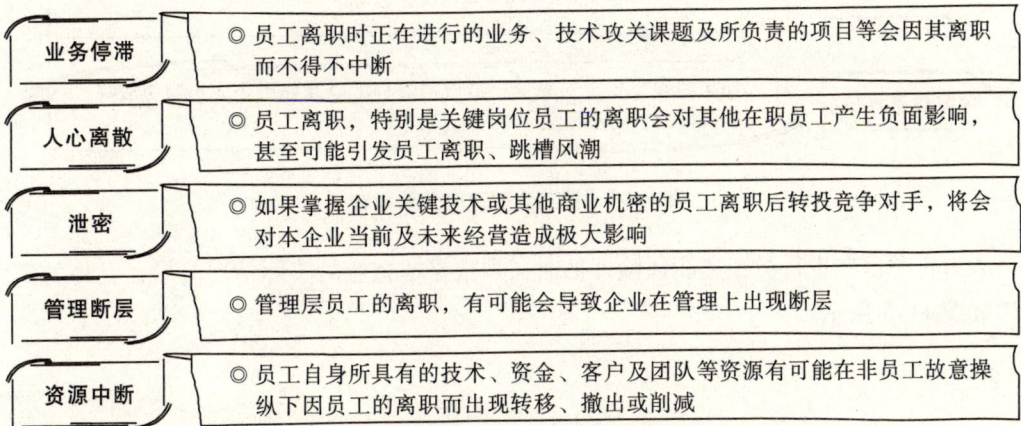

业务停滞	◎ 员工离职时正在进行的业务、技术攻关课题及所负责的项目等会因其离职而不得不中断
人心离散	◎ 员工离职，特别是关键岗位员工的离职会对其他在职员工产生负面影响，甚至可能引发员工离职、跳槽风潮
泄密	◎ 如果掌握企业关键技术或其他商业机密的员工离职后转投竞争对手，将会对本企业当前及未来经营造成极大影响
管理断层	◎ 管理层员工的离职，有可能会导致企业在管理上出现断层
资源中断	◎ 员工自身所具有的技术、资金、客户及团队等资源有可能在非员工故意操纵下因员工的离职而出现转移、撤出或削减

图 11-2 员工离职风险事故

3. 风险损失

员工离职风险损失是指由于员工离职风险事故而对企业正常的经营管理工作造成的负面影响，通常风险损失分为图 11-3 所示的四类。

实质损失　　　　　　　　　额外费用损失

收入损失　　　　　　　　　责任损失

图 11-3　员工离职风险损失形态

11.1.2　员工离职风险评估

员工离职风险评估是人力资源部对员工离职给企业日常经营管理工作方面带来的影响或损失的可能性进行量化评估的过程。员工离职风险评估内容如图 11-4 所示。

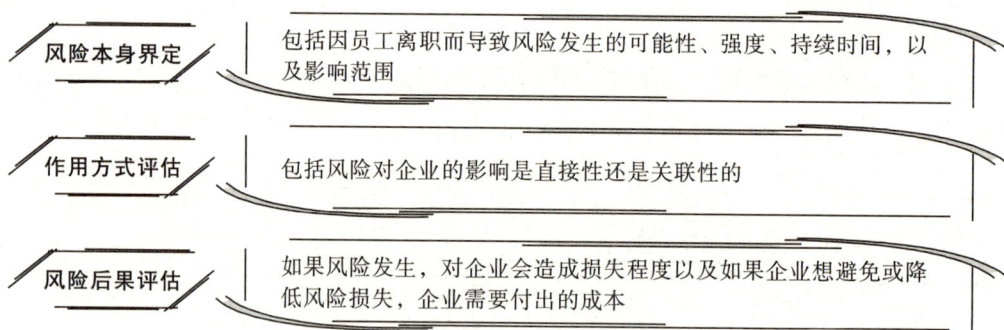

风险本身界定	包括因员工离职而导致风险发生的可能性、强度、持续时间，以及影响范围
作用方式评估	包括风险对企业的影响是直接性还是关联性的
风险后果评估	如果风险发生，对企业会造成损失程度以及如果企业想避免或降低风险损失，企业需要付出的成本

图 11-4　员工离职风险评估内容

人力资源部在进行员工离职风险评估时，须根据本企业的实际情况开展，具体的实施程序如图 11-5 所示。

1　识别风险源

2　识别风险转化条件

3　确定转化条件是否具备

4　预估风险后果

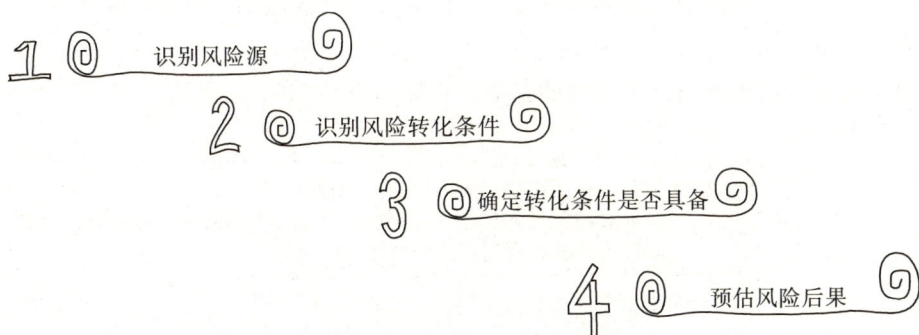

图 11-5　员工离职风险评估步骤

11.1.3　员工离职风险规避

人力资源部须采取有效的风险规避措施，对因员工离职而产生的风险进行有效处理，以有效控制员工离职给企业带来的风险，常见的员工离职风险规避措施如图 11-6 所示。

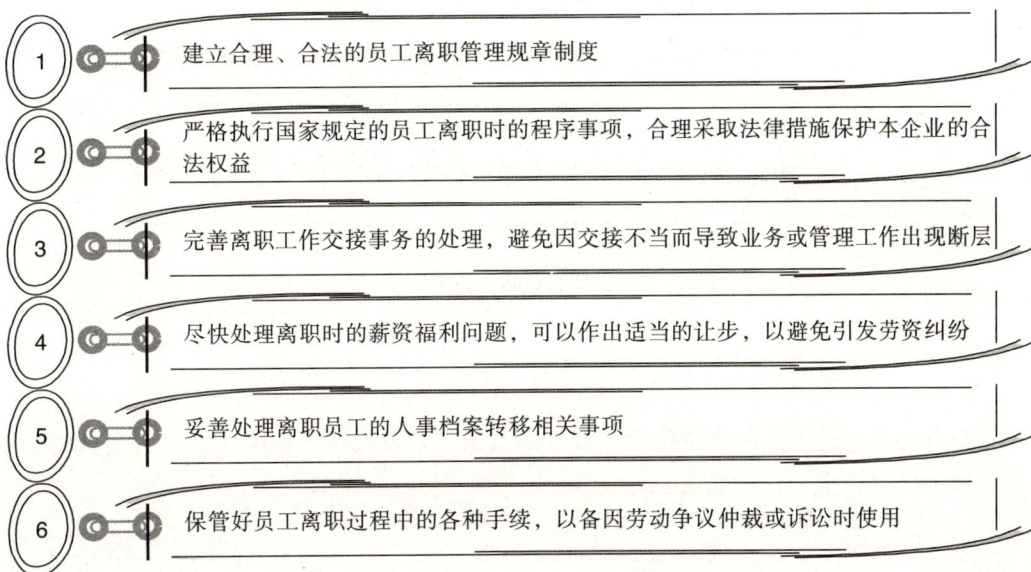

1　建立合理、合法的员工离职管理规章制度

2　严格执行国家规定的员工离职时的程序事项，合理采取法律措施保护本企业的合法权益

3　完善离职工作交接事务的处理，避免因交接不当而导致业务或管理工作出现断层

4　尽快处理离职时的薪资福利问题，可以作出适当的让步，以避免引发劳资纠纷

5　妥善处理离职员工的人事档案转移相关事项

6　保管好员工离职过程中的各种手续，以备因劳动争议仲裁或诉讼时使用

图 11-6　员工离职风险规避措施

11.2　企业各类人员离职风险

11.2.1　高层管理人员离职风险分析

企业高层管理人员是企业日常经营管理活动的责任人，主要负责本企业的整体运营规

划工作，确立企业发展战略及发展目标，制订企业整体工作计划，对企业相关业务进行全面的管理。企业高层管理人员是企业发展与正常运营的中坚力量，所以这类人员的离职会对企业当前乃至以后的经营产生重大的影响，具体如图11-7所示。

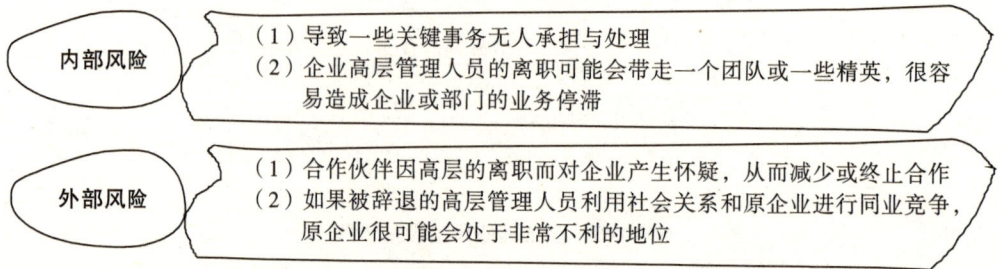

内部风险
（1）导致一些关键事务无人承担与处理
（2）企业高层管理人员的离职可能会带走一个团队或一些精英，很容易造成企业或部门的业务停滞

外部风险
（1）合作伙伴因高层的离职而对企业产生怀疑，从而减少或终止合作
（2）如果被辞退的高层管理人员利用社会关系和原企业进行同业竞争，原企业很可能会处于非常不利的地位

图11-7　企业高层管理人员离职风险分析

11.2.2　企业财务人员离职风险分析

财务人员负责企业财务管理的相关工作，其离职会给企业带来的风险如图11-8所示。

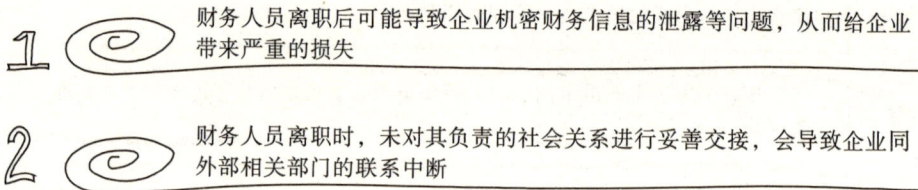

1　财务人员离职后可能导致企业机密财务信息的泄露等问题，从而给企业带来严重的损失

2　财务人员离职时，未对其负责的社会关系进行妥善交接，会导致企业同外部相关部门的联系中断

图11-8　企业财务人员离职风险分析

11.2.3　企业营销人员离职风险分析

企业营销人员的主要职责是负责企业产品营销策划及具体实施工作，这类人员的离职给企业带来的风险主要包括如图11-9所示的三点。

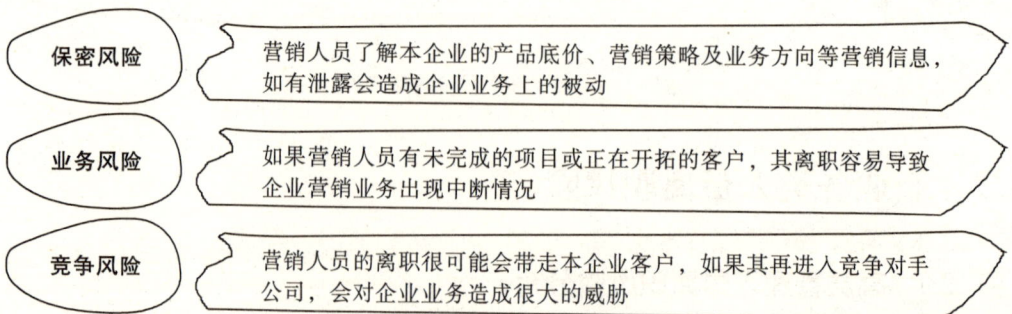

保密风险
营销人员了解本企业的产品底价、营销策略及业务方向等营销信息，如有泄露会造成企业业务上的被动

业务风险
如果营销人员有未完成的项目或正在开拓的客户，其离职容易导致企业营销业务出现中断情况

竞争风险
营销人员的离职很可能会带走本企业客户，如果其再进入竞争对手公司，会对企业业务造成很大的威胁

图11-9　企业营销人员离职风险分析

11.2.4　企业采购人员离职风险分析

企业采购人员负责本企业原材料、设备、用品等的采购工作，其离职会对企业造成的风险如图11-10所示。

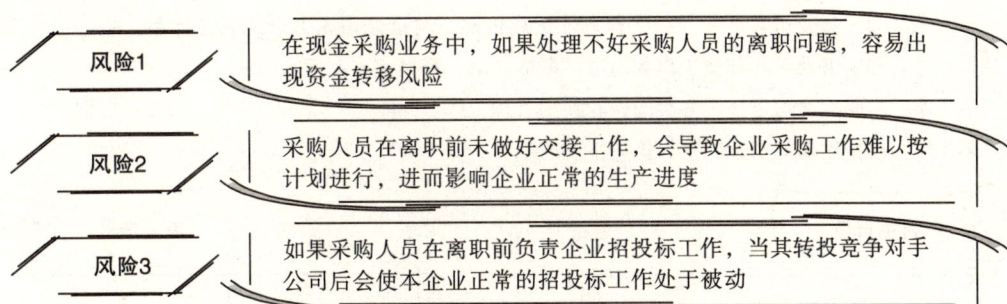

风险1	在现金采购业务中，如果处理不好采购人员的离职问题，容易出现资金转移风险
风险2	采购人员在离职前未做好交接工作，会导致企业采购工作难以按计划进行，进而影响企业正常的生产进度
风险3	如果采购人员在离职前负责企业招投标工作，当其转投竞争对手公司后会使本企业正常的招投标工作处于被动

图 11-10　企业采购人员离职风险分析

11.2.5　企业技术人员离职风险分析

技术人员是指那些掌握本企业特定技术，并对企业生产经营所需的相关技术进行有效管理的人员。这类人员的离职给企业经营带来的风险如图11-11所示。

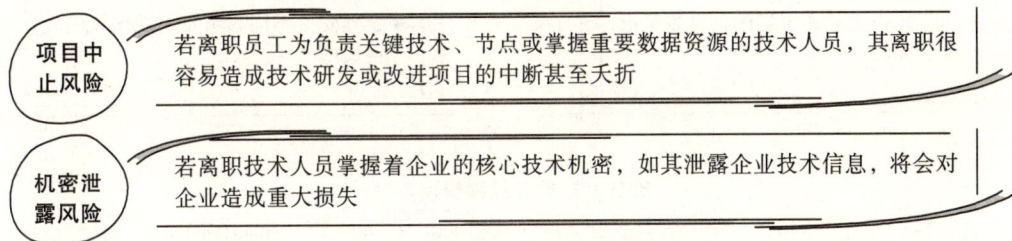

项目中止风险	若离职员工为负责关键技术、节点或掌握重要数据资源的技术人员，其离职很容易造成技术研发或改进项目的中断甚至夭折
机密泄露风险	若离职技术人员掌握着企业的核心技术机密，如其泄露企业技术信息，将会对企业造成重大损失

图 11-11　企业技术人员离职风险分析

11.3　员工离职风险防范机制

11.3.1　企业内部岗位轮换制度

当员工离职时，企业可能很难迅速从外部招募到合适的人员，即便能够招到，新入职的员工进入本企业后仍需要一定的适应期，不能立即有效的展开工作。因此，通过内部岗位轮换，及时从企业内部招聘合适员工，以应对员工离职带来岗位空缺或新员工难以立即适应公司环境的风险，已成为人力资源工作者的首选方案。

以下为某企业制定的内部岗位轮换制度，供读者参考。

制度名称	内部岗位轮换制度		编　号	
			受控状态	
执行部门		监督部门	编修部门	

第1章　总则

第1条　为完善公司人事管理制度和人才选拔机制，健全公司人力资源管理体系，培养高素质、复合型人才，并能够及时弥补员工离职造成的职能空缺，特制定本制度。

第2条　本制度适用于公司各类岗位轮换的管理工作。

第3条　岗位轮换的实施原则具体如下图所示。

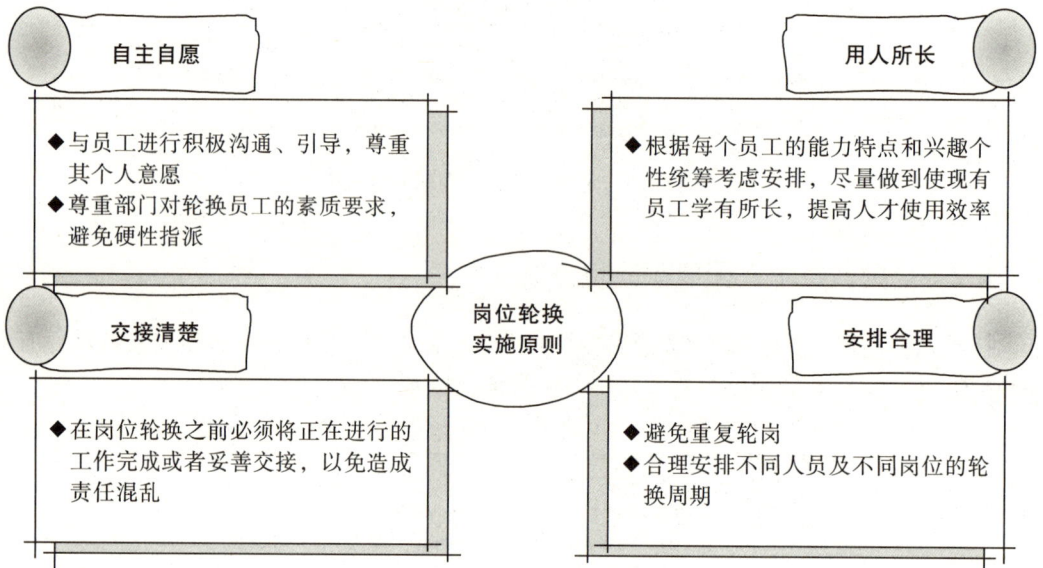

自主自愿
◆与员工进行积极沟通、引导，尊重其个人意愿
◆尊重部门对轮换员工的素质要求，避免硬性指派

用人所长
◆根据每个员工的能力特点和兴趣个性统筹考虑安排，尽量做到使现有员工学有所长，提高人才使用效率

岗位轮换实施原则

交接清楚
◆在岗位轮换之前必须将正在进行的工作完成或者妥善交接，以免造成责任混乱

安排合理
◆避免重复轮岗
◆合理安排不同人员及不同岗位的轮换周期

第2章　岗位轮换管理要求

第4条　各部门应结合公司人力资源发展规划，每年按____%～____%的比例对部门基层员工进行岗位轮换；按____%～____%的比例对中层管理人员进行岗位轮换。

第5条　公司中不宜安排轮换的岗位如下：

（1）出于保密要求，掌握公司重要技术、财务、人事等资料的岗位不宜进行岗位轮换；

（2）短期（____年以内）业务项目中的岗位，为保证项目的顺利进行，可不参与轮换；

（3）在公司各项业务中起着不可替代的承上启下作用的岗位可不参与轮换；

（4）在岗人数少于____人的岗位不宜进行岗位轮换；

（5）其他因特殊原因不宜进行当期岗位轮换并经总经理审批通过的岗位可不参与轮换。

第6条　公司中不宜安排岗位轮换的员工主要有以下五类：

（1）明确表示不愿意进行岗位轮换，且在所在岗位作出突出成绩的人员；

（2）部门业务、技术骨干及部门负责人不得同时进行岗位轮换；

（3）距离上次岗位轮换不满____月的人员；

（4）短期项目内的人员不宜进行岗位轮换；

（续）

（5）其他经总经理审批可以不进行岗位轮换的人员。

第7条　公司岗位轮换的注意事项如下：

（1）轮岗后所有人员的职级必须保持不变，不得出现越级轮岗或明调暗升及暗降的情况；

（2）轮换的岗位不得与原工种相同；

（3）轮换的岗位不得重复；

（4）如无实际证据证明该员工不适宜该岗位，则轮换岗位所在的部门主管不得擅自选择或拒绝轮换员工。

第8条　轮换岗位的工作期一般为____月，如有特殊情况需要延期的，可由所在部门负责人提出申请，经人力资源部审核后延期，但延长期最长不得超过____月。

第9条　每年____月前，各部门应进行上年度岗位轮换工作总结，人力资源部须对各部门的岗位轮换情况进行考评，并将考评结果计入部门年度考核。

<h3 style="text-align:center">第3章　岗位轮换程序</h3>

第10条　岗位轮换可由公司统一安排，并提前____周通知相关人员及部门做好准备工作。

第11条　员工调出部门负责人须为员工填写其在职期间的工作评价。

第12条　人力资源部根据考核记录填写该员工在职期间的考核成绩。

第13条　经调出部门及人力资源部同意该员工岗位轮换后，调入部门对该员工进行考核、面试，并将结果通知人力资源部。

第14条　轮换期内，调入部门的负责人须对轮换员工的工作表现考核，并在轮换期满后，填写轮换员工考核报告。

<h3 style="text-align:center">第4章　附则</h3>

第15条　本制度由人力资源部负责制定并解释说明。

第16条　本制度经总经理审批通过后，于颁布之日起开始执行。

编制日期		审核日期		批准日期	
修改标记		修改处数		修改日期	

11.3.2　重点岗位人员预备制度

重点岗位人员一般担负的责任较大，对企业的日常运营也有较大的影响。这类人员一旦离职，就会对企业业务的持续运营造成难以预估的影响。所以，企业人力资源部应有策略地对重点岗位进行人员预备管理，以有效应对重点岗位人员离职给企业带来的风险。

以下为某企业制定的重点岗位人员预备制度，供读者参考。

制度名称	重点岗位人员预备制度		编　　号	
			受控状态	
执行部门		监督部门	编修部门	

第1章　总则

第1条　目的

（1）提高员工的业务素质，重点培养优秀人才。

（2）储备人才后备力量，降低重点岗位人员离职对公司的风险。

第2条　适用范围

本制度适用于如下六类岗位的人员预备管理工作：

（1）财务主管；

（2）采购主管；

（3）销售团队负责人；

（4）技术主管；

（5）项目负责人；

（6）关键业务的负责人。

第3条　定义说明

重点岗位预备人员是指当原重点岗位人员在离职或调走后有权利且有义务作为第一顺位的接任人员承担起该岗位相应责任的人员。

第2章　预备人员管理实施程序

第4条　预备人员选拔

重点岗位预备人员的选拔要求如下所示。

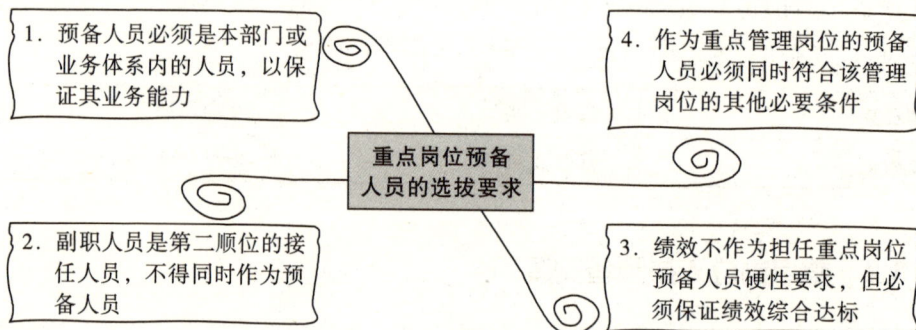

1. 预备人员必须是本部门或业务体系内的人员，以保证其业务能力

2. 副职人员是第二顺位的接任人员，不得同时作为预备人员

重点岗位预备人员的选拔要求

3. 绩效不作为担任重点岗位预备人员硬性要求，但必须保证绩效综合达标

4. 作为重点管理岗位的预备人员必须同时符合该管理岗位的其他必要条件

第5条　预备人员的确认登记

（1）人力资源部须选拔合格的预备人员进行资格评审，并在评审通过后登记。

（2）原则上一个重点岗位的预备人员不得超过____人。

第6条　预备人员接任岗位

当重点岗位出现人员缺失后，预备人员必须在____个工作日内或依业务紧急程度尽快接手该岗位的工作，不得推卸责任。如一个岗位有两个或两个以上的预备人员，则由部门负责人即时指派一人接任。

（续）

第7条　预备人员接任考核

预备人员接任____月后或接任任务完成后，人力资源部及部门领导对其接任期间的工作进行考核，考核达标则直接就任该岗位，如考核不达标，则视情况处理，具体如下：

（1）该岗位有副职且有其他预备人员的，则由原副职和其他预备人员一起竞聘该岗位，原接任人员回归原工作岗位；

（2）该岗位仅有副职的，则由副职接任该岗位；

（3）该岗位没有副职且没有其他预备人员的，则由人力资源部组织重新招聘该岗位人员，原接任人员回归原工作岗位。

第3章　预备人员管理相关要求

第8条　培训学习

（1）公司须定期针对预备人员组织专项培训。

（2）预备人员应积极参加并达成培训效果。

第9条　晋升管理

（1）预备人员资格不得作为其晋升、考评及奖励的加分项目。

（2）预备人员与其他员工一样，具有相同的晋升权利，当其在部门内晋升至与重点岗位平级时，则自动取消预备人员资格。

第10条　调动管理

（1）当预备人员在部门内部或业务体系内调动时，则继续保留其预备人员资格。

（2）当预备人员调出部门或业务体系后，则自动取消其预备人员资格。

第4章　附则

第11条　本制度由人力资源部负责制定并修订。

第12条　本制度的最终解释权归人力资源部所有。

第13条　本制度经总经理批准后，自颁布之日起开始执行。

编制日期		审核日期		批准日期	
修改标记		修改处数		修改日期	

第12章 员工离退欢送管理

12.1 员工离职欢送会事项

12.1.1 欢送主题的确定

欢送主题是企业希望通过离退员工欢送会表达、暗示给在场人员的一种思想或观点。一场成功的欢送会一定有一个或几个鲜明、深刻的主题,要想确定一个好的欢送主题,就要了解欢送主题的特性及确定程序等具体要求。

1. 欢送主题的特性

欢送主题是欢送的主旨内容,一般具有实际性、感情性、导向性、时代性的特点,其具体说明如图 12-1 所示。

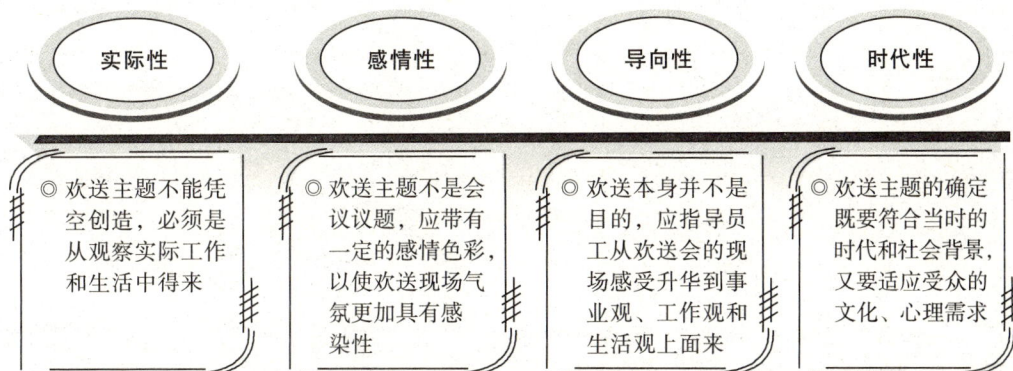

实际性	感情性	导向性	时代性
◎ 欢送主题不能凭空创造,必须是从观察实际工作和生活中得来	◎ 欢送主题不是会议议题,应带有一定的感情色彩,以使欢送现场气氛更加具有感染性	◎ 欢送本身并不是目的,应指导员工从欢送会的现场感受升华到事业观、工作观和生活观上面来	◎ 欢送主题的确定既要符合当时的时代和社会背景,又要适应受众的文化、心理需求

图 12-1 欢送主题的特性

2. 欢送主题确定程序

人力资源管理人员确定欢送主题前,应明确欢送主题的确定程序,以便确定的主题符合企业要求。通常,欢送主题确定程序主要包括明确欢送目的、收集欢送信息、设计欢送主题、分析欢送主题、确定欢送主题五步,具体内容说明如表 12-1 所示。

表 12-1　欢送主题确定程序

步骤	具体说明
明确欢送目的	◆ 离职欢送不是离职的必要事项，只有级别较高、较优秀、对企业贡献较大的人员才安排离职欢送，为此，人力资源管理人员在确定欢送主题前，应明确欢送的目的 ◆ 通常离职欢送的目的一般有以下两项 （1）为在职员工树立正面、积极的典型，激发在职员工的工作热情，提高其工作积极性和主动性，从而为企业创造更多收益 （2）体现企业对离职员工的关怀，宣传企业文化，树立企业"以人为本"的形象
收集欢送信息	◆ 人力资源管理人员应对欢送活动的要求信息、企业历次举办的欢送活动信息、欢送目的等信息进行收集，以便确定的主题与领导要求相符，与企业文化相适应
设计欢送主题	◆ 人力资源管理人员应对收集的欢送信息进行分析，确定欢送主题设计理念及欢送会名称等 ◆ 人力资源管理人员应根据欢送目的，确定欢送活动题材与活动内容，并根据题材和内容设计 3~5 个欢送主题
分析欢送主题	◆ 人力资源管理人员应根据欢送目的、欢送活动预算水平、欢送时间要求等，对欢送主题的可执行性、财务预算、差异性、有效性等进行综合分析
确定欢送主题	◆ 人力资源管理人员在对设计出的欢送主题进行分析、评价后，要选定最佳的欢送主题，并将其报主管领导审核、审批，由其最终敲定

12.1.2　欢送方式的选择

合适的欢送方式有利于欢送目的的实现、营造融洽的欢送气氛以及提高参与人员的参与意识。在欢送主题确定后，人力资源管理人员应根据欢送目的、欢送内容等选择欢送方式，以便欢送活动顺利进行。

企业常见的离职欢送方式主要有茶话会、欢送会、欢送表演、户外活动、离职纪念、聚餐等，其具体说明如表 12-2 所示。

表 12-2　离职欢送方式

方式	具体说明
茶话会	◆ 茶话会是欢送参与人员聚在一起，喝茶、吃茶点、聊天、玩游戏，舒缓身心、放松心情。茶话会的气氛较活跃，是较常用的员工欢送方式之一 ◆ 茶话会的茶点分为中式和西式的，具体如下 （1）中式饮品包括矿泉水、开水、绿茶、红茶、乌龙茶、花茶等，点心一般是各类糕点、袋装食品、时令水果、花式果盘等 （2）西式饮品一般包括各式咖啡、矿泉水、低度酒精饮料、罐装饮料等，点心有蛋糕、各类甜品、糕点、水果、花式果盘等
欢送会	◆ 通过召开欢送会的方式欢送离职人员，一般用于比较正式的场合 ◆ 欢送会的欢送对象为企业重要的管理人员或给企业带来重大社会效应及经济效益的离职人员
欢送表演	◆ 欢送表演是将企业各部门准备的文艺节目集中起来，由相关人员单独或同台演出 ◆ 企业常见的欢送表演形式有独唱、合唱、乐器演奏、个人才艺展示、舞蹈、小品、相声、诗朗诵等
户外活动	◆ 通过组织集体户外活动方式欢送离职人员 ◆ 企业离职欢送常见的户外活动方式主要有郊游、登山、攀岩、徒步、自助旅游等
离职纪念	◆ 用某种方式对员工的离职进行纪念，如塑像、载入企业历史、以离职员工的名字来命名某一成果等 ◆ 离职纪念表明该员工所作出的贡献值得企业永远铭记，有利于鼓舞现有员工的士气
聚餐	◆ 聚餐是企业常用的欢送方式之一，聚餐的形式主要有便宴、酒会、自助餐等 ◆ 便宴形式简便，一般不排座次、不作正式讲话，菜肴可酌情增减，气氛比较随和亲切 ◆ 酒会又称鸡尾酒会，形式较活泼，以酒水为主，不设座椅，参与人员可随意走动，便于广泛接触、交谈 ◆ 自助餐适用于参与人数较多的情形，一般不排座位，取食随意，以冷餐为主

12.1.3　欢送时机的选择

离职欢送活动一般在员工正式办理离职手续前一个月举办。人力资源管理人员应根据欢送主题、欢送方式等，选择合适的时间举办欢送活动，以便在不影响正常工作和欢送气氛的情况下顺利开展欢送活动。

通常，欢送活动举办的时间一般为下午、晚上或节假日等，具体内容说明如图 12-2 所示。

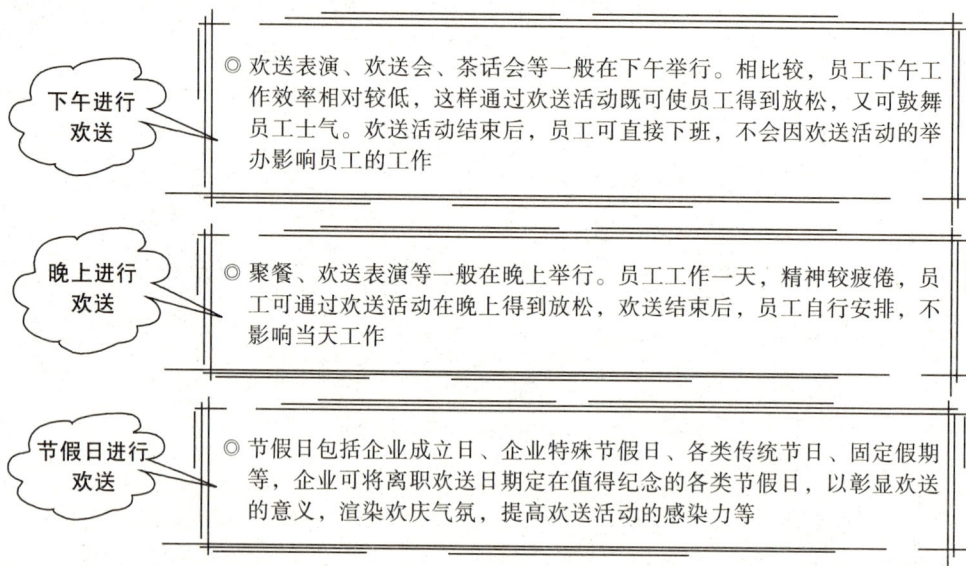

图 12-2　欢送时机的选择

12.1.4　人员邀请的考虑

欢送主题、欢送方式、欢送时间等项目确定后，人力资源管理人员应根据欢送会的规模、规格，离职人员的身份、地位，离职人员的工作内容及业务关系等，确定邀请哪些人员参加欢送活动、什么时间发出邀请及如何邀请等。概括起来，人员邀请考虑事项主要包括人员邀请范围、邀请时间、邀请方式三个方面，具体内容说明如表 12-3 所示。

表 12-3　人员邀请考虑事项

方式	具体说明
人员邀请范围	◆ 人员邀请范围即人力资源部邀请哪些人员、邀请多少人员参加离职员工的离职欢送活动 ◆ 离职员工岗位级别及业务内容不同，人员邀请范围不同，一般来说，人力资源部应邀请与离职员工岗位工作相关的人员参加欢送活动，具体包括离职员工的同级、直接上级、部门经理、企业外的业务伙伴及企业内合作部门相关人员等 ◆ 人力资源部应根据欢送会的规模确定人员邀请数量，一般以会场恰好能够容纳为宜

（续表）

方式	具体说明
人员邀请时间	◆ 人力资源部应根据欢送活动举办时间，确定人员邀请时间 ◆ 通常，人力资源部应提前一周左右的时间通知参与人员欢送活动举办相关事宜，以便参与人员及时安排工作，及时参加欢送活动
人员邀请方式	◆ 常见的人员邀请方式主要有口头通知邀请、内部通信工具通知邀请或发送邀请函等 ◆ 人力资源部应根据人员邀请范围、离职人员的身份地位、活动规模规格、欢送主题等，选择合适的人员邀请方式

12.2 员工退休欢送策划

12.2.1 退休欢送活动的策划

退休欢送活动策划包括活动目标设计、活动内容划定、活动方式设计、执行方案策划四个方面。

1. 活动目标设计

欢送活动策划人员进行欢送活动策划时，应先制定恰当的活动目标，这是活动策划工作的基础。欢送活动策划人员设计欢送活动目标可以从以下两个方面的目标维度切入，将欢送活动目标具体化，具体说明如图 12-3 所示。

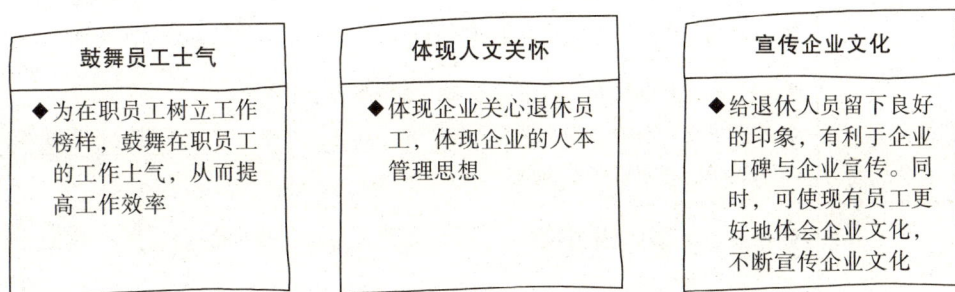

鼓舞员工士气	体现人文关怀	宣传企业文化
◆为在职员工树立工作榜样，鼓舞在职员工的工作士气，从而提高工作效率	◆体现企业关心退休员工，体现企业的人本管理思想	◆给退休人员留下良好的印象，有利于企业口碑与企业宣传。同时，可使现有员工更好地体会企业文化，不断宣传企业文化

图 12-3　欢送活动目标

2. 活动内容划定

活动目标确定后，欢送活动策划人员应收集分析活动需求，定位具体的活动策划内容。通常，活动内容划定程序主要包括收集活动策划资料、划定活动内容范围、审查确定活动内容三步，具体说明如图 12-4 所示。

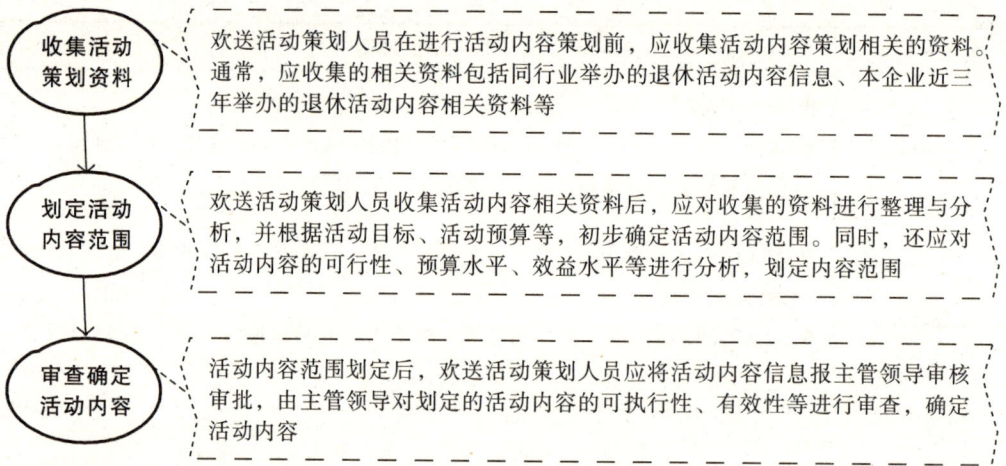

图 12-4　活动内容划定

3. 活动方式设计

活动方式即活动内容的实现形式。活动内容确定后，欢送活动策划人员应根据活动目标、活动内容等设计活动方式，使活动方式与活动内容相符，使活动方式具有可操作性、可实现性。表 12-4 为企业常见欢送活动方式的应用说明，供读者参考。

表 12-4　企业常见欢送活动方式

方式	说明
致辞	◆ 致辞是欢送活动的常见方式之一，是具有一定身份地位的人员通过文字或语言向活动参与人员表达感情 ◆ 致辞当事人一般为企业高层领导或在场的职位较高的人员及退休人员
歌舞表演	◆ 将企业准备的文娱节目集中起来，由表演者单独或同台演出 ◆ 文艺表演可有效渲染欢送的气氛，表达欢送的喜悦。企业常见的欢送歌舞表演有独唱、合唱、舞蹈、小品、相声等
游戏	◆ 游戏是欢送活动的常见环节之一，游戏可使活动参与者放松心情，可调节活动气氛 ◆ 欢送活动策划人员可根据参加欢送活动的人员情况，设计与选择游戏，如抢椅子游戏、你说我猜游戏、谁是卧底游戏等
发放纪念品	◆ 发放纪念品一般为欢送活动的最后环节，通过发放纪念品，可增进企业与退休人员的感情，给退休人员留下良好的印象 ◆ 欢送活动策划人员可根据退休人员的岗位工作及在职期间的大事件等，确定纪念品的类型、数量等

方式	说明
聚餐	◆ 活动结束后，企业可根据预算情况，组织聚餐，使活动圆满结束 ◆ 欢送活动策划人员应根据活动人数、参加活动人员的个人背景、退休人员岗位等，灵活选择聚餐形式

4. 执行方案策划

执行方案是欢送活动执行的指导性文件。欢送活动策划人员应根据活动管理模式、活动人员、活动目标、活动内容、活动方式等策划执行方案。

（1）活动准备工作策划

活动准备工作策划是活动执行方案策划的基础，欢送活动策划人员可以以人员安排、物资准备、经费准备为切入点，进行活动准备工作策划，具体内容如图12-5所示。

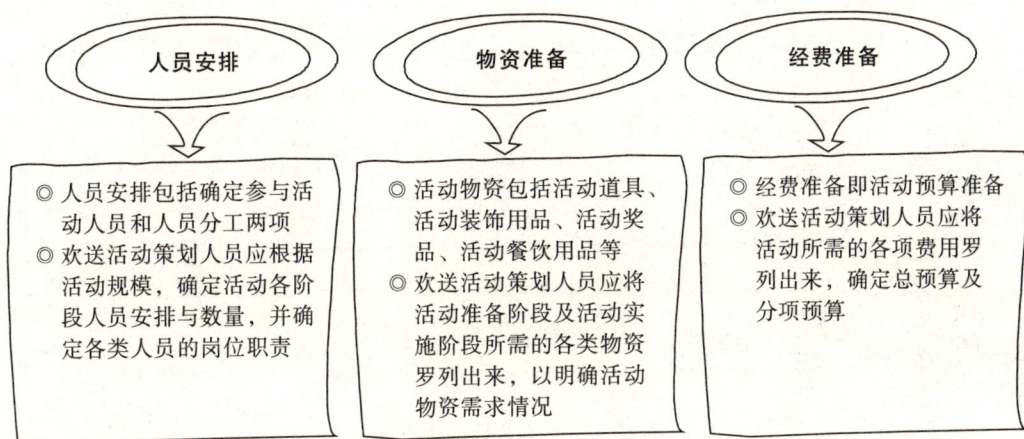

```
┌─────────────┐   ┌─────────────┐   ┌─────────────┐
│   人员安排   │   │   物资准备   │   │   经费准备   │
└──────┬──────┘   └──────┬──────┘   └──────┬──────┘
       ▼                  ▼                  ▼
```

| ◎ 人员安排包括确定参与活动人员和人员分工两项
◎ 欢送活动策划人员应根据活动规模，确定活动各阶段人员安排与数量，并确定各类人员的岗位职责 | ◎ 活动物资包括活动道具、活动装饰用品、活动奖品、活动餐饮用品等
◎ 欢送活动策划人员应将活动准备阶段及活动实施阶段所需的各类物资罗列出来，以明确活动物资需求情况 | ◎ 经费准备即活动预算准备
◎ 欢送活动策划人员应将活动所需的各项费用罗列出来，确定总预算及分项预算 |

图12-5　活动准备工作策划

（2）活动实施阶段策划

在欢送活动进行阶段，欢送活动策划人员应对活动流程、活动现场布置、活动秩序维护、活动撤离恢复等内容进行策划，具体如表12-5所示。

表12-5　活动实施阶段策划

项目	说明
活动流程	◆ 欢送活动策划人员应根据活动内容、活动方式等，确定活动流程 ◆ 活动流程一般应按时间顺序进行，各流程事项应有明确的时间规定和明确的活动执行主体

项目	说明
活动现场布置	◆ 欢送活动策划人员应根据活动场地情况、活动参与人员等，对活动场地布置工作进行策划 ◆ 一般来说，活动场地布置应与活动气氛、活动目标相符
活动秩序维护	◆ 良好的活动秩序可保证活动顺利实施 ◆ 欢送活动策划人员应对活动秩序维护要求、方法、程序、人员等进行策划，以保证活动秩序维护工作责任分明，程序规范
活动撤离恢复	◆ 活动结束后，人力资源部工作人员应撤离活动人员与活动物品 ◆ 欢送活动策划人员应对活动人员撤离程序、活动物品撤离办法、活动卫生维护工作进行策划，以保证活动人员与物品顺利撤离，活动现场卫生清洁

（3）活动收尾工作策划

活动结束后，进入活动收尾阶段。欢送活动策划人员应对活动收尾工作进行策划，以对活动进行总结与评价。活动收尾工作策划内容如图12-6所示。

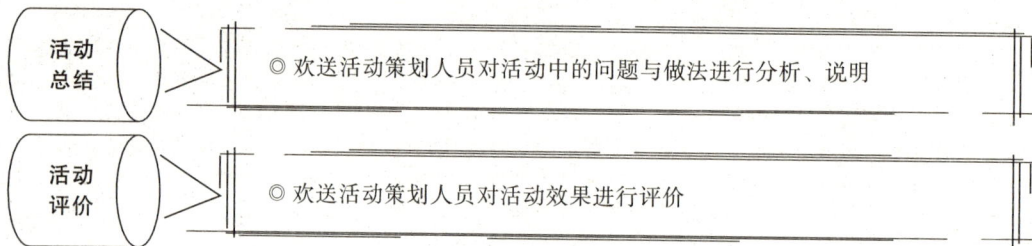

图12-6　活动收尾工作策划

（4）编制活动执行方案

欢送活动策划人员应根据活动准备工作的策划情况、活动实施阶段的策划情况、活动收尾工作的策划情况编制活动执行方案。欢送活动执行方案的主要内容如表12-6所示。

表12-6　欢送活动执行方案的主要内容

内容	说明
活动背景	◆ 简单说明活动的实施背景、目的等内容
活动内容及形式	◆ 详细说明欢送活动的主要内容及实现形式，阐明策划思路，说明需要的资源、人力等
活动预算	◆ 编制活动经费预算表，包括总预算及分项预算
活动组织安排	◆ 说明活动的组织机构、人员调配、具体工作内容及标准等

160

（续表）

内容	说明
活动现场安排	◆ 明确活动的举办地点，活动的开始及结束的时间，说明活动现场布置要求及管理规范等
活动执行注意事项	◆ 方案应明确活动执行过程中的注意事项，根据以往的执行经验在哪些方面容易出现问题，进而将这些问题予以注意

（5）欢送活动策划方案

以下为某公司员工退休欢送活动策划方案范例，供读者参考。

方案名称	员工退休欢送活动策划方案	执行部门	
		监督部门	

一、活动背景

在公司过去____年的发展历程中涌现出了许多优秀的员工，他们多年来与企业风雨同舟，工作兢兢业业、无私奉献、敢于担当，他们用自己的忠诚与勤劳为公司的发展做出了卓越的贡献，他们是推动公司发展至今的功臣，是公司宝贵的财富。如今他们即将退休，在此背景下，公司特举办退休欢送会以表达对退休员工的感谢与关怀。

二、活动目的

为了体现公司"以人为本"的管理理念，既起到欢送退休员工的目的，又能为在职员工树立正面榜样，增强企业凝聚力，提升员工的工作热情。

三、活动时间

____年__月__日__时__分—__时__分。

四、活动地点

公司礼堂。

五、欢送对象

××部赵××、钱××、孙××等____位即将退休的老员工。

六、参与人员

公司全体员工。

七、活动组织

（1）公司人力资源部负责本次活动的筹划、准备、执行及现场管理。

（2）人力资源部经理对本次活动进行全程、具体的管理。

（3）行政部、后勤部及财务部提供相应的人力、物力及财力，以支持人力资源部的工作。

八、活动内容与流程

本次欢送活动的内容及流程如下：

（1）会前致辞；

（2）介绍退休员工的光辉经历及工作业绩；

（续）

（3）员工代表回顾与退休员工的共事经历；

（4）领导致辞；

（5）退休员工发表感言；

（6）颁发纪念章、纪念品；

（7）全体员工就餐。

九、活动准备

1. 确定主持人

人力资源部应在活动开始前 10 天，根据活动形式及公司内部员工的工作经验及爱好特长等选择主持人。选定的活动主持人应根据活动内容及方式等拟定主持稿。

2. 拟定演讲稿

讲话的相关领导应根据岗位职责及欢送主题等拟定演讲稿。

3. 活动通知

人力资源部应在活动开始前一周，通过内部公告的方式向各部门发送欢送活动组织召开相关的通知。通知内容应写明活动时间、活动地点、活动主题、活动参与对象、参加活动的要求等信息。

4. 物资准备

人力资源部应根据活动内容、要求等，准备好条幅，并提前悬挂好条幅；准备好纪念章、纪念品、饮用水等。

5. 选择聚餐地点

人力资源部应根据公司离退管理规定及活动人数等，选择合适的就餐形式，并根据公司地理位置，确定就餐地点。

十、费用预算

本次员工退休欢送活动费用预算如下表所示。

员工退休欢送活动费用预算

序号	费用项目	数量	单价	合计	备注
1	聚餐费		___元/桌	___元	
2	饮用水		___元/瓶	___元	
3	纪念章、纪念品		___元/个	___元	
4	条幅		___元/个	___元	

十一、会前致辞

（略）

12.2.2　退休员工主要功绩策划

企业对退休人员的主要功绩进行策划，可为在职员工树立正面、积极、高大的典型形象，以激发在职员工的工作热情，并告诉退休人员企业永远不会忘记他们对企业的付出，使其感到企业的关怀，也可暗示在职人员他们所做的每次功绩与付出企业都看得到，只要有合适的机会，企业一定会表达谢意。

1. 策划程序

人力资源管理人员在策划退休人员的主要功绩时，主要工作包括明确功绩标准、收集功绩资料、整理功绩资料、确定主要功绩四步，其具体说明如图12-7所示。

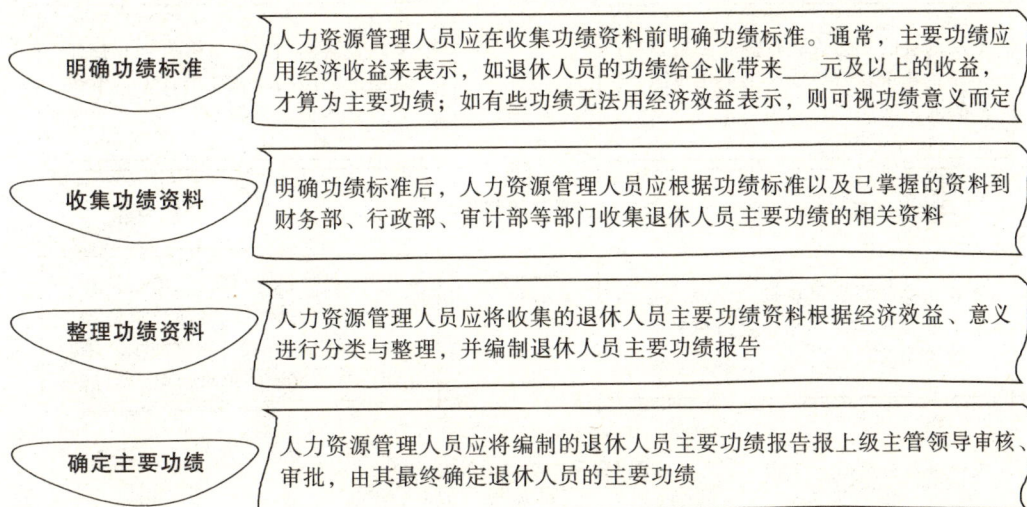

明确功绩标准 —— 人力资源管理人员应在收集功绩资料前明确功绩标准。通常，主要功绩应用经济收益来表示，如退休人员的功绩给企业带来＿＿元及以上的收益，才算为主要功绩；如有些功绩无法用经济效益表示，则可视功绩意义而定

收集功绩资料 —— 明确功绩标准后，人力资源管理人员应根据功绩标准以及已掌握的资料到财务部、行政部、审计部等部门收集退休人员主要功绩的相关资料

整理功绩资料 —— 人力资源管理人员应将收集的退休人员主要功绩资料根据经济效益、意义进行分类与整理，并编制退休人员主要功绩报告

确定主要功绩 —— 人力资源管理人员应将编制的退休人员主要功绩报告报上级主管领导审核、审批，由其最终确定退休人员的主要功绩

图12-7　退休人员主要功绩策划程序

2. 策划注意事项

人力资源管理人员在策划退休人员主要功绩时，应注意表12-7所示的三点事项。

表12-7　主要功绩策划注意事项

事项	具体说明
择要阐述	◆ 在阐述退休人员功绩时，应选择那些意义重大或者其个人引以为豪的功绩进行阐述，这样比较容易引起大家的关注和退休人员的共鸣
彰显传奇	◆ 着力说明退休人员在实现主要功绩时所付出的艰辛与努力，以突出其传奇色彩
发掘意义	◆ 深入发掘退休人员的主要功绩对企业当时及之后所带来的积极、正面影响，以及达成的实际效果

12.2.3 退休欢送会的举办实施

退休欢送会是常见的退休人员欢送方式之一，其主要特点及实施程序的具体说明如下所述。

1. 欢送会的特点

欢送会的欢送对象、参与人员、活动内容、欢送气氛等均区别于其他欢送活动，具体内容说明如图 12-8 所示。

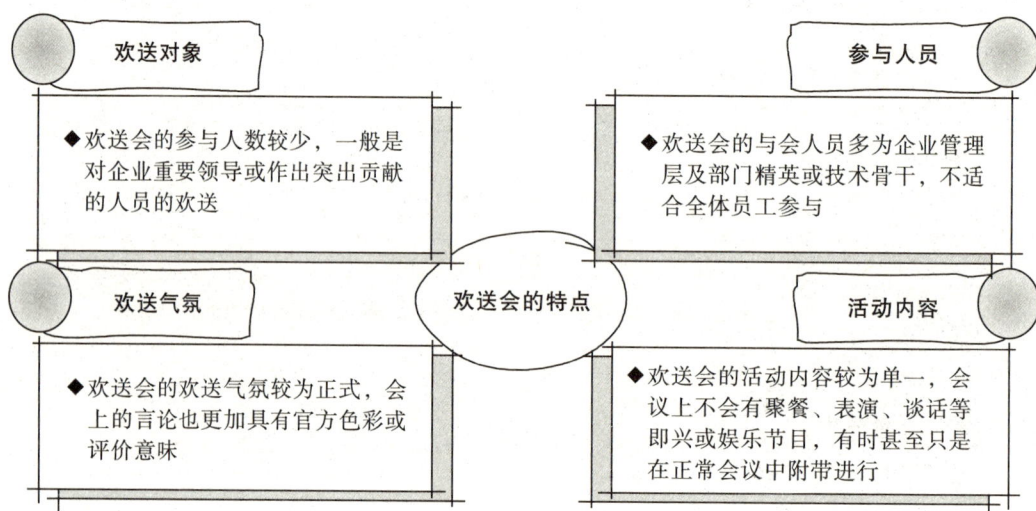

欢送对象
◆ 欢送会的参与人数较少，一般是对企业重要领导或作出突出贡献的人员的欢送

参与人员
◆ 欢送会的与会人员多为企业管理层及部门精英或技术骨干，不适合全体员工参与

欢送气氛
◆ 欢送会的欢送气氛较为正式，会上的言论也更加具有官方色彩或评价意味

欢送会的特点

活动内容
◆ 欢送会的活动内容较为单一，会议上不会有聚餐、表演、谈话等即兴或娱乐节目，有时甚至只是在正常会议中附带进行

图 12-8　欢送会的特点

2. 欢送会的举办程序

人力资源管理人员应按欢送会举办程序组织欢送活动。一般来说，欢送会举办程序主要包括会议召开准备、会议召开、会后工作三步，具体内容说明如下。

（1）会议召开准备

欢送会召开前，人力资源部应做好会议召开准备，以保证会议用品齐全、准时通知会议时间及会议的顺利进行。表 12-8 为会议召开准备事项的详细说明，供读者参考。

表 12-8　会议召开准备事项

项目	具体说明
1. 安排会议人员	◆ 会议召开前，人力资源部应根据退休人员岗位级别及职责，确定参加会议的人员名单，并将其报主管领导审核、审批 ◆ 同时，人力资源部还应根据会议人数、参会人员级别等，确定会议服务人员、会议记录人员等

（续表）

项目	具体说明
2. 确定会议场地	◆ 人力资源部应根据会议人员名单、会议主题等，选择会议场地，一般会议场地可为公司会议室、公司礼堂等；也可为表示隆重及重视，租用酒店、宾馆等会议场地
3. 编制会议日程	◆ 人力资源部应收集主管领导关于会议召开要求的相关信息，并根据会议内容、会议时间安排、会议地点等确定会议日程，编写会议日程表
4. 发放会议通知	◆ 参会人员、场地、日程等信息确定后，人力资源部应根据参会人员名单通过办公软件、电话、口头通知等方式发布会议通知，使参会人员明确会议时间、地点、主题等信息
5. 会议物品准备及场地布置	◆ 欢送会的会议物品主要包括会议饮用水、会议桌牌、会议条幅等 ◆ 如使用水壶，则人力资源部应提前将水壶灌满水准备好；如使用饮水机，则应保证饮水机的水量及饮水机运行良好 ◆ 人力资源部应在会议前一小时根据企业会议召开的惯例及要求，摆放主要参会人员桌牌，并保证桌牌摆放的正确性与整齐性 ◆ 会议条幅内容一般为会议的主题，人力资源部应至少提前三天制作好条幅并在会议开始前一小时悬挂好，保证按要求美观悬挂
6. 其他	◆ 人力资源部应根据会议需要调节好照明、空调、音响视频设备，摆好桌椅，并保持会场的环境卫生

（2）会议召开

人力资源管理人员应按会议日程安排，按时组织召开会议。在会议召开时，人力资源部应做好图12-9所示的两项工作。

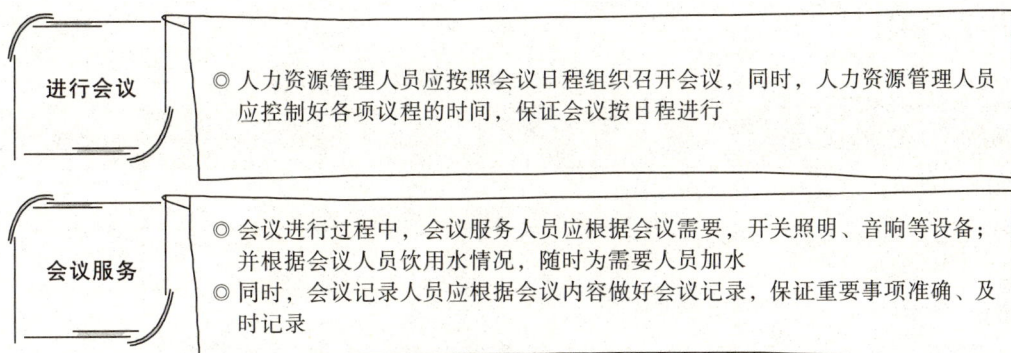

进行会议	◎ 人力资源管理人员应按照会议日程组织召开会议，同时，人力资源管理人员应控制好各项议程的时间，保证会议按日程进行
会议服务	◎ 会议进行过程中，会议服务人员应根据会议需要，开关照明、音响等设备；并根据会议人员饮用水情况，随时为需要人员加水 ◎ 同时，会议记录人员应根据会议内容做好会议记录，保证重要事项准确、及时记录

图12-9 会议召开

（3）会后工作

会议结束后，人力资源部对退休人员进行欢送，并整理会场，保证会场清洁卫生，同时，还应对会议工作进行总结，对会议效果进行评价，明确会议举行的优点及存在的问题，提出下次会议举办的工作建议。

3. 欢送会策划范例

以下为某公司员工退休欢送会策划方案范例，供读者参考。

方案名称	员工退休欢送会策划方案	执行部门	
		监督部门	

一、会议背景

李××是我公司××部经理，即将于____年__月__日从我公司退休。公司为了表彰其为公司作出的贡献，特决定于__月__日的管理工作会议上对其进行欢送。

二、时间安排

欢送会时间安排在__月__日的管理工作会议之后举行。

三、会议地点

本次欢送会地点为××会议室。

四、会议安排

为了不影响正常会议的进行，会场布置会在正常会议结束后进行。但为了给李经理以感动，公司决定在欢送会之前对其保密，具体安排如下：

（1）当日管理工作会议正常进行，并由李××负责主持；

（2）在正常会议结束前，由总经理或公司董事将其约出谈话；

（3）在约出谈话期间，人力资源部对会场的音响、视频设备进行调节，要求简单、快速布置。

五、欢送会主持人

欢送会由人力资源部周经理负责主持。

六、欢送会预算

本次员工退休欢送会费用预算如下表所示。

员工退休欢送会费用预算

序号	费用项目	数量	单价	合计	备注
1	聚餐费		____元/桌	____元	
2	纪念章		____元/个	____元	
3	纪念品		____元/个	____元	
4	鲜花		____元/个	____元	

（续）

七、欢送会流程

本次欢送会的流程如下所示。

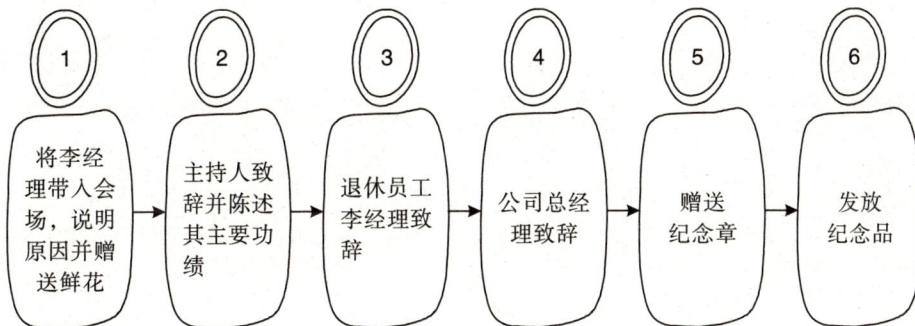

①	②	③	④	⑤	⑥
将李经理带入会场，说明原因并赠送鲜花	主持人致辞并陈述其主要功绩	退休员工李经理致辞	公司总经理致辞	赠送纪念章	发放纪念品

八、会后安排

欢送会结束后，由总经理组织参会人员进行聚餐。

第13章 已离职员工延续管理

13.1 已离职员工延续管理的意义

13.1.1 为企业储备人才

"为企业储备人才"是指企业做好已离职员工管理，向其传达"待个人处理完毕""个人状态恢复好"后再返回企业继续工作的做法。这一做法，无形中就为企业再聘用该员工奠定了良好的基础。为实现"为企业储备人才"这一意义，人力资源部应与已离职员工做好离职恳谈工作，具体说明如图13-1所示。

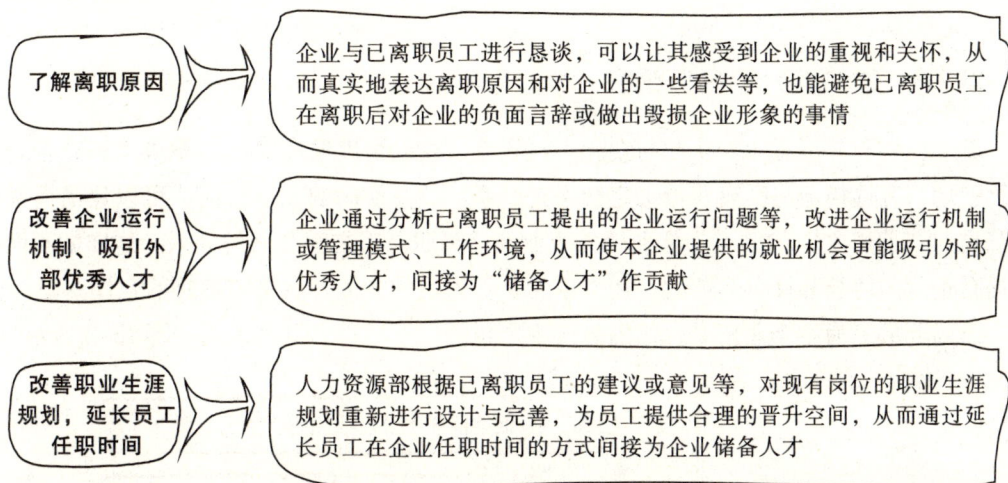

图 13-1 "储备人才"的意义说明

了解离职原因	企业与已离职员工进行恳谈，可以让其感受到企业的重视和关怀，从而真实地表达离职原因和对企业的一些看法等，也能避免已离职员工在离职后对企业的负面言辞或做出毁损企业形象的事情
改善企业运行机制、吸引外部优秀人才	企业通过分析已离职员工提出的企业运行问题等，改进企业运行机制或管理模式、工作环境，从而使本企业提供的就业机会更能吸引外部优秀人才，间接为"储备人才"作贡献
改善职业生涯规划，延长员工任职时间	人力资源部根据已离职员工的建议或意见等，对现有岗位的职业生涯规划重新进行设计与完善，为员工提供合理的晋升空间，从而通过延长员工在企业任职时间的方式间接为企业储备人才

13.1.2 为企业扩充信息来源

企业通过与已离职员工定期沟通、定期聚会或开展业务合作等方式，延续对已离职员工的管理工作，可以间接为企业获得大量有用的信息。具体可能获得的信息包括但不限于行业状态信息、市场竞争信息、企业管理信息等，具体的信息说明如表13-1所示。

表 13-1　能为企业扩充信息来源的说明

信息类别	具体说明
行业状态信息	◆ 行业状态信息包括已离职员工及本企业所在行业或相关行业的发展状态、发展前景、未来的发展趋势
市场竞争信息	◆ 市场竞争信息包括已离职员工接触的主要竞争方法和竞争态势、同行业主要的竞争策略等 ◆ 已离职员工新任企业及本企业面临的主要竞争态势、可利用的竞争资源等
企业管理信息	◆ 企业管理信息主要包括已离职员工新任企业的管理现状、人力资源结构、薪资状态、企业凝聚力等 ◆ 对原企业所在岗位的绩效考核、人员管理、工作环境等方面的改进建议

13.1.3　为企业开拓合作机会

员工的离职并不意味着从此与企业不再联系，企业可以通过对已离职员工进行合理的延续管理，有选择地与已离职员工定期保持联系，关注他们的发展动向，可以让已离职员工感受到"前雇主"的关爱，从而建立企业与已离职员工之间和谐的关系。这样做不但可以提高企业的声誉和社会影响力，还可以为企业以后的业务发展奠定良好的合作基础。

已离职员工为本企业拓展合作的方式主要包括以下四种，具体说明如图 13-2 所示。

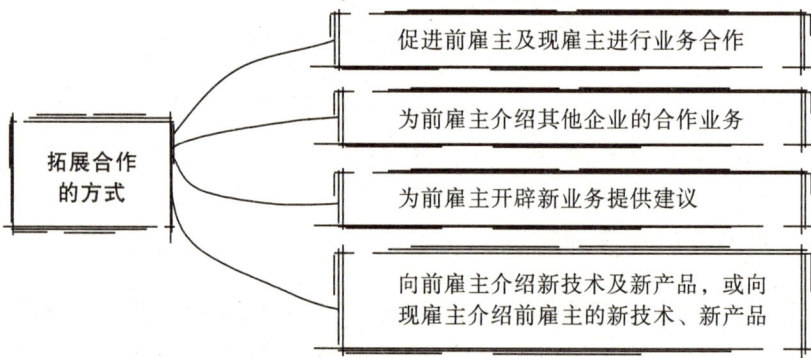

图 13-2　已离职员工为企业拓展合作的方式

13.2 已离职员工延续管理常用方法

13.2.1 定期沟通法

定期沟通法是指企业人力资源部与离职员工在特定时间内进行沟通。具体的沟通说明如图13-3所示。

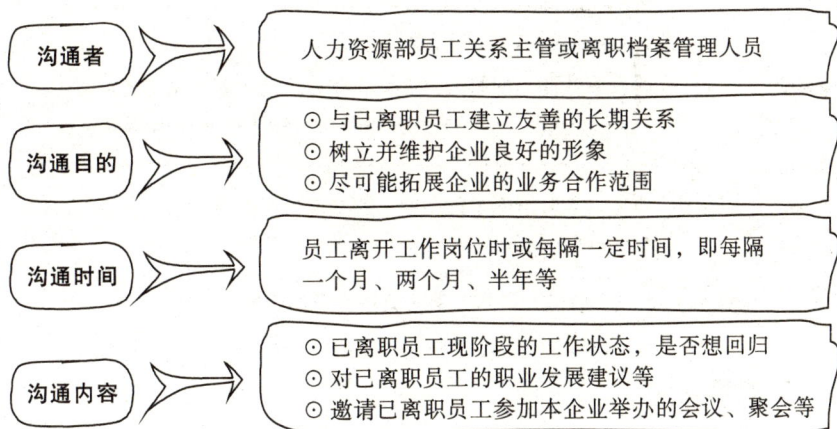

图13-3 定期沟通内容说明

13.2.2 定期会议法

定期会议法是指企业通过定期会议的形式邀请已离职员工参加会议，对已离职员工进行延续管理，以巧妙掌握已离职员工离职后的动向。

使用定期会议法对已离职员工进行管理时，人力资源部员工关系管理人员应注意以下事项，具体内容如图13-4所示。

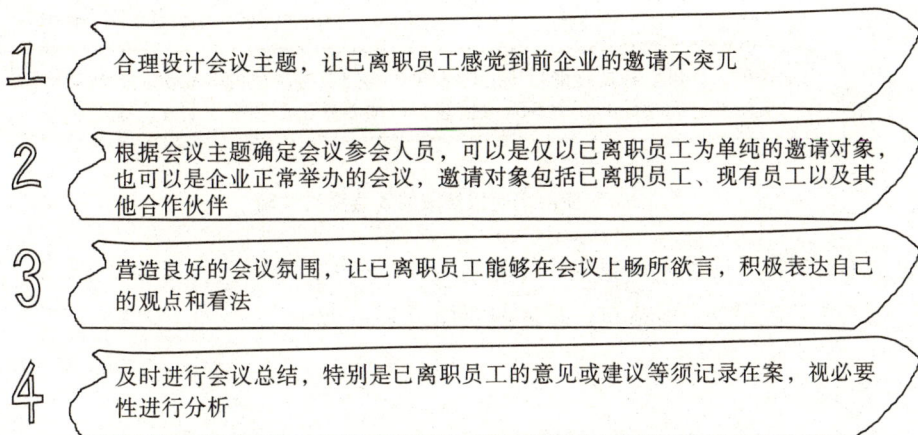

图13-4 使用定期会议法应注意的事项

在使用定期会议法时，企业应注意避免该方法的弊端，具体说明如图 13-5 所示。

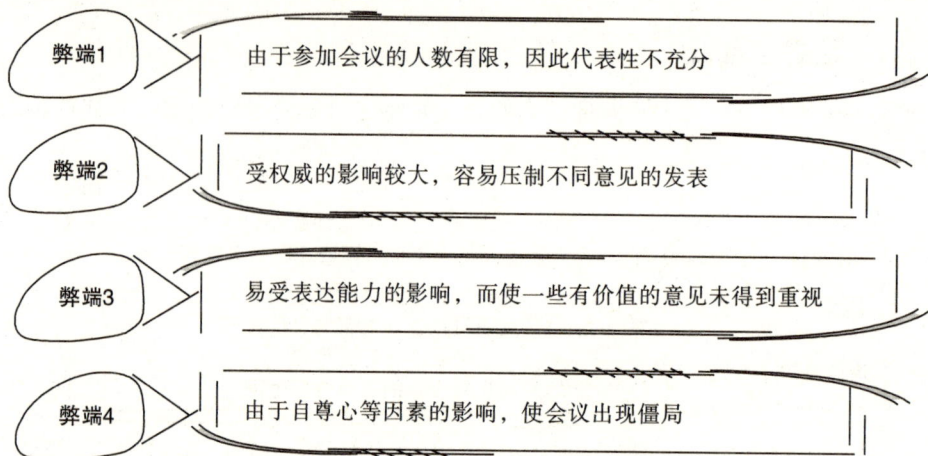

图 13-5　使用定期会议法的弊端说明

13.2.3　定期报告法

定期报告法是指企业人力资源部以定期报告的形式将已离职员工的延续管理事宜上报给企业高层管理人员。使用定期报告法对已离职员工进行管理时，具有图 13-6 所示的重要意义。

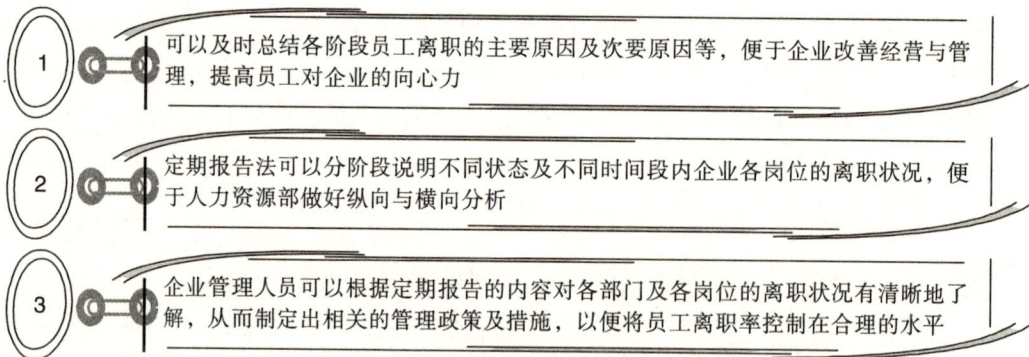

图 13-6　使用定期报告法的重要意义说明

企业人力资源部在明确定期报告的管理意义后，应根据企业人力资源管理的实际状况合理设计该方法的应用要点等规范，具体内容如图 13-7 所示。

1 人力资源部首先对已离职员工进行分类，即按已离职员工的所在部门及岗位对离职员工进行分组

2 分组结束后，人力资源部按组别与已离职员工进行沟通，收集关于其离职后的工作动态信息、参加新工作的感受、对本企业的看法及建议等

3 信息收集结束后，人力资源部应对收集所得的信息进行整理汇总，并形成报告性的文件，以全面阐述已离职员工的管理信息

4 企业高层管理人员根据报告指导人力资源部进一步改进工作方法等，以便更好从已离职员工处收集可用的信息

图 13-7　定期报告法的应用要点说明

13.2.4　定期聚会法

定期聚会法是指企业员工关系管理人员定期向已离职员工发出聚会的邀请，参加聚会的人员在聚会上只是聊天并不谈公事的一种已离职员工延续管理方法。

在使用定期聚会法对已离职员工进行管理时，员工关系管理人员应注意图 13-8 所示的相关事项。

1 选择员工离职前经常去的聚会地点，让员工觉得企业对其的关怀和重视，从而放松自己，把自己重新融入企业中

2 安排员工离职前关系较好的同事对离职员工进行接待和陪伴，让员工从内心深处感觉到回归，从而激发员工的表达意愿

3 企业员工关系管理人员应积极寻找与企业日常工作有关的信息话题，就这些话题巧妙咨询已离职员工的看法及意见等

4 与企业外部合作伙伴，如聚会酒店、客户或供应商等做好沟通，以保证聚会的顺利开展

图 13-8　使用定期聚会法的注意事项

13.2.5　业务合作法

业务合作法是指企业通过业务上的合作与企业原有的离职员工保持沟通联系，并对离职员工进行离职管理的一种管理方法。

通过业务合作法对已离职员工进行管理时，人力资源部员工关系管理人员须先与其他业务部门相互合作，策划出合适的合作方式、合作起点等。应用时，具体要点说明如图 13-9 所示。

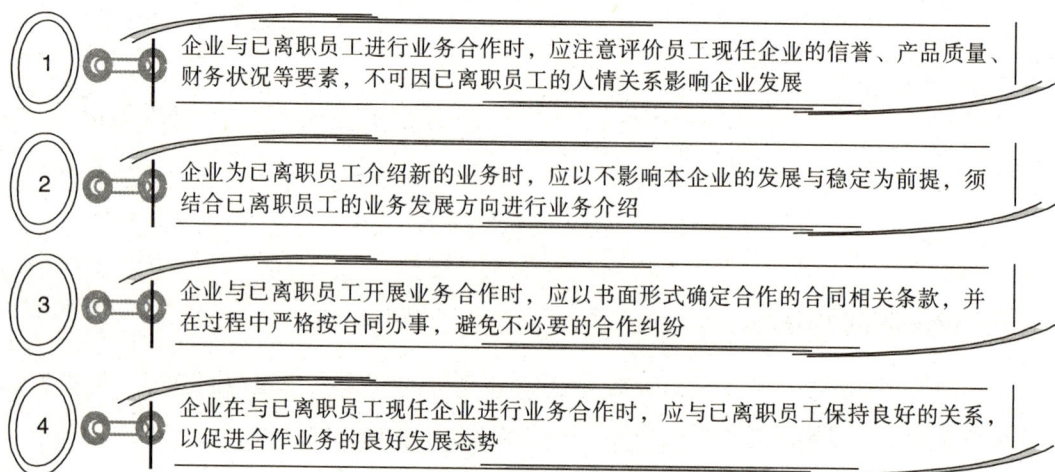

1　企业与已离职员工进行业务合作时，应注意评价员工现任企业的信誉、产品质量、财务状况等要素，不可因已离职员工的人情关系影响企业发展

2　企业为已离职员工介绍新的业务时，应以不影响本企业的发展与稳定为前提，须结合已离职员工的业务发展方向进行业务介绍

3　企业与已离职员工开展业务合作时，应以书面形式确定合作的合同相关条款，并在过程中严格按合同办事，避免不必要的合作纠纷

4　企业在与已离职员工现任企业进行业务合作时，应与已离职员工保持良好的关系，以促进合作业务的良好发展态势

图 13-9　业务合作法的应用要点说明

第14章 年度离职分析与报告

14.1 年度离职分析

14.1.1 年度离职原因分析

在员工离职高峰期，企业应采用离职访谈法、对离职或现有员工进行问卷调查等多种方法对员工的离职原因进行综合分析，以明确员工离职的真正原因，发现企业管理问题，从而改进管理方法。对员工年度离职原因的分析通常从以下三个方面进行，具体内容如图 14-1所示。

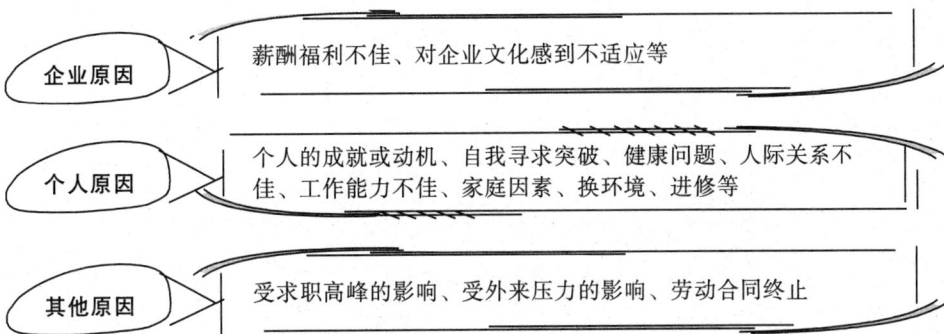

企业原因 —— 薪酬福利不佳、对企业文化感到不适应等

个人原因 —— 个人的成就或动机、自我寻求突破、健康问题、人际关系不佳、工作能力不佳、家庭因素、换环境、进修等

其他原因 —— 受求职高峰的影响、受外来压力的影响、劳动合同终止

图 14-1 员工年度离职原因分析

14.1.2 年度离职时间分析

离职时间分析也是企业年度离职分析的主要内容，主要包括员工离职月份分析和离职员工工作年限分析两项内容，具体如下所述。

1. 员工离职月份分析

通过对员工离职月份的分析，企业可发现员工离职率比较高的时间段，从而通过调研发现并解决其中存在的问题。

在员工离职月份分析中，企业人力资源管理人员首先应对企业各月离职人数进行统计，计算各月的离职率，并根据员工离职档案，采用访谈、电话调查、问卷调查等方法收集员工离职信息，对其进行分析，找出员工离职的真正原因；其次根据员工离职的真正原因及企业管理现状，提出解决办法，填写员工离职月份分析表。表 14-1 为员工离职月份分析表示例，供读者参考。

表 14-1　员工离职月份分析表

编号：　　　　　　　　　　　　　　　　　　　　　　　　　　　日期：＿＿＿年＿月＿日

月份	离职人数	离职率	离职员工姓名	离职员工所属部门	离职员工所任岗位	主要离职原因	解决办法
1							
2							
3							
4							
5							
6							
7							
8							
9							
10							
11							
12							

2. 离职员工工作年限分析

对离职员工工作年限进行分析的目的是明确各个阶段员工离职的原因，并根据原因有针对性地改进企业的管理。

在员工离职工作年限分析中，企业人力资源管理人员应先对过去一年离职员工的工作年限进行统计，并分阶段统计各个时间段的离职人员，计算离职率。明确离职人数及离职率信息后，人力资源管理人员应根据员工离职档案，通过电话调查、问卷调查等方法收集各阶段员工离职信息，对其进行分析，找出各阶段员工离职的真正原因，然后针对各阶段员工离职的真正原因制定解决办法。

在员工离职工作年限分析中，人力资源管理人员可填写"离职员工工作年限分析表"（见表 14-2），使企业各阶段离职信息一目了然。

表14-2　离职员工工作年限分析表

编号：　　　　　　　　　　　　　　　　　　　　　　日期：____年__月__日

离职员工工作年限	离职人数	离职率	主要离职原因	改进建议
≤1个月				
>1个月≤6个月				
>6个月≤1年				
>1年≤2年				
>2年				

14.1.3　年度离职岗位分析

企业的人力资源管理者还应对离职的岗位进行分析，尤其是企业的技术或管理的重要岗位，通过分析找出其中存在的问题并解决，确保各岗位的离职率被控制在合理的范围内。

企业在进行年度离职岗位分析时，应注意图14-2所示的内容。

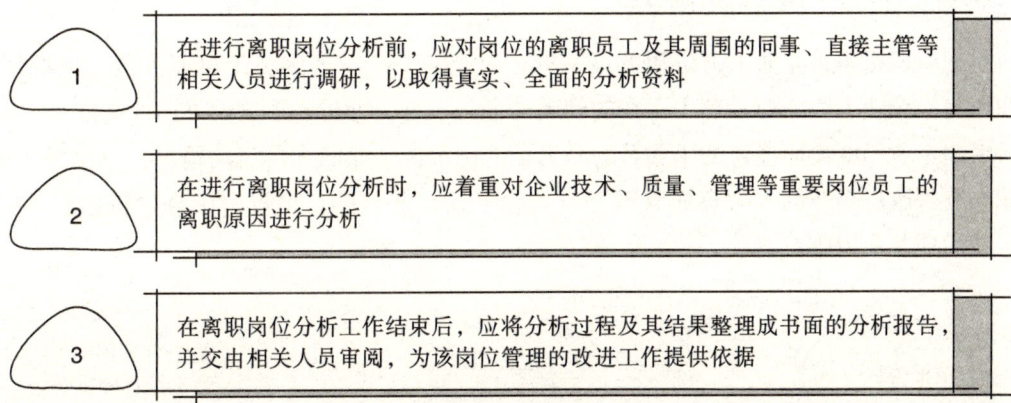

1	在进行离职岗位分析前，应对岗位的离职员工及其周围的同事、直接主管等相关人员进行调研，以取得真实、全面的分析资料
2	在进行离职岗位分析时，应着重对企业技术、质量、管理等重要岗位员工的离职原因进行分析
3	在离职岗位分析工作结束后，应将分析过程及其结果整理成书面的分析报告，并交由相关人员审阅，为该岗位管理的改进工作提供依据

图14-2　年度离职岗位分析注意事项

14.1.4　年度离职员工分析

每位离职员工的离职原因都不尽相同，为了从细节中发现企业管理中的漏洞，有效提升企业的管理水平，企业还应对离职员工进行科学、全面的调查与分析。年度离职员工分析的内容有很多，企业可从图14-3所示的七个方面进行分析。

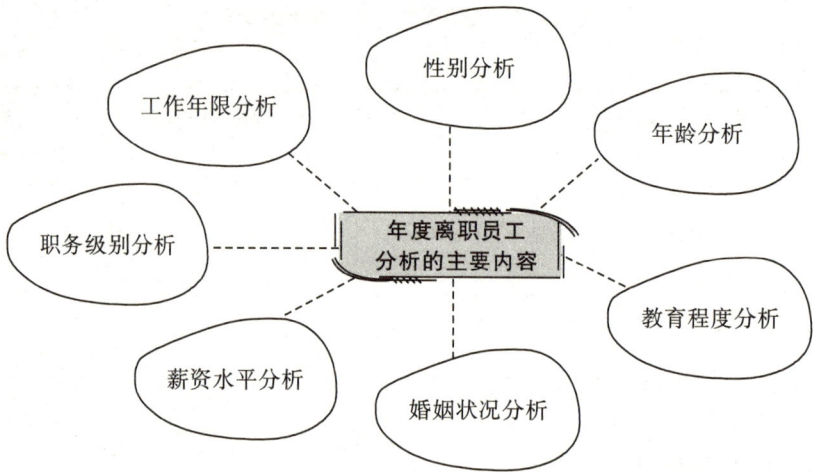

图 14-3　年度离职员工分析的主要内容

14.2　年度离职报告

14.2.1　年度离职报告的内容

年度离职报告是企业人力资源部编写的，对企业一个年度的员工离职人数、离职率、离职原因、企业人力资源管理中存在的问题等进行调查、分析并形成的书面性文件。

编制企业年度离职报告的主要目的是为了准确掌握企业的人员流动情况，总结员工的离职原因，改进企业的人力资源管理制度。为了实现此目的，报告中应至少包括图 14-4 所示的六项基本内容。

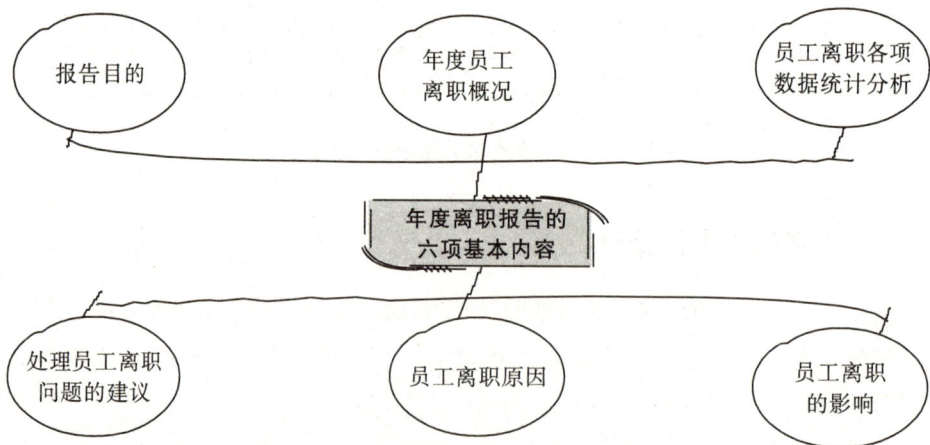

图 14-4　年度离职报告的六项基本内容

14.2.2　年度离职报告的编写

为了不断提升企业的人力资源管理水平，企业应对年度员工离职率及离职原因进行全面分析、总结，并编制成年度离职报告，为企业领导者做出相关决策提供参考。

企业年度离职报告编制的具体程序如图14-5所示。

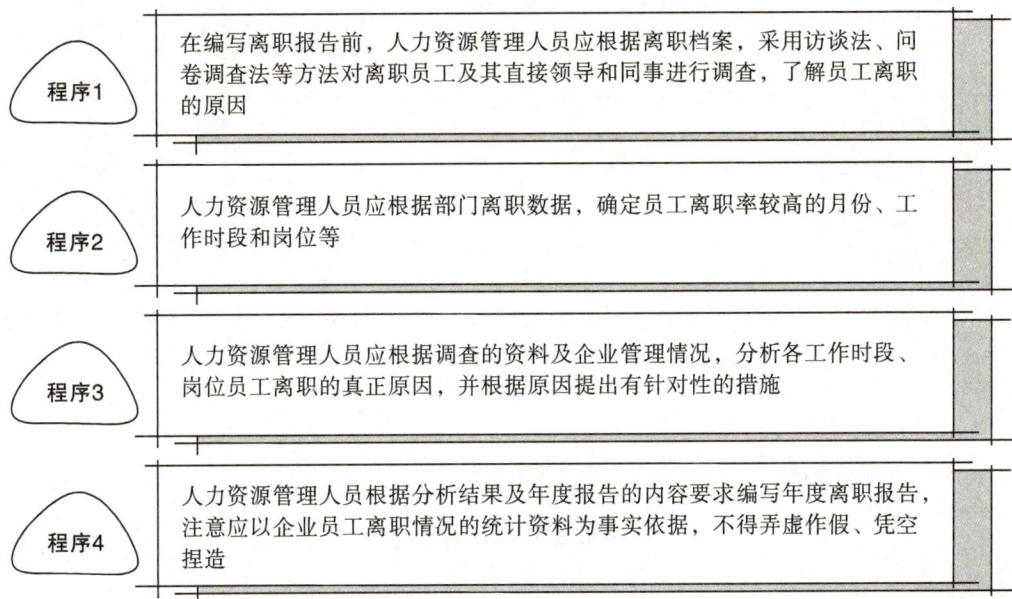

程序1	在编写离职报告前，人力资源管理人员应根据离职档案，采用访谈法、问卷调查法等方法对离职员工及其直接领导和同事进行调查，了解员工离职的原因
程序2	人力资源管理人员应根据部门离职数据，确定员工离职率较高的月份、工作时段和岗位等
程序3	人力资源管理人员应根据调查的资料及企业管理情况，分析各工作时段、岗位员工离职的真正原因，并根据原因提出有针对性的措施
程序4	人力资源管理人员根据分析结果及年度报告的内容要求编写年度离职报告，注意应以企业员工离职情况的统计资料为事实依据，不得弄虚作假、凭空捏造

图14-5　企业年度离职报告编写的具体程序

14.2.3　年度离职报告编写示范

以下是某公司人力资源部编写的年度离职报告示范，供读者参考。

文书名称	××公司2014年年度离职报告	编　　号	
		受控状态	

一、公司离职员工概况

2013年是公司迅速发展的一年，人力资源部在公司总经理的领导下，围绕人力资源管理的规范化和高效化建设，不断完善公司人力资源管理体系，取得了很大的成效，但是仍存在员工离职率较高的问题。为了明确员工离职的原因和公司人力资源管理中存在的问题，人力资源部对员工离职管理的相关问题进行了统计与综合分析。

1. 离职员工人数统计

公司2014年年度各部门的离职人数和离职率（$\frac{离职员工人数}{离职员工人数 + 期末员工总数} \times 100\%$）如下表所示。

（续）

公司各部门离职员工统计表

部门	离职人数	现有员工人数	离职率
研发部	1	10	9.09%
市场部	2	15	11.76%
生产部	10	40	20.00%
销售部	4	24	14.29%
财务部	1	5	16.67%
人力资源部	1	6	14.29%
行政部	3	9	25.00%
总经办	0	5	0

说明：由上表可知，公司员工总人数是 136 人，员工离职率是 16.18%。其中，行政部、生产部离职率较高，总经办人员离职率最低，其他部门人员相对稳定。

2. 离职员工工作期限分析

公司 2014 年离职员工工作期限的分析结果如下表所示。

离职员工工作期限分析表

在职时间	≤1 个月	>1 个月≤6 个月	>6 个月≤1 年	>1 年≤2 年	>2 年	合计
离职人数	2	12	3	3	2	22

说明：由上表可见，工作年限为 1~6 个月的员工离职人数最高，工作 6 个月以上的员工离职人数相对较少，员工较稳定。

3. 员工离职时间分析

公司 2014 年员工离职时间分析如下图所示。

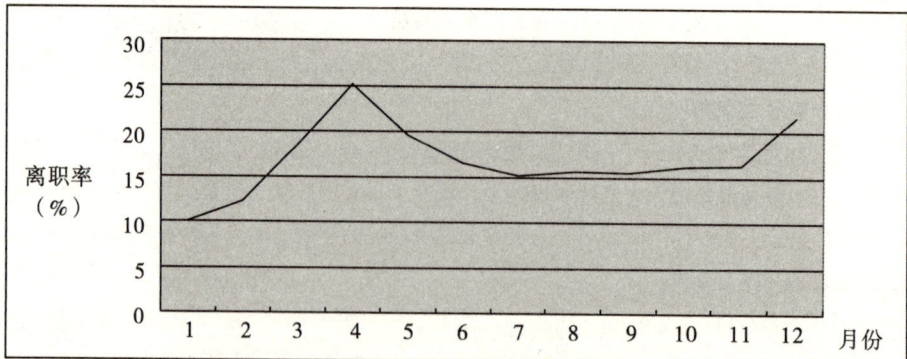

说明：由上图可见，员工的离职率在 1 月份最低，在 4 月份达到最高，6—11 月份公司人员相对稳定。

（续）

4. 离职员工职务级别分析

公司 2014 年离职员工的职务级别分析结果如下表所示。

离职员工职务级别分析表

职务级别	离职人数	占总离职人数比例
专员级	17	77%
主管级	4	18%
经理级	1	5%
合计	22	100%

说明：由上表可见，专员级的人员离职率较高，经理级员工离职率较低，主管级员工离职率居中偏低。

二、员工离职利弊分析

1. 员工离职的"利"

（1）适当的员工离职可以减少公司人员冗杂的现象、激发公司内部适当的竞争。

（2）员工离职后，公司可以引入新鲜血液，增强核心竞争力。

2. 员工离职的"弊"

（1）当员工决定离职后，其工作效率会明显下降，并对其周围同事造成消极影响。

（2）员工离职后该职位形成空缺，这会使部门的工作运转效率受到影响，降低工作效率。

（3）员工离职后，人力资源部须招聘并培训新的员工，使公司人力资源成本提高。

（4）新聘员工对业务有一个了解和适应的过程，造成该岗位的工作质量下降。

三、离职原因分析

为了清楚离职员工的真实离职原因，公司人力资源部通过召开座谈会、实施离职面谈、开展问卷调查等方式对员工的离职原因进行了调研。通过调研，我们发现员工的离职原因主要有以下四项内容。

1. 30% 的员工认为公司凝聚力不强

公司在发展历程中，公司员工的凝聚力和归属感等企业文化建设工作做得不够到位，主要表现在企业文化没有深入每一位员工的内心、公司各项管理政策及管理规范执行不到位等方面。

2. 40% 的员工认为上下级沟通不畅或人际关系不融洽

从调研结果看，员工与其直接主管的沟通不顺畅和其与周围同事的关系不融洽是员工离职的主要原因，主要表现在公司主管和下属之间缺乏沟通、主管没有为员工工作的开展提供必要帮助等方面。

3. 12% 的员工出于个人发展考虑而离职

员工的个人发展要求得不到满足也是造成员工离职的原因之一，主要表现在员工的职业发展空间不足、公司不能为其提供发展机会等方面。

（续）

4. 18%的员工认为薪酬福利不能满足其要求

部分员工的薪酬期望值不能得到满足，或者公司节假日规定不能满足其需求等，这也是造成员工离职的一个原因。

四、使员工离职率保持在适当范围的措施

根据对员工离职原因的调查分析结果，结合公司的实际情况，为了使公司员工离职率保持在一个适当的范围，我们建议可以采取以下措施。

1. 加强企业文化建设

公司应不断加强企业文化建设，将团队、效率、和谐、奉献等企业文化理念通过引导、灌输、示范融入制度，继而融入员工的思维和行动中，以提高公司的凝聚力。

2. 加强对各部门主管管理技能的培训

公司各部门主管是员工的直接领导，其行为不仅影响部门工作的展开，而且直接影响员工个人的意识与行为。公司应加大对各部门主管领导艺术和能力的培训力度，使其能科学地履行领导职能，恰当分工、协调管理、为员工工作创造一个良好的氛围。

3. 完善沟通机制

公司应建立一个科学、完善的沟通机制，最大限度地缩短领导与员工、员工与员工之间的距离，以达到知识共享、信息交流互补、促进人际关系和谐发展和及时发现并解决问题的目的。

4. 建立员工晋升通道

公司应根据不同岗位的工作性质、劳动强度等要素，明确其职权范围，并建立各个岗位的晋升通道，帮助员工做好职业规划，以激发员工的主动性和积极性。

5. 完善薪酬体系

公司应完善现有的薪酬体系，将物质激励、精神激励和情感激励结合起来，有效满足员工的需求，提高其满意度，从而提升其对公司的忠诚度。

××公司人力资源部

2014 年＿＿月＿＿日